宋明之间

知识、经典与思想

刘舫 著

上海三联书店

目　　录

导　言

　　本书并不想成为一个断代的思想史或哲学史的研究,虽然标题中的"宋明之间"已经指示了中国古代思想史上非常重要的分期"宋明理学",即使仅仅想要在这两个断代之间做一些修补的工作,首先要面对的已有的研究也是汗牛充栋。仅就"中国哲学"而言,经学、道学、理学、心学、三教这些天生的次级领域不仅将中国传统思想先天地置于"过去"中,与历史学、考古学、文献学、文字学、古代文学共享文本,在此基础上做一些阐发的工作,更主要的是为古代思想家们贴上"关键词",每个人的身上再标注一些概念或方法,以便在"概念史"或"观念演变"的研究中取用,由此形成了不同于其他学科的表述体系,以此来塑造出一个哲学的面向。然而,中国传统哲学的研究者绝不承认他们的研究已经"过时"了——最重要的表征就是不断重复的主题和人物,背负着传统哲学的构架实在太沉重,根本追赶不上越来越强大的时代主题——凭借科学发展起来的技艺以及围绕这种技艺建构出来的解释,而后者可能已经抢占了"哲学"的名位。在中国传统哲学正在被逐出哲学的时代,在对史料进行所谓哲学式的解读前,说明解读的意义成为首先需要思考的问题。由国外学者首先发起的《中国哲学史》的写作确立起所谓的"中国哲学"学科,其方法就是在

"中国哲学史"的谱系中挑选几个人物或学派进行一番评说，当这样的研究方法受到越来越多的现代哲学的质疑，甚至已经被排除在值得追问的行列；当学科的壁垒下，使用中文书写的哲学著作自如地运用无论是来自哪个文明的哲学家的当代哲学思想参与到对整个当下世界文明和中华文明的思考中，竟然发现不需要凭依任何来自中国古典文本的思想和语汇时；当自然科学方法入侵历史、语言、哲学等学科，使任何一个时期的人文社会都呈现出越来越丰富的层次，已经无法再用一两句话笼统地概括来总结，人文从业者只能谨言慎行从而也失去了声名鹊起的机会时，传统哲学在精确性和洞见力上已经被其解读对象所归属的学科方法所肢解，被褫夺哲学的名号只是一个时间问题。当下的中国哲学思考是要从致密的缝隙中生长出来，还是干脆打碎这层藩篱建立自我品格？

这是不是说要放弃古代思想的研究？当然不是！文明的关切点，无论在她年轻时还是成熟时，也许都不会改变。自古至今不同的语词被用来不断重复相同的问题——而不是使用相同的语词，殊途同归。这种偏执并不是说她刻意构筑起与他者文明完全迥异的旨趣和无法通约的结构，而是在回答那些每个文明都会思考的问题时，总会在意和运用相同的要素，只有这些要素的参与和协作才能取得圆满的解答。于是古典文本是否具有"哲学"的属性并不是问题的关键，而是我们在当下的哲学思考中因为得益于来自其中的启示使得一种具有原创性的视角而被当代哲学所注意到。理论的创造在当时或稍后被普遍接受，如果它仍能与现在的某些想法吻合，那也只能是启示，而不是简单的继承关系。因为被解读者和解读者处于异时的脉络中,这意味着他们都有想要承接的问题和给出的解决办法,而这个问题即使是一样的,那也必须关照到同时代的应答。如果无视这些的话,很可能这种解读不合时宜,也就是无法在这个脉络中找到相应的位置,只能是一种自我欣赏而已,并且也不取决于其拥趸的数量。

在"历史世界""思想世界"的维度之外,自宋代崛起的中国古代思想史上的巅峰究竟如何起承转合,恐怕可以再下沉一层,从一般人类智识发展的角度,整理他们所知道的,观察他们如何整理所知。这就意味着本书并不提供另一种关于宋学的伟大意义,而是试图反思那些伟大意义的根据;也不会自居于人类智识的顶端,认为古人始终处于蒙昧,而是对已经存在的知识与价值进行审视,尽管它们的发展并不需要裁判员,但当思想家们表现出对一意孤行的担忧时,就会被后人理解为哲学的显露。

先贤在宋明理学研究中也会透露出这样的思考,但更多的还是着力于细致地梳理每一位学者的思想,尤其专心致志于最高原理,如理、气、心、物等①,他们卓越的见解是本书重要的基石。而本书则以"知道什么""为什么知道"和"创造一种元理论"为视角,兴许是个有意思的尝试。本书的第一章通过梳理宋代的类书的分类和排列顺序,观察到宋代对世界的认知明显不同于以往的格局;欧阳修上疏要求删除科举教科书《五经正义》中谶纬的内容,同时,"疑经"和"新经义"都开始出现,经典解释的更新方兴未艾。事神职官的降格,"司

---

① 〔美〕狄百瑞:《朱熹与〈中庸〉》,《国际朱子学研究的新开端:厦门朱子学国际学术会议论集》,厦门大学出版社,2016年版,第224页。

天"但不"豫人"的动议渐起。这些表征似乎都导源于正在松动的认知结构。第二章从构建新的认知世界的角度来看待北宋初期的思想家，他们突破经学塑造的世界图景，搁置原来的意义，从一般的智识出发，搭建理解世界的基础结构。周敦颐、邵雍、张载、二程等不同方式的演绎，这股思潮被称为"道学"，通常又将周敦颐作为"道学"第一位登场的思想家，而本章则将他放置在前理学的脉络中，探讨他的学说在去除后世理学影响之下的核心和旨趣。朱熹塑造其为"道学宗主"的目的也将从故意的误读和更加深层的动机进行重新解读。同时，在教育、自然、农学、算学、艺术领域里，胡瑗、沈括、苏轼、秦九韶等不再是分散在各种学科史里孤立的"高峰"，而是始于宋代的认知革新中的璀璨群星。第三章将论述范围缩小到《周易》的研究，阐述经典在新旧之际担当的承前启后的作用。在易学研究中，学者展现出"古"和"近"的自觉意识，对经义和经用都提出了新的思考，展示了从经学中汲取资源来表达新思想的群像，为理学成为新的科举标准做准备。朱熹作为无可争议的重要人物会占到相当的篇幅，但本章并不关心他的经学造诣，而是分析他提出的"易本是卜筮书"和撰作《易学启蒙》的用意，揭示他在历史演进之外提出的世界生成的逻辑推演，并在"河出图，洛出书"和"圣人则图画卦"两者"之间"发现了人心具有的无穷"一分为二"的构造能力。《易传·系辞》中"易有太极，是生两仪"比《周易》经文更加耳熟能详，但直到朱熹才提出这是人认知世界的底层结构，而不是对自然演化的历史描述，他对"象数"做出了重新诠释，但并没有多少知音，后人仍然在传统易学的"象数"之路上前行。第四章阐述宋代的新思想持续发酵的元代。理学在金末元初时由赵复凸显其宗教面向得以传入北方；程朱理学在元仁宗时期被停摆近半个世纪的科举考试（如从 1235 年耶律楚材提议"戊戌选试"起，则长达七十多年）中定为标准，朱熹的《贡举私议》成为"公"法。这些历史事件由于理学被颁定为官方思想而成为必然事件的表述值得重新思考。南宋时朱子学最大的论敌陆子心学其实直到元代中后期才被自忽必烈起就备受倚重的玄教二代教主吴全节介绍到北方学界，而此时原南宋治下的儒士早已克服了朱陆后学的狭隘之争，把得益于元代宽松的文化政策而活跃起来的各种思想资源糅入书写中，向更广大和更精微的方向发展。经学的语汇被用来表达新的世界观，《论语》中的"一以贯之"就是一个不错的例子。朱熹编制的《家礼》也在元代经过士庶的共同施行成为"礼以时为大"的最佳写照，影响远远超过他的礼经学专著《仪礼经传通解》。此时汉文化的气量和视野已非南宋理学可比。可见仅着眼于宋人的理学并不能完整地呈现宋明之间的丰厚思想。

　　本书的材料是以经学元典和经学研究为中心的古代文献，但在解读时关照而不是站在经学（包括"四书"学）的立场，理解而不是罗列名相之辨。宋人的"疑经"是经典本位之下的产物，目的是对经典进行辩护，宣示经典不可轻易被质疑。但是对经典质疑并不起因于经典本身，而是肇因于时代对于经典所记载的内容已经产生了不同理解，这就必须关照疑经的兴起与古人认知发展的关联，随着对世界认识的深入使得对经典的疑问获得越来越多的共鸣。事实上，在关于自然的新认识还没有系统化之前，任何零散的意见都会首先汇集到最成熟的文字系统中——经学。宋元时期国家考试内容的全面更新，于现代人的理解只是经学解释内容的更替而已，但其背后由于知识体系的代新所产生的需求几乎被忽略。直到清末，几乎所有文献仍然呈现出以程朱理学为根底的形态，即使如朱陆之辩、阳明心学、乾嘉考据学等理学的挑战者甚至超越者也不例外。这也意味着我们一直把汉唐经学和宋明经学放在一个缺少历史维度的坐标中进行比较，因而将两者对于同一经典句读的解释作为可比较的对象进行研究，这本身就是需要检讨的。

经学如果可以不断消化新知识的话，则可以持续支撑人们的认知世界。然而经学恰恰是崇古的，也就是认为越接近经典撰作时期的解释就越具有权威性，后世的解释即使能够更好地被当时人所理解，仍然会因为偏离古义而被归为一家之言，这就导致经义与不断发展的认知之间的张力，当这种紧张被要求维护原教旨之士强调时，经学回溯其初义，拒绝新思想凭借它进行传播，而新的思想因为最终无法再依附于经典而必须独立出来。此时，经学反过来质疑新思想的出身。但最终，新思想成熟的时候会彻底改变经典的模样，不仅新的诠释挤压古义，经典还要反过来承载着新的思想延续下去。新的思想知道，一旦拘泥于初义，不能随着知识的增进而变化的话，自己也会变成文物，所以新的思想必须不是历史的，而是逻辑的，也就是在不断发展自身的时候总是必须包含最初的元素，这不仅使其不会定于一格而被淘汰，还具备了一种可以预期不断接受新知识的可靠性。朱熹提出的无穷二分，并没有成为《易传》新的注解，却解释了为何"儒墨""儒道""玄佛""佛道""理学与心学""朱子后学与阳明心学""汉宋"等这些被认为足以代表整个时代的学术主题显得如此工整，再上一层如"名实""正邪""礼法"等成对范畴的设置,被认为可以周延地包括某个层面的所有经验与知识,这种不容第三者,只能在不断地"二分"下生产分类的理解模式被认为是对自然所示阴阳的比附,因而也是中华文明把握天道的体现。无论在朱熹之前还是之后,这种"天人合一"的契合感和自豪感从未消除,古人凭借智慧达到符应于"天"的境界一直作为崇高的信仰存活在文化传统中,却同时也说明虽然理学后来成为科举取士的标准,但在哲学上的启蒙力量并没有成为之后乃至当今宋元学术的主题。

强调知识的面向并不是想要在宋元时期挖掘出一个前科学的特征,即使对自然的探问和书写再如何繁荣,思考人的价值始终是最终的目的。前贤早就注意到朱熹在其学说中表现出对与德性不同的外部世界知识的重视,通过"格物致知""理一分殊""实学"①,甚至近代科学等角度阐述其学说的特色,然而他们也无不将之最终导归于资取《周易》《中庸》等经典,完成兼赅宇宙和人伦的本体论建构。这样的做法预设了思想的发展必须通过经典本身的返本开新才能实现,来自外部的刺激不可能比修改经学的解释更为重要。虽然"别子为宗"②承认了朱熹的特殊性,却立即将其竖立为另一个"统"来凸显其价值。那么是否思想的变化只能在对既有的学统的挑战和增益中理

---

① 冈田武彦指出:"朱子之实学最终归于人道,并及于自然界的必然法则,故其中也包含了实证的、合理的前自然科学的学问。宋以后中国的探索自然的学问与朱子实学之间究竟有怎样的关系并不清楚,但在日本德川时代可以清楚地看到其中的关系。"〔日〕冈田武彦:《宋明的实学及其源流》,载《哲学、文学、艺术:日本汉学论集》,时报出版社,1986年版,第78页。
② 牟宗三:《心体与性体》第1册,正中书局,1968年版,第42—60页。

解，不存在自发的问题意识及其解决方式？每一个思想家不应该是独一无二的？他们的学说并不是连贯的。

带着这样的思考，在经学的深厚土壤中抽丝剥茧，在历史的丰厚叙述中披沙拣金，我们以"幼年期思想"的方式看待古代思想，暗设了思想本身的进化轨迹，可是自诩拥有成熟思想的中国哲学是否拥有足够好的方法和工具呢？探索之路可能还未开始。

第一章　思想史的线索

第一节　类书中的知识世界

北宋太平兴国二年(977)，太宗诏翰林学士李昉、扈蒙等十四人以北齐《修文殿御览》、唐《艺文类聚》和《文思博要》等类书为蓝本，纂集古今典籍，分门定目，历时六年，编成《太平御览》一千卷。该书"包罗万象，总括群书，纪历代之兴亡"，阅读此书可以穷尽天下事物、古今典籍和历史变迁，可以说《太平御览》是一部记载迄今人类所知最完备的一部书。

《太平御览》在中国古典图书分类中属于子部"类书"，类书的编纂是通过采摭群书，随类相从，分门别类，辑录成书。此类著作一般被认为只述不作，最大的价值在于辑佚古代文献，而对于其所体现的知识分类和数量上的意义鲜有论及。[①] 从该书卷首所云"帝阅前代类

---

① "'一般知识与思想'，是指最普遍的，也能被有一定知识的人所接受、掌握和使用的对宇宙间现象与事物的解释，这不是天才智慧的萌发，也不是深思熟虑的结果，当然也不是最底层的无知识人的所谓'集体意识'，而是一种'日用而不知'的普遍知识和思想，作为一种普遍认可的知识与思想，这些知识与思想通过最基本（转下页）

书门目纷杂,失其伦次,遂诏修此书"可以看出,纂修此书的动机是对前代类书的类目分法和主次顺序有所不满,认为有必要进行一定的调整。然而,看似只是类属名目的增加、对原有内容的重新归类和新收内容的补充,实质上呈现的是知识构架总体上的调整。

最早的类书是编于魏文帝时的《皇览》①,目的在于"撰集经传"和"采掇遗忘",北宋时已佚。而《太平御览》所参照的前代类书之首的《修文殿御览》,是北齐后主高纬(556—577)在听览《皇览》后下令搜集旧集编撰的,奉诏编修此书的尚书左仆射祖珽等上言:"昔汉世诸儒集论经传,奏之白虎阁,因名《白虎通》。窃缘斯义,仍曰《修文殿御览》。"②这里提到了东汉章帝召集太常寺诸儒会集白虎观,讲议"五经"同异,章帝亲自裁断,《白虎通》记录的就是从经典中提炼出来的事义。

再看《太平御览》所依据的《艺文类聚》,这部类书是由欧阳询(557—641)等人于唐高祖武德年间编纂的,其序云:

> 夫九流百氏,为说不同,延阁石渠,架藏繁积,周流极源,颇

(接上页)的教育构成人们的文化底色。它一方面背靠人们不言而喻的终极的依据和假设。建立起一整套有效的理解,一方面在日常生活中起着解释与操作的作用,作为人们生活的规则和理由。"葛兆光:《一般知识、思想与信仰世界的历史》,《读书》1998 年第 1 期,第 105—106 页。

① 据王应麟《玉海》卷五十四《艺文》"类事之书,始于《皇览》",元至元六年(1340)庆元路儒学刻玉海明修本。

② 《太平御览》卷六〇一引《三国典略》,中华书局,1960 年版,第 2706 页。陈振孙云:"《修文殿御览》三百六十卷,北齐尚书左仆射范阳祖珽孝征等撰。案《唐志》类书,在前有《皇览》《类苑》《华林遍略》等六家,今皆不存。则此书当为古今类书之首。"《直斋书录解题》卷十四,四库全书本。

难寻究,披条索贯,日用宏多。卒欲摘其菁华,采其旨要,事同游海,义等观天。皇帝命代膺期,抚兹宝运,移流风于季俗,反淳化于区中。戡乱靖人,无思不服,偃武修文,兴开庠序,欲使家富隋珠,人怀荆玉,以为前辈缀集,各抒其意。

其中提到了西汉宣帝在石渠阁召集儒士讲论"五经"的会议。《修文殿御览》和《艺文类聚》两部类书都表露出向两汉由皇帝发起的统一经学义理事件的崇慕,较之《修文殿御览》上溯东汉白虎观会议,《艺文类聚》直追更早的石渠阁会议,在此次会议上,《春秋》经的《公羊传》与《穀梁传》争长,虽然有政治动因,但《艺文类聚》在此引用的目的主要在于自况"九流百氏,为说不同"的局面,古代典籍随着后人的不断解读,歧义滋生,经义愈晦,无论是石渠阁会议还是白虎观会议,都体现了官方厘清众说、统一认知的担当。

从时间上看,唐宋两代于建国之初即由朝廷下诏修撰类书,这不仅仅是一种政治上的操作,还是一种统一认知的做法。从撰修的动机上看,将类书的功用与两汉裁定经义的总结性文献相提并论,可见此书所预设的重要性并非一般总集可比。与重修"五经"注疏相比,虽然类书并没有增加新的解释,却通过分类和排列的方式显示对前代认知的损益,这种尽可能保存已经亡佚的片段,并对所有知识进行整理本身也形成了一种知识,这些知识建构新的认知体系由皇帝的名义发起,目的是对这一时代的人类所知做一个总体的把握和分科。

《白虎通》在后世的图书分类中不属于类书,却被后世类书尊为精神上的范本,这也表明了古代知识的来源和正确性的依据。以下将其内容与现今存世的几部类书作一比较,分别为《白虎通》十卷①、《北堂书钞》一百六十卷②、《艺文类聚》一百卷③、《太平御览》一千卷④。

《白虎通》

卷一　爵　号　谥

卷二　五祀　社稷　礼乐

卷三　封公侯　京师　五行

卷四　三军　诛伐　谏诤　乡射　致仕　辟雍　灾变　桑耕

卷五　封禅　巡守　考黜

卷六　王者不臣　蓍龟　圣人　八风　商贾

卷七　文质　三政　三教　三纲　六纪

卷八　性情　寿命　宗族　姓名　天地　日月　四时　衣裳　五刑　五经

卷九　嫁娶

卷十　绋冕　丧服　崩薨

---

① 据四部丛刊影印元大德九年(1305)重印宋监本。

② 现存世的完整的第一部私修类书,由隋末虞世南(558—638)任秘书郎时,从秘书省后堂(北堂)的藏书中抄编而成,《隋书·经籍志》《旧唐书·经籍志》《新唐书·艺文志》皆录为一百七十三卷,北宋时已不见于官藏,宋真宗时赵安仁献书,《宋史·艺文志》录为一百六十卷。

③ 据宋绍兴刻本,上海古籍出版社,2013年版。

④ 据四部丛刊三编宋刊本,中华书局,1960年版。

《北堂书钞》

卷一起为帝王部二十二卷,帝王总载一、帝系二、诞载三、奇表四、徵应五……武功四十六……蒐狩四十九……巡行五十三……禅位七十三;后妃部四卷。

卷二十七起为政术部、刑法部、封爵部、设官部。

卷八十起为礼仪部,艺文部(五经、儒、史、图、谶),乐部,武功部。

卷一百二十七为衣冠部、服饰部、舟部、车部、酒食部。

卷一百四十九开始为天部四卷、岁时部四卷、地部四卷。

《艺文类聚》

卷一起天部二卷、岁时部三卷、地部一卷、山部和水部三卷。

卷十部起符命部一卷、帝王部四卷、后妃部、储宫部、人部。

(人部一:头、目、耳、口舌、发、骷髅、胆;人部二:美妇人、贤妇人、老。人部四、五下列:圣、贤、德、让、智、性命、友悌。)

卷三十八起礼部、乐部、职官部、封爵部、治政部、刑法部、杂文部、武部、军器部。(其中杂文部:经典、谈讲、读书、史传、诗、赋、七、连珠、书、檄、移、纸、笔、砚。)

卷六十一起居处部、产业部、衣冠部、仪饰部、服饰部、舟车部、食物部、杂器物部、巧艺部。

卷七十五方术部(养生、卜筮、相术、疾、医),内典部,灵异部,火部。

卷八十一起为药香草部、草部、宝玉部、百谷部、布帛部、果部、木部、鸟部、兽部、鳞介部、虫豸部。

卷九十八起，祥瑞部、灾异部。

《太平御览》

卷一起天部十五卷、时序部二十卷、地部四十卷、皇王部四十一卷、偏霸部十八卷、皇亲部二十卷、州郡部十八卷、居处部二十五卷、封建部五卷、职官部六十七卷、兵部九十卷、人事部一百四十一卷、逸民部十卷、宗亲部十一卷、礼仪部四十一卷、乐部二十二卷、文部二十二卷、学部十三卷、治道部十五卷、刑法部十八卷、释部六卷、道部二十一卷、服章部十五卷、服用部二十一卷、方术部十八卷、疾病部六卷、工艺部十二卷、器物部卷、杂部二卷、舟部四卷、车部四卷、奉使部三卷、四夷部二十二卷、珍宝部十二卷、布帛部七卷、资产部十六卷、百谷部六卷、饮食部二十五卷、火部四卷、休征部二卷、咎征部七卷、神鬼部四卷、妖异部四卷、兽部二十五卷、羽族部十五卷、鳞介部十五卷、虫豸部八卷、木部十卷、竹部二卷、果部十二卷、菜茹部五卷、香部三卷、药部十卷、百卉部七卷。

从编目的顺序上看，《白虎通》和《北堂书钞》二书都以帝王为首，《白虎通》以"爵"为第一个类目，天子是人之极位。"王者父天母地，为天之子也。"爵位有五等和三等之说，分别象征地之五行和天之三光。《北堂书钞》以"帝王"为第一个类目，云"皇者，天人之总称，帝者天号，正气为帝……法五行相生……作民父母为天下主，天生民而树之君,使司牧之。立天子以为天下,立君以为国"。可以看到,天子是天地的象征,又可以称为帝,君则司民之事,因此,帝和君的意义是不一样的。与帝王部相关的内容是天子顺从天意,为民作范,以祭祀和继统为务。其次是与君相关的治国政事,包括制礼作乐、设官刑法、练军御疆等。从"奉天"和"御民"两者的比重来说,《白虎通》以"奉天"代"御民",也就是政治之事按"天意"办,以礼导民。而《北堂书钞》中的"御民"的内容从第二十七卷政术部至一百二十六卷武功部,占到全书的一半以上,王教之迹的"五经"、法天地的礼仪被置于政刑爵官之后。从第一百二十七卷起,出现了"衣冠""服饰""舟车""酒食"这些"自然物"的门类,《白虎通》仅有"衣裳"一门,"以为绨绤蔽体,表德劝善,别尊卑"的礼仪功能,只论裘、带、佩三种。

《白虎通》第八卷中的"天地""日月""四时"在《北堂书钞》中被移至最后,分为"天""岁时""地"。而这三个门类在《艺文类聚》中成为起首的门类,并为《太平御览》所沿用。以下将三个类别的内容撮要比较。

《白虎通》

天地:

天者何也?天之为言镇也,居高理下,为人镇也。地者,易也。言养万物怀任,交易变化也。始起之天,始起先有太初,后有太始,形兆既成,名曰太素。混沌相连,视之不见,听之不闻,然后剖判清浊。既分,精出曜布,度物施生。精者为三光,号者为五行。行生情,情生汁中,汁中生神明,神明生道德,道德生文章。故《乾凿度》云："太初者，气之始也。太始者，形兆之始也；太素者，质之始也。阳唱阴和，男行妇随也。"天道所以左旋、地道右周何？以为天地动而不别，行而不离。所以左旋、右周者，犹君臣、阴阳相对之义。

日月：

天左旋，日、月、五星右行何？日、月、五星比天为阴，故右行。右行者，犹臣对君也。《含文嘉》曰："计日月，右行也。"而日行迟，月行疾何？君舒臣劳也。日日行一度，月日行十三度十九分度之七。《感精符》曰："三纲之义，日为君，月为臣也。"……日之为言实也，常满有节。月之为言阙也，有满有阙也。所以有缺何？归功于日也。八日成光，二八十六日转而归功，晦至朔旦，受符复行。故《援神契》曰："月三日成魄也。"……月有闰余何？周天三百六十五日度四分度之一，岁十二月，日过十二度，故三年一闰，五年再闰，明阴不足，阳有余也，故《谶》曰："闰者阳之余。"

四时：

所以名为岁何？岁者，遂也。三百六十六日一周天，万物毕成，故为一岁也。……日言夜，月言晦，月言朔，日言朝何？朔之言苏也，明消更生，故言朔。

《北堂书钞》

天部（第一百四十九卷）：天一　日二

天一

立天之道曰阴与阳（《说卦》），水土之气升而为天，在上高显，至高无上，轻清为天，清阳为天，积阳为天，积气成天，元气阔阳，元气浩大，天高而浮，天穹无质，天高无穷，天远不极，秉阳垂日，得一以清，天象运乎上，穹隆周乎下，运转无穷，辗转周规，出地而西，入地而东，星辰系焉，万物覆焉，天无私覆，天道无私，天道无亲，其静也专，其动也直，统天首物，变化之元，万物资始，群生所仰，覆载万物，刻雕众形，险不可升，仰无不在，自极以南，天之阳也。自极以北，天之阴也。观乎天文以察时变，观天之道，四时不忒。有十二分次，苞二十八舍，转如车毂，圆如弹丸，天若覆盆，天如鸟卵……天行（《周易》）、天喜（《春秋繁露》）、天怒、天动威（《尚书》）、天疾威（《毛诗》）、苍碧礼天（《周礼》）、炼石补天（《淮南子》）、天可倚杵《河图挺辅佐》、长剑倚天（宋玉《大言赋》）、天以顺动（《周易》）、天道益谦（《周易》）、天尊地卑，乾坤定矣；在天成象，在地成形；乾知大始；乾以易知（《周易》）。

《艺文类聚》

天部（第一卷）：天　日　月　星　云　风

天

《周易》曰："大哉乾元，万物资始，乃统天，云行雨施，品物流形，大明终始，六位时成，时乘六龙以御天，乾道变化，各正性命。"又曰："立天之道，曰阴与阳。"又曰："天行健。"《尚书》曰："乃命羲和，钦若昊天。"又曰："皇天震怒，命我文考，肃将天威。"《礼记》曰："天地之道，博也。厚也。高也。明也。悠也。久也。

日月星辰系焉。万物覆焉。"《论语》曰："天何言哉。四时行焉。百物生焉。"《老子》曰："天得一以清。"《春秋繁露》曰："天有十端，天地阴阳水土金木火人，凡十端，天亦喜怒之气，哀乐之心，与人相副，以类合之，天人一也。"《尔雅》曰："穹苍，苍天也。春为苍天，夏为昊天，秋为旻天，冬为上天。"《春秋元命苞》曰："天不足西北，阳极于九，故天周九九八十一万里。"《浑天仪》曰："天如鸡子，天大地小，天表里有水，地各乘气而立，载水而浮，天转如车毂之运。"《黄帝素问》曰："积阳为天，故天者清阳也。"

对一个事物的理解，首列"五经"的相关论述，比如"天"的类目中首先引用《周易》《尚书》《毛诗》《春秋》《周礼》的相关内容，但"五经"关于"天"的描述并非把"天"当作自然物，而是一个寓意，也就是人们通过这个"寓意"来理解"天"，比如"天为人镇""至高无上""天行健"等，那么天与其他事或人的关系，将是从"意义天"获得的，而不是"自然天"，比如天地的关系是因为阴阳而获得的，天与万物的关系是因为"乾元"资始万物而获得的。反之，所谓"合于天"，也是通过符合于"意义天"而成立的。更重要的是，寓意是被当作事物的本质而存在的。

这种认知方式在《白虎通》和《北堂书钞》中具有典型性。"天子"被列于所有门类之首，同时另有"天""地"门类，说明"天子"较之于"天"更能表现天的含义，天子的爵位、世系、礼仪、德性等都是对于"天"的现实展示，同时也全面而具体地规定了"天"。而高高在上的天则被分开，置于全书靠后或最后的位置，它被视为万物之一，与星、云、风、雨等天象有着密切的关系，天象异常是"意义天"通过"自然天"向"天子"启示。因此,天子礼天、遵天理民和天谴逆行被归为同类,"意义天"是所有诠释的基点,无可置疑地居于知识的核心,它带着"阴阳"的属性以"五行"方式展开为形而下的世界,虽然"阴阳"由昼夜更替而来,"五行"以五种物质命名,但其本身的逻辑并不来源于观察的经验,而是构造外部世界的原理。从表面上看,经学为这一原理提供了文本,经学的诠释加强了理论的说明,官方对经学的维护和实践使"天人一体"的认知结构成为基本的背景。

然而这种格局在唐代的《艺文类聚》发生了变化,"天"的门类被置于全书的首位,取代了类书由"天子"开始的先例。而从"天"到"帝王类"的关系是通过"符命"来推导的。"符命"源于汉代君权神授的观念,表示帝王受命符信。"符命"类中的内容是关于历代天子诞生时的奇象,在《北堂书钞》中则分为"诞载""奇表""徵应"三个类别记述,处于"帝王部"之后,起到一种附注的作用。可见,天子作为天的授意者的观念没有改变,但对其特异性的记录由于全书卷首的变动,其作用也随之变化。本来从天子的尊位和德行获得的世界秩序的终极意义由天自身的寓意来担当。从内容上看,《北堂书钞》的"天"以"阴阳"为统领,分别以"升""清""大""高""无质""无穷""不极"等描述天,又系星辰,覆万物,无私无亲为万物之源。之后掇集"五经"及上古重要典籍中有关"天"的短章。而《艺文类聚》不但将"天"作为所有分类之首,而且按"五经"、《论语》、《老子》、《春秋繁露》、《尔雅》等顺序径直列出相关片段。按照《艺文类聚序》记载的编写意图,既不希望像晋挚虞的《文章流别》和梁萧统的《文选》专注于文体和文采,也没有对各篇内容进行分类,又不希望像之前的类书《皇览》和《华林遍略》那样忽略丰厚的古代文学篇章①，而是仍然以文学篇章作为选录的基础，但又要超越文辞本身，凸显以事系类的框架，因此《艺文类聚》的编纂体例为"其事出于文者，便不破之为事，故事居其前，列文于后"。这种"事文一体"的做法体现为，编纂者并不给出"事"的概念或者取某一有代表性的章节作为概念，只是让含有这些"事"的章节按照先"经"后"子"再"文"的顺序集合在一起，这些章节对"事"的叙述是多方面的，虽然章节是有限的，但事与文的对应关系表明后者的数量可以是无限，编纂者删去了浮杂冗长的部分。"事"作为从具体情境中被抽出的认识对象与其意义的多种诠释相分离，引用典籍的顺序说明"五经"中对事的诠释享有最高的权威性，列于后面的文献起到补充和参考的作用。可见，虽然依据事进行归类，但整体上仍然是一种围绕经学所展开的象征意义体系。

这种理解世界的方式在字典《玉篇》的编纂中也同样可以看到。《玉篇》由南朝梁太学博士顾野王（519—581）编纂，后经唐肃宗上元年间（760—762）处士孙强增字减注，形成《玉篇》上元本。②《玉篇》虽然是字书，却以义属类。从现存的三十卷来看，第一卷的目录仍然参照《说文解字》第一部"一、上、示、二、三、王、玉、珏"，但第二卷为"士、垚、董、里、田、畕、黄、北、京、冂、高（郭）、邑、司、士"，第三卷为"人、儿、父、臣、男、民、夫、子、我、身、兄、弟、女"。之后大致分为貌身、思想、言行、宫室、植物、礼兵、水、日月气象、动物等类目，就是按照天、

———————————

① 欧阳询：《艺文类聚》序，第 4 页。
② 《玉篇》上元本今不见，目录据宋代《大广益会玉篇》。

地、人、物的顺序排布。其中既可以看到属于"一"部的"天"所表示的意义天,也可以看到属于"物"的"日月气象"所表示的自然天象,两者不但被明确地分开,而且是完全不相关的类属。小学类古籍保证了"意义天"的独立和至上性。

《说文》曰:"天,颠也。至高无上,从一、大。"《尔雅》曰:"春为苍天,夏为昊天,秋为旻天,冬为上天。"《诗传》云:"尊而君之,则称黄天。元气广大,则称昊天。仁覆闵下,则称闵天。自上降监,则称上天。据远视之苍苍然,则称苍天。"《吕氏春秋》云:"天有九野,东方苍,东南方阳,南方炎,西南方朱,西方颢,西北方幽,北方玄,东北方变,中央钧。"《太玄经》曰:"九天一为中,二为羡,三为从,四为更,五为睟,六为廓,七为减,八为沈,九为成。"《释名》曰:"天豫司兖冀,以舌腹言,之天,显也,在上高显也。青徐以舌头言之,天,坦也,坦然高而远也。"

综上可以看到,迄至唐代,虽然出现以事系类的分类观念[1],但分类的依据是意义,也就是将"意味"理解为事物本身的属性,一方面包括"五经"和诸子的上古经典通过象征得以将意义传递至今,另一方

---

[1] 《艺文类聚》之后还有一部《初学记》三十卷,《四库全书总目》评价"叙事虽杂取群书,而次第若相连属,与他类书独殊","在唐人类书中,博不及《艺文类聚》,而精则胜之。若《北堂书钞》及《六帖》,则出此书下远矣"。目录为:天部、岁时部、地部、州郡部、帝王部、中宫部、储宫部、帝戚部、职官部、礼部、乐部、人部、政理部(医、卜)、文部、武部、道释部、居处部、器物部、宝器部、果木部、兽部、鸟部、鳞介部、虫部。徐坚辑:《初学记》,中华书局,1985年版。

面通过经学的不断诠释，把这些"意味"不断翻译成当代的语言，从而强化了这种认知方式。

但是查看《太平御览》的目录，在顺序上虽然继承了以"天"为首的体例，但天部的子目较之《艺文类聚》不论在顺序还是分法上都有了很大的变化。

《艺文类聚》	《太平御览》
	元气、太易、太初、太始、太素、太极
天	天部、混仪、刻漏
日	日、日蚀、晷
月	月、月蚀
星	星、瑞星、袄星
云	云、霄、汉、霞
风	风、相风
雪	
雨	雨、祈雨
霁	霁
	雪、霰、露
雷	雷、霹雳
电	电
	霜、雹
雾	
虹	虹蜺
	气、雾、霾、曀

　　首先,在"天"之前出现了"元气、太易、太初、太始、太素、太极"。"元气"、四"太"、"太极"可以分为三个部分,从引用典籍的时间上看,古人对"太易"的认识要早于"元气"。

　　"太易"下引用典籍依次为《老子》《易乾凿度》《帝王世纪》《列子》,按时间次序看,《易乾凿度》应被认为是汉代的作品,《帝王世纪》和《列子》都是晋代的作品。

　　《太平御览》引《易乾凿度》:

　　　　夫有形者,生于无形;故有太易者,未见气也。

引《列子·天瑞》:

　　　　子列子曰:"昔者圣人因阴阳以统天地。夫有形者生于无形,则天地安从生? 故曰:有太易,有太初,有太始,有太素。太易者,未见气也;太初者,气之始也;太始者,形之始也;太素者,质之始也。气形质具而未相离,故曰浑沦,浑沦者,言万物相浑沦而未相离也,视之不见,听之不闻,循之不得,故曰易也。易无形埒,易变而为一,一变而为七,七变而为九。九变者,究也;乃复变而为一,一者,形变之始也。清轻者上为天,浊重者下为地,冲和气者为人;故天地含精,万物化生。"

《纬书集成》中收录《易纬乾凿度》,《列子》所载十分相似:

昔者圣人因阴阳，定消息，立乾坤，以统天地也。夫有形者生于无形，乾坤安从生？故曰：有太易，有太初，有太始，有太素。太易者，未见气也；太初者，气之始也；太始者，形之始也；太素者，质之始也。气形质具而未相离，故曰浑沦。浑沦者，言万物相浑成，而未相离，视之不见，听之不闻，循之不得，故曰易也。易无形畔，易变而为一，一变而为七，七变而为九。九者，气变之究也，乃复变而为一，一者，形变之始。清轻者上为天，浊重者下为地。①

这三段都从"有"生于"无"的路径解释可见之物的产生，"太易"虽然是"未见气"，但已经是一个"有"的开端，"形而下"的过程已经开始，那么"太易"之前是"无"吗？将"元气"列于"太易"之前是表示"无"吗？

"元气"目下引三国吴徐整《三五历纪》、南朝梁《河图》②、南朝梁贺述《礼统》，都正面解释了元气的含义，之前虽然有《汉书》《淮南子》等更早的典籍，但大多只是含有"元气"的片段，以文学的手段感性地描写元气的存在样态。

《三五历纪》在《艺文类聚》已有，见于"天部"和"帝王部"：

---

① 〔日〕安居香山、中村璋八辑：《纬书集成》，河北人民出版社，1994年版，第11—12页。与《列子》比较，行文止于"天地"，舍去"冲和气者为人；故天地含精，万物化生"，接以"物有始，有壮，有究，故三画而成乾"，转至论易之八卦。此段《太平御览》录《列子》而不录《易纬乾凿度》，显然认为《列子》的解释更为合理。
② 据《隋书》卷三十二《经籍志》，中华书局，1973年版，第967页。

天地混沌如鸡子,盘古生其中。万八千岁,天地开辟,阳清为天,阴浊为地。盘古在其中,一日九变。神于天,圣于地。天日高一丈,地日厚一丈,盘古日长一丈。如此万八千岁,天数极高,地数极深,盘古极长。后乃有三皇。数起于一,立于三,成于五,盛于七,处于九,故天去地九万里。(《天部上·天》)①

岁起摄提,元气肇启,有神灵一人,有十三头,号曰天皇。(《帝王部一·天皇氏》)

从《艺文类聚》所截取的内容看,"盘古"和"神灵"是关注的中心,无论是天地的形成,还是三皇的起源,都被追溯到一个创造世界的"人"。而《三五历纪》到了《太平御览》里,其焦点不再是这个具备神力的"人",而是先于人的作为客体的世界。

《三五历纪》曰:"未有天地之时,混沌状如鸡子,溟涬始牙,濛鸿滋萌,岁在摄提,元气肇始。"又曰:"清轻者上为天,浊重者下为地,冲和气者为人,故天地含精,万物化生。"

如果不理会文献对勘上的问题,也不讨论徐整是否有意于深究"元气"这个词,从《太平御览》的视角看,徐整给出了"元气"的"定义",其中"混沌状如鸡子"中的"混沌"见于先秦《庄子》,"鸡子"见于汉代张衡《浑天仪》"天如鸡子,地为中黄",因此可以看作他对前人关

① 《艺文类聚》卷一,第 1 页。

于"元气"说的提炼，引文至"元气肇始"结句。接着"又曰"引至"故天地含精，万物化生"结句。结合下文"太易"中所引《列子》"易变而为一，一变而为七，七变而为九。九变者，究也；乃复变而为一，一者，形变之始也。清轻者上为天，浊重者下为地，冲和气者为人；故天地含精，万物化生"看，《太平御览》没有引用徐整关于数一至九与天地的关系，因为它来源于盘古的神话，而对《列子》的引用，则演绎了由"混沌"至"一"、变"七"而"九"、复归为"一"的过程，说明《太平御览》更倾向于以数来刻画天地自身的运动。

在"元气"目下，还列有进一步探问元气的来源。如《淮南子》曰"道始生虚廓，虚廓生宇宙，宇宙生元气，无有涯垠"，提出元气之前还有"道"生"虚廓"再生"宇宙"的过程。又如张衡《玄图》曰"玄者，包含道德，构掩乾坤，橐龠元气，禀受无原"，提出"玄"是元气的鼓动者。但显然，这种无穷的反推并没有形成统一的认识，因为"元气"作为"无生有"的"无"的名目列于首位。而在含有元气的引文中，并没有同时出现"太易、太初、太始、太素"。同样的，四"太"的论说也没有提及"元气"，最有条理且合而论之的仅见于《列子·天瑞》和《易纬乾凿度》，两者应该是承袭的关系。① 虽然这两部书的来源和真伪历来没有定论，但这段文字自问世以来，引用发挥者不断，原因就在于其显示出了对于天地的认识已不再停留在"混沌"开阖"天地"，再到

---

① 《孝经钩命诀》："天地未分之前，有太易，有太初，有太始，有太素，有太极，是为五运。形象未分，谓之太易。元气始萌，谓之太初。气形之端，谓之太始。形变有质，谓之太素。质形已具，谓之太极。五气渐变，谓之五运。"《纬书集成》，第1016页。

"化生万物"这样模糊而粗泛的描述,而进入更加精细的、非神话式的阐明。[①] 四"太"将从"未见气"到"气、形、质"三者的生成过程分疏,并非对万物进行了分类,而是梳理出万物如何被认识的线索。于是,唐人高峻就把"元气"和四"太"联结起来,认为"太易,气象未分;太初,气象始萌;太始,气象初端;太素,气象变质;太极,形质已具。然则元气之始,自太初也"。[②] 这里把《列子》中没有的"太极"也整合进来,于是《易》中的"太极"就与"元气"联结起来,那么《易》经文所论,就是"形质已具"的形下世界。

元气与五"太"形成了"总—分"的关系,进而元气化生天地万物的过程也就构建起来了。因此,五"太"并不是成物的现实环节,而是规定了由"气""形""质"三个维度来认知物的"本质",这在以象征意义作为物之本质的时代是不需要的。

以寓意为"事意"的"事"被重新归类,"寓意"不再是重点,象征的原型被当作"事"之本义进入类目中。如《艺文类聚》的《符命部》收录了上古帝王诞生时的天地瑞应之象,《太平御览》中不设《符命》,原文或舍去不录,或归为相应的"事"类,兹举几例:

[①] 宗密指出:"然今习儒道者,只知近则乃祖乃父,传体相续,受得此身;远则混沌一气,剖为阴阳之二,二生天地人三,三生万物,万物与人,皆气为本。"宗密:《原人论序》,《华严原人论校释》,中华书局,2019 年版,第 11 页。

[②] 高承:《事物纪原》卷一引《高氏小史》,中华书局,1985 年版,第 1 页。《高氏小史》为唐元和年间(806—820)高峻取历代正史和唐代实录所编,北宋时影响很大,司马光《资治通鉴》颇引之。

《艺文类聚》卷十《符命部》	《太平御览》
《春秋潜潭巴》曰：里社鸣，此里有圣人生，其响，百姓归之。	《人事部·叙圣》 《礼仪部·社稷》 《休征部·地》
《春秋合诚图》曰：尧母庆都，出观三河，奄然阴风，赤龙与庆都合，生尧。	《天部·云》 《地部·野》 《皇王部·帝尧陶唐氏》 《皇亲部·帝喾四妃》
《河图》曰：汤母扶都，见白气贯月，意感而生汤。	《皇王部·殷帝成汤》 《皇亲部·殷汤母》
《春秋元苞命》曰：殷纣之时，五星聚于房，房者，苍神之精，周据而兴。	《天部·星》①
《尚书中候》曰：季秋，赤雀衔丹书，入酆，止于昌户，昌拜稽首受最，曰："姬昌苍帝子。"	《诗序部·秋》 《皇王部·周文王》 《羽族部·赤雀》

圣王的诞生必然有天感地应的奇象产生，"里社鸣""赤龙""白气贯月""五星聚房""赤雀衔丹书"等被认为象征着圣王临世，同时也被用来证明天子的合法性。《太平御览》首先把《符命》中的片段归入各自描述的皇王，这就使这些象征意义仅具有历史性，表示一种过去的诠释。其次提取奇象中牵涉到的物和事，归入其本身的类目中，如尧母庆都生尧，《艺文类聚》截取《春秋合诚图》中庆都生尧的奇特场景，除了《符命》外，还收录于《天部·云》和《祥瑞部·庆云》。《周礼》有"保章氏以五色云物，辨吉凶之祲祥。占视日旁云气，青为虫，白为

---

① 《太平御览》作"商纣之时"，卷五《星上》。

丧,赤为兵荒,黑为水,黄为丰"。因此"黄云"是作为"丰"被归类的,也就是以寓意作为本义。

《太平御览》的《皇王部·帝尧陶唐氏》引用了这段文字的完整版本:

> 尧母庆都,盖天帝之女,生于斗维之野,当三河东南。天大雷电,有血流润大石之中,生庆都。长大形像天帝,常有黄云覆盖之。梦食不饥。及年二十,寄伊长孺家,出观三河之首,常若有神随之者。有赤龙负图出,庆都读之,赤受天运,下有图,人衣赤光,面八彩,须鬓长七尺二寸,兑上丰下,足履翼翼。署曰赤帝起,诚天下宝。奄然阴风雨,赤龙与庆都合婚,有娠,龙消不见。既乳,视尧如图表。及尧有知,庆都以图予尧。

其中"斗维之野"和"黄云"被《地部·野》和《天部·云》收录,"野"是《太平御览》新增的类目,而同样是"黄云",《太平御览》较《艺文类聚》收录的引文数量倍增。又如"五星聚于房"[1],在古代星占学上被视为祥瑞之最,是新朝践祚的象征,因而《艺文类聚》列于《符命》,而在《太平御览》则被归至《天部·星》,表明编纂者要求仅以"字面"的意思来处理文义,也就是说"五星聚会"不是以"极祥",而是以五"星"来归类的。

---

[1] 参见黄一农:《中国星占学上最吉的天象——"五星会聚"》,黄一农《制天命而用:星占、术数与中国古代社会》,四川人民出版社,2018 年版,第 41—58 页。

> 夫有形之物，皆有所生以运行之；举其所大者，天地也；运天
> 地者，阴阳也。阴阳，气之所变，无质无形；天地因之以见生杀
> 也。阴阳易辩，神识难明，借此以喻彼，以为其例，然后知神以制
> 形，尤以有其生也。①

唐人卢重玄认为天下有形之物都由"神以制形"，然而神的制作
之义却必须通过"借此以喻彼"来完成，因此所谓的"知识"其实是不
断领会"神识难明"的心得。可见对古人来说，世界就是充满了神意
象征的创造，有形事物的背后还有一个意义的世界，典籍所载正是对
这个世界的揭明。《太平御览》要做的是网罗世间所有已知事物，分
类安置，然而在对前代类书的损益中却表现出将有形世界解读为神
意的适度退步，可见宋人意识到世界秩序的起点已与前代不同。

第二节　纬书的知识世界

宋仁宗至和二年(1055)，遭诬陷被贬同州的欧阳修被仁宗挽留，
以翰林学士的身份开始修撰《新唐书》和《新五代史》。他上疏建议删
去唐人撰定的《九经正义》中的谶纬之言，使经义纯一：

> 臣愚以谓士之所本，在乎六经。而自暴秦焚书，圣道中绝。
> 汉兴，收拾亡逸，所存无几，或残编断简出于屋壁，而余龄昏睡得

① 张湛注，卢重玄解，杨伯峻集释：《列子集释》，中华书局，1979年版，第5页。

其口传。去圣既远，莫可考证，偏学异说，因自名家。然而授受相传，尚有师法。暨晋、宋而下，师道渐亡，章句之篇，家藏私畜，其后各为笺传，附著经文。其说存亡，以时好恶，学者茫昧，莫知所归。至唐太宗时，始诏名儒撰定九经之疏，号为正义，凡数百篇。自尔以来，著为定论，凡不本正义者谓之异端。则学者之宗师，百世之取信也。然其所载既博，所择不精，多引谶纬之书，以相杂乱，怪奇诡僻，所谓非圣之书，异乎正义之名也。臣欲乞特诏名儒学官，悉取九经之疏，删去谶纬之文，使学者不为怪异之言惑乱，然后经义纯一，无所驳杂。[①]

　　文中可以看到欧阳修对唐初撰定的《九经正义》十分推崇，《正义》之说是经典解释的定论，读书人以之为"宗师"，其承载的意义可为"百世之取信"。然而，如此重要的经典，却因为"所择不精，多引谶纬之书"，导致羼杂怪异之言，惑乱人心，这就亟须删除其中的谶纬，净化经典。这些思想在当时来说过于先锋，要人们从天人感应的认知模式中解脱出来为时尚早，删除谶纬不仅意味着与千年的经学传承决裂，更意味着否定根深蒂固的观念，绝非一朝一夕可以完成。因此，"当时执政者不甚主张，事竟不行"[②]。仁宗本来就对阴阳灾变之学很有兴趣，"景祐末，河东地震，京师正月雷。上忧灾异，深自贬

---

① 欧阳修：《乞校订五经劄子》，《欧阳修全集》卷一百一十二，中华书局，2001 年版，第 1707 页。
② 吕希哲：《吕氏杂记》卷下，中华书局，1991 年版，第 23 页。

损"①,还"下诏求直言"②。时有秘书丞、国子监直讲林瑀依附《周易》上图纬之言,颇为仁宗眷顾。刘敞也认为"五经灾异之说最深最切",建议"凡四方所上奇物怪变、妖孽沴疾、有非常可疑者,宜使儒学之臣据经义,傅时事以言"③。可见据谶纬说经、以灾异断为政得失的风气仍然是主流。

欧阳修所摒斥的谶纬之说与"五经"的历史同样悠久,西汉武帝表彰"六经",立"五经"博士,罢黜百家,经学成为官学。"六经"之外还有"纬","纬"主要指"七纬",即解释《易》《书》《诗》《礼》《乐》《春秋》《孝经》七部经典的纬书。据《后汉书·方术传》,《易》"纬"有六:《稽览图》《乾凿度》《坤灵图》《通卦验》《是类谋》《辨终备》。④ 纬书是对经义的解释,"圣人作经,贤者纬之"⑤。"经""纬"相须,"纬"是理解"经"的重要参考,能够将经书中言不尽意的部分阐发出来,因此后人认为"六经口说,七十子后学传之未尽者,纬书无不具见之"⑥。如《礼记·中庸》:"至诚之道,可以前知。国家将兴,必有祯祥;国家将亡,必有妖孽。见乎蓍龟,动乎四体。"⑦子思认为至诚尽性可以赞天地之化

---

① 司马光:《涑水记闻》卷四,中华书局,1989 年版,第 64 页。
② 李焘:《续资治通鉴长编》卷一百二十一,中华书局,1985 年版,第 2851 页。
③ 刘敞:《上仁宗论灾变宜使儒臣据经义以言》,赵汝愚编《宋朝诸臣奏议》,上海古籍出版社,1999 年版,第 416 页。
④ 《后汉书》卷八十二上《方术列传》,中华书局,1965 年版,第 2721 页。
⑤ 孟康语,颜师古曰:"孟说经纬是也。"《汉书》卷一〇〇《叙传上》,中华书局,1962 年版,第 4224 页。
⑥ 张尔田:《史微·原纬》,上海书店出版社,2006 年版,第 128 页。张惠言(《易纬略义·叙》)、钱大昕(《潜研堂文集》卷九)、王鸣盛(《蛾术编·谶纬》)亦持此说。
⑦ 《礼记正义》,北京大学出版社,2000 年版,第 1691 页。

育,从而能预知国家兴亡,旨在勉励人们诚意修身,但是后人往往反用其义,以鉴祯祥为能事,借经文预测吉凶,纬书的污名即导源于此,不仅成为术士进阶干禄的手段,更是君主挟持自济的工具。

> 汉自武帝颇好方术,天下怀协道艺之士,莫不负策抵掌,顺风而届焉。后王莽矫用符命,及光武尤信谶言,士之赴趣时宜者,皆骋驰穿凿,争谈之也……自是习为内学,尚奇文,贵异数,不乏于时矣。是以通儒硕生,忿其奸妄不经,奏议慷慨,以为宜见藏摈。子长亦云:“观阴阳之书,使人拘而多忌。”盖为此也。[1]

纬书又称“秘经”。“秘经,幽秘之经,即纬书也。”[2]“内学谓图谶之书也。其事秘密,故称内。”[3]纬书称“经”,而图谶只能称“学”,虽然同是神秘之说,但纬、谶在汉代仍有高低之分。经师尚纬,郑玄遍注群经,为治经者尊奉,而他注经的重要特点之一就是多用纬说,说明纬书对解经的作用为时人所认可。另一方面,统治者尚谶,甚至下诏以谶说来匡正“五经”章句。[4] 张衡指出:

---

[1] 《后汉书》卷八十二上《方术列传》,第 2705 页。

[2] 《后汉书》卷三十上《苏竟杨厚列传》载苏竟与刘龚书云“孔丘秘经,为汉赤制”注一,第 1043 页。

[3] 《后汉书》卷八十二上《方术列传》“自是习为内学”注四,第 2705 页。

[4] 《隋书》卷三十二《经籍志》云:“王莽好符命,光武以图谶兴,遂盛行于世。汉时,又诏东平王苍,正五经章句,皆命从谶。俗儒趋时,益为其学,篇卷第目,转加增广。言五经者,皆凭谶为说。”(第 941 页)据《后汉书》卷四二《光武十王列传》“苍少好书,雅有智思”,未论及受诏正经之事。而王苍兄沛献王辅“好经书,善说《京氏易》《论语传》及图谶,作《五经论》,时号之《沛王通论》”。第 1433、1427 页。

圣人明审律历以定吉凶，重之以卜筮，杂之以九宫，经天验道，本尽于此。或观星辰逆顺，寒燠所由，或察龟策之占，巫觋之言，其所因者，非一术也。立言于前，有征于后，故智者贵焉，谓之谶书。①

律历、卜筮、九宫是构建天象知识体系的基本组成部分，仅此而已。而利用这些知识来预测，并通过事后应验与否来评价手段本身无疑是误入歧途，可见在他看来讲论律历、卜筮、九宫等内容的纬说无可非议，但以此来察测占断的谶书却大悖其旨。这也是当时很多经学家的共识，他们虽然善用谶纬，但不以此惑世显身，"桓谭以不善谶流亡，郑兴以不逊辞仅免，贾逵能附会文致，最差显贵。世主以此论学、悲矣哉"②。说明纬书本身和对纬书的利用不能混为一谈。

然而，魏晋南北朝的历史充斥着以谶纬操控政治的事件。术士以图谶煽祸，南朝宋文帝因此为子劭所杀，武帝即位后立即禁止图谶。③《宋书·符瑞志》《南齐书·祥瑞志》都详细记载了图谶的内容。北魏太武帝崇信道士寇谦之，亲受符箓，北周的每位皇帝即位都要受符箓。北魏孝文帝太和九年（485）下诏焚毁"图谶、祕纬及名为孔子闭房记者"，不从者判"大辟"刑。可见皇室无论在受命践祚还是权力斗争中都十分倚重图谶的作用，导致其屡禁屡用，而治图谶者延绵不

---

① 《后汉书》卷五十九《张衡传》，第1911—1912页。

② 《后汉书》卷三十六《郑范陈贾张传》，第1241页。《文心雕龙》卷一《正纬第四》："是以桓谭疾其虚伪，尹敏戏其深瑕，张衡发其僻谬，荀悦明其诡诞，四贤博练，论之精矣。"中华书局，1985年版，第6页。

③ "至宋大明中，始禁图谶。"《隋书》卷三十二《经籍志》，第941页。

绝,说明图谶纬说十分流行,信奉的土壤深厚且广泛,其内容既包括妖邪神力,也包括对世界的基本认识。可以看到,谶纬的虚诞来源于对其所包含的自然认知的妄断和滥用,谶纬之说之所以言之凿凿,正是因为其赖以建立起来的对世界的认识本身是正确的,要清晰地区分两者并不太可能。如北学代表人物徐遵明,讲学二十余年,传郑玄之学,"海内莫不宗仰",弟子上表称他"钻经纬之微言,研圣贤之妙旨,莫不入其门户,践其堂奥,信以称大儒于海内"。[1] 北朝治经者,无不兼习阴阳图谶[2],不如此不足以称博学通经。说明谶和纬作为学问本身就是一体的,天文历算之学也正是依靠与经义的结合和政治的利用才得以发展。观天象以预测吉凶并非一般儒生可以胜任,他们必须具备一定的天文和算学的专门知识。唐代李淳风就以"明天文、历算、阴阳之学"著称,"每占候吉凶,合若符契,当时术者疑其别有役使,不因学习所致,然竟不能测也"。而李淳风的学术功绩并不逊于同代鸿儒巨贤,他预撰《晋书》和《五代史》中《天文》《律历》《五行》等志,展现了古代天文历算的极高水平。显庆元年(656),他"与国子监算学博士梁述、太学助教王真儒等受诏注《五曹》《孙子》十部算经。书成,高宗令国学行用"[3]。这开启了国家最高学府使用统一数学教材的先河。

《隋书·经籍志》收录谶纬类书籍十三部九十二卷,还记有亡佚

---

[1]《魏书》卷八十四《儒林传》,中华书局,1974年版,第1856页。

[2] 北魏有燕凤、常爽、刁冲、李业兴、张渊,北齐有李公绪、宋景业,北周有陆旭、蒋昇、沈重、熊安生等。

[3]《旧唐书》卷七十九《李淳风传》,中华书局,1975年版,第2717、2719页。

十二部四十卷，从亡佚书的平均卷数来看，失传的典籍体量较小，可知重要的纬书仍然存世。《旧唐书》和《新唐书》记载同为九家八十四卷，较隋又有所减少。纬书列于经部之后，可见其价值并不仅是保存其说。因此，唐初孔颖达奉敕撰定《五经正义》，引用纬书注解经义，反映出时人认可经纬并存、以纬辅经的做法。

唐太宗贞观十六年（642），孔颖达奉敕撰成《周易正义》十四卷，以王弼、韩康伯注为本，不用郑玄注，结束了北学宗郑、南学尊王的局面。《正义》序称："今既奉敕删定，考察其事，必以仲尼为宗；义理可诠，先以辅嗣为本；去其华而取其实，欲使信而徵。"对于王弼以玄注易的做法，他认为："《易》理难穷，虽复'玄之又玄'，至于垂范作则，便是有而教有。若论住内住外之空、就能就所之说，斯乃义涉于释氏，非为教于孔门也。"①说明他不仅对王弼以道家之"无"来解释《周易》的属性非常清楚，更对王弼之后解易者援老入释的做法也十分了解。所以他在《正义》的开首就表明这部《周易》的注解秉"有"弃"无"，并明确这是孔子的教旨，是《周易》作为经典的价值所在。序中还说明以王弼注为本，但并不是专一家而亡众说，既举出王弼继承郑注的例证，也指出他惘闻郑义而下己意之处，表明他很重视郑玄易注，从而显示《正义》试图折中汉魏南北朝以来众家易说，虽然同时有李鼎祚《周易集解》、史徵《周易口诀义》、阴弘道《周易新传疏》等采汇汉魏象数易学，但《周易正义》主义理同时融摄象数的意图，彰显了唐代颁布经学标准读本的宗旨。

---

① 《周易正义》，北京大学出版社，2000年，第3页。以下引文皆用此书。

郑玄注经多引纬书，还注释纬书，《正义》对郑注的吸收建立在唐代对纬书的保存和认知上。以下罗列《正义》引纬书共计 18 条[1]：

篇目	引用内容	出处[2]
卷首·第一论"易"之三名	易一名而含三义，所谓易也，变易也，不易也。	
卷首·第一论"易"之三名	"易"者，其德也。光明四通，简易立节，天以烂明，日月星辰，布设张列，通精无门，藏神无穴，不烦不扰，澹泊不失，此其"易"也。"变易"者，其气也。天地不变，不能通气，五行迭终，四时更废，君臣取象，变节相移；能消者息，必专者败，此其"变易"也。"不易"者，其位也。天在上，地在下，君南面，臣北面，父坐子伏，此其"不易"也。	《易纬乾凿度》9 条
卷首·第一论"易"之三名	夫有形者生于无形，则乾坤安从而生？故有太易、有太初、有太始、有太素。太易者，未见气也。太初者，气之始也。太始者，形之始也。太素者，质之始也。气、形、质具而未相离谓之浑沌。浑沌者，言万物相浑沌而未相离也。视之不见，听之不闻，循之不得，故曰易也。	

---

① 杨磊《"十三经"唐宋注疏所引谶纬文献研究》（山东大学硕士论文，2010 年）对"十三经"的唐宋注疏引用谶纬数量进行全面的统计，没有注明具体引文。就《周易正义》来看，与本文下文统计数字并不一致。

② 《隋书·经籍志》谶纬类中《易纬》之前有《河图》（含亡佚的《梁河图洛书》二十四卷目录一卷）和《河图龙文》两种，而在新旧《唐书》中，纬书类中无"河图洛书"，以《易纬》为首。《正义》中述及"河图洛书"依据《系辞》"河出图、洛出书，圣人则之"一句，在《正义序》"龙出于河，则八卦宣其象"、卷首第二《论重卦之人》和《系辞》部分中提及，并未介引图谶内容。

续表一

篇目	引用内容	出处
卷首·第一论"易"之三名	孔子曰：上古之时，人民无别，群物未殊，未有衣食器用之利，伏牺乃仰观象于天，俯观法于地，中观万物之宜，于是始作八卦，以通神明之德，以类万物之情。故易者所以断天地，理人伦，而明王道。是以画八卦，建五气，以立五常之行；象法乾坤，顺阴阳，以正君臣、父子、夫妇之义；度时制宜，作为罔罟，以佃以渔，以赡民用。于是人民乃治，君亲以尊，臣子以顺，群生和洽，各安其性。	
卷首·第二论重卦之人	垂皇策者牺。	
卷首·第四论卦辞爻辞谁作	垂皇策者牺，卦道演德者文，成命者孔。	
卷首·第五论分上下儿篇	孔子曰：阳三阴四，位之正也。	
乾·初九爻辞	垂皇策者牺。	
文言·"贞故足以干事"	水土二行，兼信与知。	
卷首·第四论卦辞爻辞谁作	苍牙通灵昌之成，孔演明道经。	《易纬通卦验》 1条
复·象·"七日来复"	六日七分，卦气起中孚。	《易纬稽览图》 1条
序	郑康成引《易纬》之说。	
卷首·第三论三代《易》名	因代以题周。	《易纬》3条
乾·卦辞	卦者挂也，言悬挂物象，以示于人，故谓之卦。	

续表二

篇目	引用内容	出处
系上·河出图,洛出书	河以通乾出天苞,洛以流坤吐地符。河龙图发,洛龟书感。	《春秋纬》1条
卷首·第二论重卦之人	伏牺德合上下,天应以鸟兽文章,地应以《河图》《洛书》,伏牺则而象之,乃作八卦。	《礼纬含文嘉》1条
卷首·第四论卦辞爻辞谁作	文王见礼坏乐崩,道孤无主,故设礼经三百,威仪三千。	《礼纬稽命征》1条
卷首·第八论谁加"经"字	《易》建八卦,序六十四卦,转成三百八十四爻,运机布度,其气转易,故称"经"也。	《孝经纬》1条

就引文的分布来看,其中13条出现在《正义》卷首,对《周易》一书的撰作、流传和属性的说明多次引用纬书,而经传部分只有3条内容引自纬书。卷首八论鸟瞰《周易》,这些内容或散于经传,或晦而不明,孔颖达认为《纬书》出于孔子,"上下二篇,文王所定,夫子作纬以释其义也",所以频繁援引纬书予以揭明。在论说顺序上,引纬说先于引《易传》,纬说为主,《易传》辅之,可见纬书的重要性超过《易传》,但仅限于出自存世的重要纬典,其他来自所谓"易纬""孝经纬"的引文,则被认为是"纬文鄙伪,不可全信"。说明《正义》将纬书分为两种,一种是孔子所作,最为贴合经义,另一种是非孔子所作,只能作为备说,从一个侧面说明,唐代经典注释须要观照相关的纬书,经和纬仍然是不可分割的。

就所引纬说的内容来看,主要分为三类,一是题解《周易》,包括"周"和"易"的来源诸说,其中对"易"的三个含义的解释,都可以在《系辞》中找到来源①，但是《易纬乾凿度》中却有一段相当完整和系统的表述，此段对后世的影响巨大，堪称定论。二是补充从"易"到"乾坤"两卦的演生过程，可以看作《周易》的"前篇"，明确交代了由太易、太初、太始到太素的四段及与有形无形的关系，同样引用了《易纬乾凿度》中的一段完整表述，是古代宇宙生成的经典表达。三是明确圣人作《周易》为了"用之以顺"②，即圣人通过仰观俯察获得日月星辰、四时不忒、五行配运的知识，然后使用垂策演卦的方式布德施教，落脚点在"用"，而不是"体"。以上引自纬书的内容无论是天文历法还是人伦道德，不但毫无虚诞怪异，而且辞赅意洽，醇正贯通，可以称得上"正义"。

与《正义》同时的李鼎祚《周易集解》以收录前代象数易学为主，从其引用纬书来看，与《正义》的取向并无二致。如《乾·象》"时承六龙以御天"，《乾凿度》曰"日月终始万物"。《既济·象》"终止则乱，其道穷也"。注引《乾凿度》曰："既济，未济者，所以明戒慎，全王道也。"③而这两条注释都取自唐玄宗时期易家侯果④，说明以纬书注经在唐代仍是通行的做法，侯果释《系辞》"河出图，洛出书，圣人则之"云："圣人法《河图》《洛书》，制历象以示天下。"⑤与郑玄、孔安国义一脉相承。

---

① 易之简易义，见于《系辞》"夫乾，确然示人易也；夫坤，隤然示人简矣"；易之变易义，见于《系辞》"《易》之为书也不可远，为道也屡迁，变动不居，周流六虚。上下无常，刚柔相易。不可为典要，唯变所适"；易之不变义，见于《系辞》"天尊地卑，乾坤定矣；卑高以陈，贵贱位矣"、《说卦传》"天地定位"。
② 《周易正义序》，《周易正义》，第 2 页。
③ 李道平：《周易集解纂疏》，中华书局，1994 年版，第 37、528 页。
④ 《侯果易注》收入马国翰《玉函山房辑佚书》和黄奭《黄氏逸书考》，黄氏版本更完善。
⑤ 李道平：《周易集解纂疏》，第 606 页。

唐代以纬书注释古代典籍，除了"五经"之外，还有李善注《文选》、王冰注《黄帝内经》等，这些注本后来都与经典并传于世，并不以引用纬说为忌，内容也以贴合原义、补足语境为务。虽然唐代政府对谶纬之书有严厉的禁令①，甚至入刑②，但那些辅证"五经"的纬书显然不在被禁之列，说明人们已经对"谶纬"有了明确的界定，而判断的标准并非是不是纬书，而是其内容的合理性，也就是能否符合当时的认知。

孔颖达《五经正义》自唐高宗永徽二年(651)颁定为明经科的标准读本，直至北宋一直是经典注释的典范。北宋端拱元年(988)，宋太宗敕令校勘孔颖达《五经正义》并诏国子监镂板刊行，淳化五年(994)板成。③ 就是在这种情况下，欧阳修上《乞校正五经劄子》，要求尽删"五经"注疏中的谶纬之言。然而，要想修正这套占据统治地位已长达三个多世纪的解经体系谈何容易，朝廷并未采纳欧阳修的建议，《五经正义》仍然具有不可撼动的地位。就学术研究来说，经史中记载的祥瑞符命之说，学者多以存真去伪的态度处之。

---

① 唐代宗大历二年(767)诏："天文著象，职在于畴人；谶纬不经，蠹深于疑众。盖有国之禁，非私家所藏……故圣人以经籍之义，资理化之本。侧言曲学，实紊大猷……或有妄庸，辄陈休咎，假造符命，私习星历。共肆匈乡之辩，相传委巷之谭，作伪多端，顺非饶泽。荧惑州县，讹误间阎，坏纪挟邪，莫逾于此。其玄象器局、天文图书、《七曜历》、《太一雷公式》等，私家不合辄有。今后天下诸州府，切宜禁断。"《旧唐书》卷十一《代宗本纪》，第285—286页。
② 唐永徽四年(653)颁行："诸玄象器物，天文、图书、谶书、兵书、七曜历，《太一》、《雷公式》，私家不得有，违者徒二年(私习天文者，亦同)。"其《纬》《候》及《论语谶》，不在禁限。岳纯之点校：《唐律疏议》卷九《职制》，上海古籍出版社，2013年版，第161页。
③ 王应麟：《玉海》卷四十三"端拱校五经正义"条。

帝王之兴，其受命之祥卓然见于《书》《诗》者多矣，《河图》《洛书》《玄鸟》《生民》之诗岂可谓诬也哉？恨学者推之太详谶纬，而后之君子亦矫枉过正，举从而废之，以为王莽、公孙述之流沿此作乱，使汉不失德，莽述何自而起？而归罪三代受命之符，亦过矣。故夫君子之论，取其实而已矣。①

苏轼认为天降祥瑞以应人和的记载应被当作史实，因其曾被作为僭主代祚的工具而一并否定其真实性并非学者应有的求实态度。这种反对抹杀纬说价值的看法不在少数。胡瑗（993—1059）也说："若圣人在上，锡五福于人，庶政行于国，和气充塞于天地，则《河图》《洛书》、麟龙凤出，为瑞应之验，是以圣人法则其时以行其事也，故云圣人则之。郑康成以《春秋纬》云《河图》有九篇，《洛书》有二篇，孔安国以为《河图》为八卦，《洛书》有九畴，皆失之矣。"②他同样认为瑞应之验确有其事，是圣人法则其时，以行其事的结果，而不是圣人则《河图》《洛书》画八卦，才使得天下太平，所以郑玄和孔颖达的注释并不正确。苏轼和胡瑗的思想可以反映出北宋时期，学者能够从具体内容判断纬书，承认经得起推敲的内容，辩驳无法证明的伪说。由此可以推断，经典注疏中纬说的存废标准已经形成，其结果并不是去除所有引自纬书或借纬书立论的释义，而是将不符合史实，或者说不符合宋人认知的内容去掉。

---

① 苏轼：《东坡书传》卷二《虞书·舜典第二》，中华书局1991年版，第27页。
② 胡瑗：《周易口义》卷十一，文渊阁四库全书本，上海古籍出版社，2003年版。

这项工作由南宋魏了翁《九经要义》最后完成,《周易要义》(以下简称《要义》)是其中的一部。不同于奉敕而撰的《五经正义》,《九经要义》是魏了翁揭露史弥远专权后遭弹劾谪官居靖州期间所作。在《要义》之外,魏了翁还"粹周、程、张、邵、杨、游、胡、二朱、二吕诸儒《易》成编",名为《周易集义》,可以说他对古代和近现代的易注做了全面的梳理。因此,他在《要义》开首就更动了《正义》的文字和结构。在分节上,首列长孙无忌的《上六经正义表》,其后将《正义》序及八论析为十二论,合为十三节。上文已知《正义》序及八论引用纬说 13 条,《要义》保留 9 条,以下就《要义》与《正义》卷首情况加以对比。

《要义》	《正义》	对比	纬书
二、二汉祖述江南虚玄惟王辅嗣独冠		节录。	无
三、王氏七日来复及《易纬》六日七分之成数	序	尽录。	《易纬》
四、先甲先庚王郑义异		尽录。	无
五、进疏解姓名		节录。	无
六、易一名而含三义	第一	节录。正义引《易纬·乾凿度》四条,《要义》取二条。	《易纬乾凿度》2 条
七、重卦有四说当从王氏以伏牺为正	第二	节录。《正义》首引《系辞》"河出图,洛出书,圣人则之"和《礼纬·含文嘉》语,《要义》删去,其他尽录。	《易纬乾凿度》

续表

《要义》	《正义》	对比	纬书
八、连山归藏代号周易亦取岐阳名	第三	尽录。	《易纬》
九、一说卦爻辞皆文王一说爻辞皆周公	第四	节录。《正义》后部引《礼稽命征》并说明，《要义》删去。	《易纬乾凿度》《易纬通卦验》
十、上下二篇文王所定	第五	尽录。	《易纬乾凿度》
十一、郑学随经分象象通为十翼	第六	尽录。	无
十二、自商瞿至汉晋传易不绝	第七	尽录。	无
十三、孟喜前已题上下经字纬文鄙伪	第八	节录。《正义》引《礼记·经解》，《要义》不取，录《孝经纬》，及《正义》言其鄙伪不可全信。	《孝经纬》

仅从卷首部分来看，《要义》对《正义》的取舍并没有刻意删除纬书的内容，而是根据《正义》原文的意思，以择要的原则蠲除枝蔓。毋宁说，由于引自纬书的内容本身就是序及八论不可分割的部分，《正义》以最精练的语言阐述《周易》最根本的问题，所以若按凡纬必除的标准，恐怕整体溃散，无法成章。《要义》显然继承了《正义》对纬书的处理方式，在保留《易纬》的同时，对八论中其他经的纬书略去不用，但也略去了《系辞》的内容，说明并非针对纬书。另外，《要义》以结论作为分论的小标题，其中出现两次"纬"，一是第三节《易纬》六日七分

之成数，一是第十三节纬文鄙伪，一取纬说，一斥之为伪，可见《要义》判断纬书的价值依据其说的内容，在后面的《乾》"蓍为数爻卦辞之本"一节中保留《乾凿度》"垂皇策者羲"，足见《要义》视纬与《正义》并无太大不同，而且视《易纬乾凿度》为重要注释。

明人王祎认为《要义》是第一部有意识地删去纬书的《周易》注本，纬说由此销声匿迹。

> 孔颖达作《九经正义》往往援引纬书之说，欧阳公尝欲删而去之，以绝伪妄，使学者不为其所惑，然后经义纯一，其言不果行，迨鹤山魏氏作《九经要义》，始加黜削，而其言绝焉。[1]

因此四库馆臣评价魏了翁有"廓清之功"[2]。然而，从以上比较来看，魏了翁所说的"最害义者，以《纬》证《经》，以莽制证周公之法"[3]的意思并不是指纬书不能用以解释经，而是指不可以后人的看法充当前人的动机，好比以王莽复古之制来理解周公制礼作乐。虽然"採掇谨严，别裁精审"[4]，折中义理和象数，但《要义》最终并没有取得与《正义》相当的地位，其初刻书板毁于蒙宋兵燹后没有再版，原刻本仅有残卷，钞本又讹舛甚多，流传不广，也乏人整理，以《正义》之志撰成的《要义》并没有因为给读书人提供一个"干净"的经典文本而成为官方的范

---

① 王祎：《杂著》，《王祎集》卷二十，浙江古籍出版社，2016 年版，第 605 页。

② 《钦定四库全书总目》，中华书局，1997 年版，第 28 页。

③ 魏了翁：《答夔路赵运判》，《鹤山集》卷三六，四部丛刊本。

④ 《钦定四库全书总目》，第 28 页。

本。元代延祐重启科举，以程朱理学为主。[①] 朱熹《周易本义》首列易图，已不纠结于图谶纬说，也无人以此质之，谶纬自行刊落于经学。

仅就《要义》沿袭《正义》纬说来看，以数言易作为解释《周易》的重要部分被保留下来，如孟喜的六日七分之说，京房的纳甲，《易纬是类谋》"冬至、日在坎；春分，日在震；夏至，日在离；秋分，日在兑"，《易纬通卦验》"乾，西北，主立冬；坎，北方，主冬至；艮，东北，主立春；震，东方，主春分；巽，东南，主立夏；离，南方，主夏至；坤，西南，主立秋；兑，西方，主秋分"。皮锡瑞指出汉代"图书即谶纬"，还认为"谶纬篇多以图名，则当时书中必有图"。[②] 这些关于自然世界的知识，一直是人们常识的一部分，而《易纬》将这些知识从《周易》的经传中抽绎出来，成为人们认知天道和人道的基础。

虽然以天地为则是人事的指归，但自然的知识必须在人事中才能获得意义，没有独立的价值。自然之天与宗教之天合二为一，时刻监督和评判着人事，而那些洞悉自然规律的术士也一定要涉足政事才得以显名。《宋史·方技传》：

> 然而天有王相孤虚，地有燥湿高下，人事有吉凶悔吝、疾病札瘥，圣人欲斯民趋安而避危，则巫医不可废也。后世占候、测

---

① 元代延祐首科会试，诏："汉人、南人：(明经)经义一道……《周易》以程氏、朱氏为主……兼用古注疏。"陈高华等点校：《元典章》卷三十一，天津古籍出版社，2011 年版，第 1096 页。
② 皮锡瑞：《经学通论》卷一《论宋人图书之学亦出于汉人而不足据》，中华书局，1991 年版，第 27 页。

验、厌禳、崇禬，至于兵家遁甲、风角、鸟占，与夫方士修炼、吐纳、导引、黄白、房中，一切君蒿妖诞之说，皆以巫医为宗。汉以来，司马迁、刘歆又巫称焉。然而历代之君臣，一惑于其言，害于而国，凶于而家，靡不有之。宋景德、宣和之世，可鉴乎哉！然则历代方技何修而可以善其事乎？①

如果没有君王的好恶、人事的利用，方技之术难道就没有价值了吗？这种疑问说明宋人已经意识到自然与人事不同，自然有其独立性。在天人相分的背景下，他们主张去除经典中的纬说，其实是要铲去以吉凶休咎解释自然的当然性。"纬"与灾异无法撇清的关系要求这个名称退出历史，而纬说并没有在经典中消亡，反而作为长期积累的自然经验成为经典的基础。

经书与纬书共同构建了古代的知识世界，经书是对古今中外显象的分疏，而纬书是对隐藏在经书中的肌理的提炼，较之经书来说更为深奥，却又更加基础，因此迄止北宋，通晓纬说是衡量儒生学术水平的重要方面，从传记资料来看，通经必要习纬，两者缺一不可，能运用纬书解决问题还能博名获利。图谶纬说虽屡禁不绝，但只是禁止私习和惑众，并非判为伪说。随着知识结构的变化，天象与人事自宋代起被逐渐剥离，人们对自然知识的掌握和利用已经足以不再依靠与神学的联系来获得意义，谶纬从经学的范围内淡出，而关于天文历数之学的纬说却成为自然知识领域的珍贵遗产。"纬书之说，为吾党

---

① 《宋史》卷四百六十一《方技上》，中华书局，1977 年版，第 13495—13496 页。

所羞称,然除灾祥怪诞之外,不无可采,如律历之桢分,典礼之遗文,旁罗博综,其言有物,但使择焉而精,未尝不极有关于经术也。"①《周易》注疏去"纬"名存纬说的嬗变反映了人们对"经"的观念变化,经为常,但"常"随着人们认知结构的丰富和变化反过来要求"经"包涵更多的内容,促使经典的注疏呈现出新的样貌和关切。

第三节　事神与治民

类书的编纂和经典的诠释从北宋开始都呈现出对于知识获取和分类不同于以往的新态度,新的认知体系并不仅仅是书面的成果,由此引发的对制度的反省和损益反映出对世界新的体会也在具体的行动中获得确认,不仅使知识之间新的关系得到巩固,也鼓励着人们以新的方法去重识和探索更广阔的世界。

北宋庞元英《文昌杂录》载,元丰三年(1080)朝廷详定礼文之事:

> 古者神民不杂,礼刑异制,故治礼之官常得以治礼,事神之官常得以事神。如左氏所谓使名姓之后,率旧典者为之宗。自汉以来,治礼事神之官不得其职,始杂以他,故《后汉志》太尉掌郊祀亚献,光禄掌三献。太尉,秦、汉用以掌兵,今为三公坐论道者也。光禄本掌官殿门户,皆非祠官之任。②

---

① 全祖望:《原纬》,《鲒埼亭集外编》卷四十八,嘉庆九年(1804)刻本。
② 庞元英:《文昌杂录》卷一,《丛书集成初编》,中华书局,1985 年版,第 5 页。

　　"神民不杂"的观念上古有之,因而产生了事神和治民的不同制度,礼官须知天地神祇,掌邦国故事,能"率旧典者",而治民的执政官则有品阶高低,两者泾渭分明。《周礼》中记载了大量担任各种角色的礼仪官员,也没有君王和王后亲自主祀的规定。然而从汉代就开始由皇帝担任礼仪中的初献,掌兵的太尉和掌宫廷门户的光禄分别担任亚献和终献官,以此来体现礼仪的隆重,之后以皇帝亲祀表示典礼的最高等级,已经成为关于国家礼制的基本常识。然而,这条记载表明,北宋时国家治礼部门提出沿袭任命执政官担任礼典要职是一种混淆神民的做法,并不符合古人制礼的本意。

　　那么这是否说明汉代对礼经的理解和施行还不如宋人呢? 恐怕汉人只会认为不事神如何能治民? 因此,以"神民混杂"来质疑祭祀官员的身份是不会出现在汉代人的头脑中,而只有意识到两者异质的宋人才会在先秦文献中读出这个问题,以此来质疑前人的作为。类似地,太史也因此被认为并不适合担任祭祀典礼的行事官。

　　　　《周官》太史之职,正岁年以序事,颁告朔于邦国。自汉以
　　来,皆以司天时日星灾祥之事。至唐改为司天台,职任如旧,惟
　　置诸生掌布诸坛神位。本朝大中祥符中,增司天监为二员,分献
　　昊天上帝坛第一陛五方帝以下九位。自后又命他官摄司天监行
　　事。夫日官既非习礼事神之司,又假其官名以行礼,殆非礼意。[①]

---

① 《宋会要辑稿》,上海古籍出版社,2014 年版,第 499 页。

《周礼》"太史掌建邦之六典，以逆邦国之治。正岁年以序事，颁之于官府及都鄙，颁告朔于邦国"。太史的职责包括"掌六典"和"颁告朔"，他们的工作是观察天象，预告灾祥，因此西汉司马迁有"文史星历近乎卜祝"之叹。[①] 东汉郑玄注："太史，日官也。"[②]说明司天台的工作并不仅仅观天定历，还要对天象进行诠释，因此太史被认为能通天意，参与祭祀典礼并无不妥。然而，宋人指出太史局的诸生担任祀典中的献官不符合礼规，不仅如此，前人还认为历生担任此职理所应当，所以委任其他官员行使太史的礼职。可见，太史在国家祭祀中担任礼官是建立在人们对他的工作关涉神意的认知上，同样地，宋人把"日官"和"事神"分开，也是建立在他们的新认知上的。

欧阳修说："至于三辰五星，常动而不息，不能无盈缩差忒之变，而占之有中有不中，不可以为常，有司之事也。"[③]由他编撰的《新五代史》已不见解读機祥的《五行志》，以《司天志》记录天象，观测日月异动成为"有司之事"，与天下治乱没有关系。司天台不仅从此只"司天"不"豫人"，还将"太卜署"收入下辖，朝廷不再设"太卜"专职官。

"太卜"在殷商时期位列"六太"，周时属春官。《周礼·春官·太卜》："凡国大贞，卜立君，卜大封，则眠高作龟；大祭祀，则眠高命龟；凡小事，涖卜。国大迁、大师，则贞龟；凡旅，陈龟；凡丧事，命龟。"国之大事皆系于卜，因此《礼记·表记》载孔子云："昔三代明

---

① 《汉书》卷六十二《司马迁传》，第 2732 页。
② 孙怡让：《周礼正义》，中华书局，1987 年版，第 2079 页。
③ 《新五代史》卷三七，中华书局，1974 年版，第 397 页。

王,皆事天地之神明,无非卜筮之用。"卜筮可以帮助人们"决嫌疑,定犹与"(《礼记·曲礼》)。隋唐时,朝廷仍设太卜署。据《大唐开元礼》,"凡大祀、中祀应卜日者,及册命大事、加元服、纳后、巡狩、亲征、封禅、太子纳妃、出师命将,并前七日卜日于太庙南门之外。小祀应筮日者及诸王冠婚、公主降嫁等,并筮日于太庙南门之外"①。大祀、中祀及大事需进行卜日,小祀及小事需进行筮日,卜筮由太卜署进行,卜筮之法有四种:"一曰龟,二曰五兆,三曰易,四曰式。"②最重要的祭祀和事项须举行龟卜,询问神意,通过灼烧龟背呈现的图象来预判事件的吉凶,人们高度信任通过这种特殊仪式沟通神明所获得的启示。而有志于进入太卜署的卜筮生要比进入太史局的历生完成更长的学制③,也反映出占卜在国家礼制中的重要性和遇事行卜的普遍性。

然而,宋代自建国初就取消太卜署,划归司天台,同时不再设太卜令及以下品官。

> (太祖建隆四年)五月十二日,诏自今祠祭并委司天台择日。先是止委太卜局故也。④
>
> 乾德元年十一月十六日,太常礼院言:"诏书改元,请次日遣

---

① 《大唐开元礼》卷一,清光绪刊本。
② 《新唐书》卷四十八《百官志三》,中华书局,1975 年版,第 12658 页。
③ "赵丁年十八,弟乙年十六,并解卜算。所司补丁为卜筮生,补乙为历生。诉称历生六年满,兄年长易就,卜筮生八年满,弟年幼请更习业。"《全唐文》卷三百五十一,中华书局,1983 年版,第 3554 页。
④ 《宋会要辑稿·礼一四》,第 744 页。

官告天地、太庙、社稷。"从之。自后凡改元皆告。咸平元年正月改元，以节假，至五日始告。自后皆司天台择吉日以告。①

原先由太卜局负责的择日，改由司天台担任，自此祠祭和大事都由司天台提出备选日期，显然不再通过"龟卜"产生。而司天监的主要职责是"风云气候、祥异证验"②，需要工作人员昼夜连续不间断地观察天象，记录常规和异常的现象，并对重大的天象进行预报。这些内容对国家行政工作和决策有着重要的影响。

太祖建隆元年五月朔，有司请受朝。时司天上言日当食，故罢。视朔御殿，非古也。唐德宗以数术之说肇行斯礼，宪[宗]元和中以其不经，罢之。后唐同光中，复诏举行。至是犹循旧例。③

在五月朔日御殿受朝是唐德宗根据当时的术数理论创制的礼仪。④ 宪宗时废黜后，到五代后唐庄宗时又恢复，一直延续到北宋初，当时司天监上报五月朔日会发生日食，所以不举行朝礼。朝廷的重要典礼因为司天监预报的重要天象变化而取消，说明"顺应天时"是朝政的重要依据。为了保证天象记录的准确性和完整性，朝廷同时

① 《宋会要辑稿·礼一四》，第 745 页。
② 《宋会要辑稿·职官二》，第 2991 页。
③ 《宋会要辑稿·礼五六》，第 1966 页。
④ 吕公著《五月会朝非礼奏》："五月会朝，始于唐德宗，取数术厌胜之说。宪宗以不经罢之。"《宋史》卷三百三十六《吕公著传》，第 10773 页。

设立了"翰林天文院"和"司天监天文院"[1]，分别上报每日记录，进行对勘，对错报漏报进行惩戒，唯恐错失天象消息。

从解读龟卜到天象，虽然人们仍然将"天意"视为行事指南，但获取的方式正在发生变化。对记录精确性的要求越来越高表明天象的诠释必须有据可寻并且能够自洽，解释不可以是任意的，解释的权力也不再是被垄断的。

> 熙宁三年十二月，诏："司天监每有占候，须依经，具吉凶以闻。如隐情不言善恶，有人驳难，蒙昧朝廷，判监已下并劾罪以闻。"[2]

占候时不仅要说出所见之象，还要根据相关的经典判断吉凶，这就要求结论必须是经过符合逻辑的推演所得，如果出现前后矛盾或知情不报的情况，一旦被人指驳，负责占候的官员就会受到惩戒。这说明对天象的解说即使是依据天文占书的经典，也必须在当时的语境中给出合理的解释，而不仅仅是照搬经文。可以推断，宋人对于天象的态度，已经从俯首是瞻转变为主动的择从。

> 熙宁二年二月，提举司天监司马光言："前代以来流星或大如杯斗，或有光烛地，或有声如雷动人耳目者，方记于史籍以为

---

[1] 关于宋朝出现两个天文台的机构设置，参见赵贞：《宋代的天文管理探论》，载《宋史研究论丛》(第17辑)，河北大学出版社，2015年版，第115—140页。
[2] 《宋会要辑稿·职官二》，第2796页。

灾异。宋朝旧制，司天监天文院、翰林天文院、测验浑仪所每夜专差学生数人台上四面瞻望流星，逐次以闻，及关报史馆。缘流星每夜有之，不可胜数，本不系国家休咎，虽令瞻望，亦不能尽记，虚费人工，别无所益。况测验浑仪，近置刻漏，及专用浑仪考察七政，以课诸历疏密，委实无暇更瞻望流星云气。欲乞今后流星云气迹状或异，及于占书有占验者，委两天文院具休咎以闻，迹状关报史馆外，其测验浑仪所更不令瞻望流星云气。"从之。①

司马光的奏疏说明司天监的工作至少包括两个方面，一是每夜瞻望流星云气，二是使用天文仪器观测天空，比对时历。司天监记录流星和恒星的活动一样详细，可是两种天象的性质和记录目的是不同的，却采用同样的工作流程。于是司马光指出，前者耗费人力，还影响到后者的观测，建议只记录"迹状或异"和占书上有验的流星和云气。他的理由是历来见诸史载的只有异常的流星，相对于每夜无数的流星，需要记录在案的屈指可数。然而，司马光的建议不仅仅是减少司天监观测流星的工作量，而是反映了前代作为灾异象征的流星云气已"不系国家休咎"，也就是说人们不会因为天上一点点小的变故而骚动不安。同时，"考察七政，以课诸历疏密"也不是为了占断国运兴衰，而是完善修历的理论与技术。因此，司马光说："夫天道窅冥恍惚，若有若亡，虽有端兆示人，而不尽可知。是以圣人之教，治人

---

① 《宋会要辑稿·职官十八》，第3529页。

而不治天,知人而不知天。"①天象的观测是"治天",不断地探索"不尽可知"的天意。另一方面,圣人之教是"治人",面对的是人,与治天的方式是不一样的。在这里司马光明确指出司天监的工作应该与朝廷施政区分开来,表明在此之前,将天象与国家行政联系在一起是惯常的做法,而受到天象变化的过多影响必然导致国家治理本身的节奏被打乱。王安石也说:"今或以为天有是变,必由我有是罪以致之,或以为灾异,自天事耳,何豫于我? 我知修人事而已。"②这与司马光的看法是一致的。可以看到,一方面天象观测的技术在不断提高,追求更准确的预报仍然是首要目标,另一方面,准确预报和对天象更多地了解并不会造成对国家社会更多的干预,有识之士反而致力于不断剪除其对政治的影响,就天说天、就人论人的认识结构逐渐建立,自北宋起催生出很多新的思想。

仁宗景祐二年(1035),范仲淹出任国子监之职,彼时据五代书板校勘的《五经正义》《九经》和《释文》已先后刊印,通行于世。然而,翻检范仲淹的《易义》和他围绕《周易》所写的十几首赋③,汉唐注疏的痕迹已十分浅淡,易学成为理解世界的思想工具。

---

① 司马光:《原命》,《司马光全集》卷六八,四川大学出版社,2010 年版,第 1402 页。
② 王安石:《洪范传》,《临川先生文集》卷六五,《王安石全集》第 6 册,复旦大学出版社,2016 年版,第 1190 页。
③ 《宋史·范仲淹传》载:"仲淹泛通《六经》,长于《易》,学者多从质问,为执经讲解,亡所倦。"范仲淹没有独立成书的易学著作,但写有十多篇赋阐发易理,包括《蒙以养正赋》《贤不家食赋》《穷神知化赋》《易兼三材赋》《乾为金赋》《体仁足以长人赋》《制器尚象赋》《天道益谦赋》《圣人大宝日位赋》《水火不相入而相资赋》《四德说》等。

原夫圣人之作《易》也，八卦成文，百代为宪。索隐而神道可极，取象而物形何遁。立夫《乾》也，所以体乎高明；为彼金焉，所以尚乎刚健。观其爻系斯著，拟议有偷。此则端四德而成象，彼则列五行而效珍。非同体于焕耀，实比德于贞纯。画而成三，三品之容可玩，统而用九，九牧之贡斯陈。况乎运太始之极，履至阳之位，冠三才而中正，秉一气而纯粹。万物自我而资始，四时自我而下施。①

"立夫《乾》也，所以体乎高明"，这一句针对《周易正义》而发，《乾》卦名疏云："何不谓之天，而谓之'乾'者？天者定体之名，'乾'者体用之称。故《说卦》云：'乾，健也。'言天之体，以健为用。圣人作《易》本以教人，欲使人法天之用，不法天之体，故名'乾'，不名天也。天以健为用者，运行不息，应化无穷，此天之自然之理，故圣人当法此自然之象而施人事。"②范仲淹指出以"乾"命名天之体，是古人对天的第一层理解，以"健"称"乾"则是第二层理解，唐人注疏意在教人法天之用，也就是以自然之"健"象用于人事，人事的依据在天。范仲淹认为立"乾"之体可谓"高明"，但以"健"称"乾"并不是教人法天象而行人事，而是提示人的创造性，所以他紧接着写到"为彼金焉，所以尚乎刚健"，"金"在此处象征坚定的意志和有力的行动，其来源则是"万物自我而资始，四时自我而下施"的信念，这种理解将天搁置起来，把人

① 范仲淹：《乾为金赋》，《全宋文》卷三百六十八，第 9 册，巴蜀书社，1991 年版，第 414 页。
② 《周易正义》，第 3 页。

作为世界的起点，人的行动的意义不再需要诉诸天来获得，而是自我的赋值。有意识的区分天人在经典的解释中也时常反映出来。

> 如卦言六龙，而九三不言龙而言君子，盖龙无乘刚之义，则以君子言之。随义而发，非必执六龙之象也。故曰易无体，而圣人之言岂凝滞于斯乎？[1]

《乾》卦六爻中，初、二、四、五、上爻的爻辞都有"龙"，唯有第三爻为"君子终日乾乾，夕惕若厉，无咎"。在前人的注疏中，龙、健、君德这些概念在《乾》卦的解释中是可以互相代换的，论天即论人，只是侧重点不同。而在范仲淹看来，九三爻辞不用"龙"，而用"君子"，蕴含了重要的区别，是圣人作易时有意强调君子的"承刚之义"。所谓"承刚"是指外卦为三阳爻的乾卦，内卦的最上爻就要承起纯阳的上卦，这原本是易学中的象数用语，但范仲淹将"刚"转义为人之德性，并指出如果爻辞中出现"龙"，并不能表示承刚之义，只有用"君子"才能表达，显示出爻辞遵循"随义而发"的原则，体现了不拘泥于"六龙之象"的圣人之意。然而，从经学的角度看，这恐怕已经不是文本的研究，而是范仲淹的自我写照，在他的诠释下，圣人由启发人们知天意而行人事，转变为激发人们自身力量的引导者。其后的荆公新学、张载为代表的关学、苏轼为代表的蜀学，都试图从古代的经典中找到重新安顿天人的依据。

---

[1] 范仲淹：《易义》，《全宋文》卷三百八十五，第 9 册，第 756 页。

王安石执政时设局修撰《三经新义》，新注的"三经"包括《诗义》《书义》《周官义》，由官方颁于场屋，与王安石的《字说》《易解》《论语解》和《孟子解》等为青年学子追捧，"新学"成为当时最有影响的学派。那么所谓的"新学"，究竟体现在什么方面？兹举二例。

《周礼》有太卜"以邦事作龟之八命，一曰征伐、二曰象、三曰与、四曰谋、五曰果、六曰至、七曰雨、八曰瘳"。其中"二曰象"，郑众释云："象谓灾变云物，如众赤鸟之属有所象似。《易》曰'天垂象见吉凶'。"郑玄释云："象谓有所造立也，《易》曰'以制器者尚其象'。"东汉经学家资引《周易》对"象"进行解释，虽然郑众认为是"天垂"之象，而郑玄则认为是"造立"之象，但两者都以邦事观照天象为当然之理。然而，在《周官新义》中，天不再是人事的原因。

> 征，事大及众，故征为先。瘳，不及众，私忧而已，故瘳为后；象，则天事之大；雨，则天事之小；天事之大而在征后，则天道远，人道迩故也……盖吉凶之变，虽出乎天，而其所以感召之者，实自乎人，知凶而修政以救之，则可以转祸而为福矣。古之人，固有以人君之言善，而致荧惑之退舍，孰谓救政不可以为与？①

王安石认为八命是按邦事的轻重排列的，排序的依据是众人之事在先，私人之事在后，"征"为众人之事，"瘳"为私人之忧，因此"征"

---

① 王安石：《周礼新义》卷十，程元敏整理《王安石全集》第 2 册，崇文书局，2020 年版，第 127 页。

在"瘥"前。而"象"为天事之大，却在"征"后，说明"天道远，人道迩"，也就是人道较天道更为要紧，随后他进一步揭示，事情吉凶看似出自上天的安排，但其实在于人的行为，人可以通过改变行为来影响吉凶。如此解释，不但不理会天象变化对人事的影响，连事情的进展也完全归集到人的所作所为上。

熙宁元年(1068)，神宗嗣位，冬至日应举行郊祀大礼，当时英宗之丧未除，郊祀之礼是否应该举行成了问题。为此，神宗下询讲读官王珪、司马光和王安石，王安石上《郊宗议》，指出郊祀以后稷配天之礼与明堂以文王配上帝之礼的区别在于理解天道与人道的关系。

> 夫天与人异道也，天神以人事之，何也？曰：所谓天者，果异于人邪？所谓人者，果异于天邪？故先王之于人鬼也，或以天道事之。"萧合稷黍，臭阳达于墙屋"者，以天道事之也。呜呼！天人之不相异，非知神之所为，其孰能与于此？[1]

郊祀和宗祀之礼在不同的时间、地点和配享，体现了"天与人异道"的礼义，王安石反问，事天之礼以先王配享的制度不正说明了天人其实并不相异吗？只有洞悉神之所为，才能明白这个道理。这样的解释抹杀了祀天中敬畏神明的礼义，使天神成为人的设计，礼制完全成为

---

[1] 王安石：《郊宗议》，《临川先生文集》卷六十二，《王安石全集》第 5 册，复旦大学出版社，2016 年版，第 591 页。

人事。他在解释《周易·井》九三爻时说"其于天也，以不祷祷之"①，同样表现出强烈的以人度天的意志，因此清人全祖望指出此解是"荆公一生作用，一生心法……以不祷祷之者，一变而遂为天变不足畏之邪说矣。斯荆公经义之最乖舛者也"②。揭出王安石罔顾经典的本来意义、任意发挥己意的风格。而这个"己意"就是截断天人感应的模式，取消天象作为人事的根据。因此，人事的依据就必须重新确立，"道德性命"也就应运而生，成为"荆公新学"的特征，其背景正是天人认知结构的分离。

> 自先王泽竭，国异家殊，由汉迄唐，源流浸深。宋兴，文物盛矣，然不知道德性命之理。安石奋乎百世之下，追尧舜三代，通乎昼夜阴阳所不能测而入于神。初著《杂说》数万言，世谓其言与孟轲相上下。于是天下之士，始原道德之意，窥性命之端。③

王安石上溯三代，寻找道德性命之根源，俨然有孟子发明人性四端之风范，天下之士开始思索作为主宰的人的道德根源。这段评论虽然出自王安石的女婿、蔡京胞弟之口，有过誉之嫌，但说明天人二分通过经典的重新解释使"道德性命"可以脱离"天"的语境独立谈

---

① 王安石：《周易义》，《王安石全集》第1册，第50页。王应麟认为此解"文义精妙，诸儒不及"(《困学纪闻》卷一《易》，四部丛刊本)。
② 全祖望：《经史问答》卷一《易问目答董秉纯》，广陵古籍刻印社，1990年版，第32页。
③ 晁公武：《郡斋读书志·后志二》引蔡卞语，四库全书本。

论,才出现"自王氏之学兴,士大夫非道德性命不谈"①的思潮。

在关学的代表张载的思想中,其著名的"闻见之知"和"德性之知"、"天地之性"和"气质之性"的提出,如果以天人二分的认知结构作为提出的背景,就能更清楚地看到这些概念希望澄清的问题。

> 天人异用,不足以言诚。天人异知,不足以尽明。所谓诚明者,性与天道不见乎小大之别也。(《正蒙·诚明第六》)

《论语》云:"夫子言性与天道,不可得而闻。"(《论语·公冶长》)"性"言人,"天道"言天,两者紧密关联。《中庸》"人之道"谨奉"天之道"而行。然而,张载(1020—1077)说"天人异用,不足以言诚",说明"天人异用"已是常情,人们分别天人,各以其道。天道自起,因此《正蒙》首论"太和之气",即这个思路。张载并非要重申天人一体,而是主张"性"与"天道"无小大之别,性不是人事小道,与天道齐,两者虽然不是一事,但绝不可小觑,否则就会造成人们无法理会"性"的意义,陷入以"见闻"识性的歧途。

> 世人之心,止于见闻之狭。圣人尽性,不以见闻梏其心,其视天下无一物非我,孟子谓尽心则知性知天以此。天大无外,故有外之心不足以合天心。见闻之知,乃物交而知,非德性所知;德性所知,不萌于见闻。(《正蒙·大心第七》)

---

① 赵秉文:《性道教说》,《滏水文集》卷一《大学》,黑龙江大学出版社,2014年版,第3页。

以"见闻"发明"人心"，即天人感应，张载指出此"见闻"不能萌发"德性"，其实区分了"见闻"世界和"德性"世界，"见闻"之知来源于与物交接，那么德性之知就不再来源于物的寓意。不仅如此，还要翻转过来，"天下无一物非我"，因为人心能合天心，不仅可知物，还有德性，人之所为不是探索作为物的"天"，而应该是返躬德性，明白"天"是德性世界的"天"，而不是"见闻"之"天"。

蜀学的代表苏氏家族，同样以"深于性命自得之际"为治学特色。①

> 圣人不因天下之至神，则无所施其教：卜筮者，天下之至神也。而卜者，听乎天而人不预焉者也；筮者，决之天而营之人者也。龟，漫而无理者也，灼荆而钻之，方功义弓，惟其所为，而人何预焉？圣人曰："是纯乎天技耳。"技何所施吾教？于是取筮。夫筮之所以或为阳、或为阴者，必自分而为二。始卦一，吾知其为一而挂之也；揲之以四，吾知其为四而揲之也；归奇于扐，吾知其为一、为二、为三、为四而归之也，人也。分而为二，吾不知其为几而分之也，天也。圣人曰："是天人参焉。"道也。道有所施吾教矣。于是因而作《易》，以神天下之耳目，而其道遂尊而不废。此圣人用其机权，以持天下之心，而济其道于无穷也。②

---

① 秦观：《答傅彬老简》，《淮海集》卷三十，四部丛刊本。
② 苏洵：《易论》，《嘉佑集》卷六，四部丛刊本。

苏洵在《易论》中刻画了一个用"机"和"权"揣度世人之心，然后施以教化的圣人形象。龟卜因"纯乎天技"，人不能参与其中而显得"漫而无理"，已经不能再取信于人。而易教卜筮，天人相参，既保持了终极处的神秘性，又能让人在其中有所作为，从而可以"济其道于无穷"。

> 古之君子患性之难见也，故以可见者言性。夫以可见者言性，皆性之似也。君子日修其善，以消其不善，不善者日消，有不可得而消者焉。小人日修其不善，以消其善，善者日消，亦有不可得而消者焉。夫不可得而消者，尧舜不能加焉，桀纣不能亡焉，是岂非性也哉？君子之至于是，用是为道，则去圣不远矣。虽然有至是者，有用是者，则其为道常二，犹器之用于手，不如手之自用，莫知其所以然而然也，性至于是，则谓之命。命，令也。君之命曰令，天之令曰命。性之至者非命也，无以名之而寄之命也……命之与性，非有天人之辨也，至其一而无我，则谓之命耳。①

苏轼指出，古人言"命"和"性"多从天人之辩角度出发，自天而下称之为"命"，自人而言则称之为"性"，君子系"性"于"命"而行道德，从而阐明人的本质。然而，问题在于所论之"性"只是"性之似"，推到极致只是"寄之命"，也就是说没有抓住"命与性"的根本区别。苏轼

---

① 苏轼：《东坡易传》卷一，四库全书本。

认为"无我"才是看待世界的枢机，人在"不知其所以然"的世界里加入了"我"，于是有了礼义秩序，却反过来说人为的秩序是世界的"所以然"。他的观点被后世理学判为道家之说，不足为鉴。然而，苏轼的"无我"世界并不是要建立一个摒弃人伦的道家论点，所谓"不知其所以然"的"不知"是就原先天赋人性的角度而言，也就是说世界既可以诠释为君子小人的道德，也可以诠释为不为人所知的运化，虽然两者是重合的，但不可以前者为全体和根本，这也恰恰是致力于统合天人的理学家所反对的。

以二程为代表的洛学为后世道统所推重，然而就关于知见的观点来看，与北宋诸家并无太大区别。

> 安石言之则为"新义"，行之则为"新法"，天下骚然，中原尽失，宋遂南渡。当是时，不专守古经，言足食足兵、好谋而成，从生聚教训实处讲求，思以立国。而因循苟且，朝士所争，乃王安石、程颐之学术，上殿多言格物，道德性命之说益炽。吕祖谦、陆九渊、朱熹、张拭、陈亮最播，论各不同，而九渊与朱熹尤显……熹为《集注》，力排七十子古今诸儒，独取二程。然二程与安石稍异者，不过静坐体验、"会活泼泼地"气质之性耳，一切道德性命臆说，悉本安石焉。……安石、程、朱，小殊而大合，特未尝就数家遗书细求耳！①

---

① 费密：《道脉谱论》，《弘道书》卷上，民国九年(1920)大关唐氏怡兰堂刻本。

　　在明清之际的费密看来，南宋诸儒所执王安石与程颐学说，其实"小殊而大和"，如果仔细看两家的著作，就会发现王安石的道德性命之说是北宋脱于古经的思想传统的最显著成就。

　　　　闻见之知非德性之知，物交物则知之，非内也，今之所谓"博物多能"者是也。德性之知，不假见闻。[①]

　　二程此说承张载"闻见""德性"二分，其背后即物之本性与人之德性的分而置之，如果联系二程引以为傲的"天理乃自家体贴"的宣言，其要表达的意思就是人从自身发现德性的依据，而不再需要经典记载的关于世界的意义。

　　从范仲淹到王安石、张载和苏轼，再到二程，北宋思想家想要挣脱的不是汉唐注疏，而是其中包含的天人一体的认知方式，物原先通过隐喻安顿在意义世界中，当物一旦不再唤起意义，仅是自身的时候，人通过物获得意义的路径被打断，"尽心"不能认识世界，甚至失去了因现实的变化而发现内心的可能性，同时天所彰显的意义光环熄灭，人事之极将系于何处？物类繁茂，人心纷繁，物感人心的理解方式已经不能适用，北宋思想家们的"新发现"萌发于认知结构的重整，重新探讨如何思考天人的世界。

---

① 《二程遗书》卷二十五，《二程集》，中华书局，1981 年版，第 317 页。

第二章　理知世界的构造

第一节　"宇宙论"何来？

周敦颐被认为是儒学中第一个开始探讨宇宙论的宋人[①]，就近现代的研究来看，将他的《太极图》和《太极图说》归为古代的宇宙论是理所应当并可以理解的事，仿佛从那时候开始，只知孔孟之道的读书人突然对自然界的历史宇宙的发生产生了浓厚的兴趣，还把相关的思考写成著作，成为后世儒家的经典。然而，11 世纪的宋人，无论是入仕的儒者，还是出世的释道，是不是真的对宇宙演化的学问有了兴趣并进入到这个领域？恐怕不是这样的。那么所谓的"宇宙论"从何而来，试图解决什么问题，就值得重新思考。

自汉儒至于庆历间，谈经者守训诂而不凿。《七经小传》出而稍尚新奇矣，至《三经义》行，视汉儒之学若土埂。古之讲经

[①] 冯友兰在《中国哲学简史》中称周敦颐是"第一个讲宇宙论的哲学家"，北京大学出版社，1996 年版，第 234 页。

者,执卷而口说,未尝有讲义也。元丰间,陆农师在经筵始进讲义。自时厥后,上而经筵,下而学校,皆为支离曼衍之词,说者徒以资口耳,听者不复相问难,道愈散而习愈薄矣! 陆务观曰:"唐及国初,学者不敢议孔安国、郑康成,况圣人乎! 自庆历后,诸儒发明经旨,非前人所及,然排《系辞》,毁《周礼》,疑《孟子》,讥《书》之《胤征》《顾命》,黜《诗》之《序》,不难于议经,况传注乎?"①

汉唐经学至北宋初仍是学界主流,"学者不敢议孔安国、郑康成,况圣人乎"说明对"注不破经,疏不破注"的解经方法并无异议,通过曲解和附会的方法使创作久远的经典一直能回应当下的问题,这种方法本身蕴含了一种调解的手段,即在经、注、疏出现前后矛盾的时候,或者委婉曲说,或者避而不谈,用象征和寓意的手法转变讨论话题,自申其说,并自居为对经典的正确解释而获得合法性,这种调解在"意义"作为终极目标的理解体系中是容易达成的,只要成功地将当下所主张的观点指为经典中某个意义的等价物即可。然而,当经典的寓意和象征被还原到文字本身,而通过文字所获得的理解又与原先的意义系统不一致时,文义与寓意的分裂就会越来越大。由于讲经者已经无法完整地梳理整部经典的意义系统,而需要节为讲义,分而述要,经典呈现为零散的道理的集合,这就逼迫经典变成"历史"的文本,只对其撰作的时代有发言权,寓意可以作为"历史的"意见,但不再是教条,能够使它穿越时间隧道的是不断更新的注解,而不是

① 王应麟:《困学纪闻》卷八《经说》,四部丛刊本。

它本身的预知力，经典如其所是，但人们的认知已经变化发生。

经典到"史籍"的转变与疑经的思潮是一齐登场的。"只释人事"是对经典去神性化的一种表现，即不需要诉诸圣人之言，只要从人的一般经验出发就能够理解经句的含义；同样地，也不因为是先代大儒之言，就一定能对经典作出好的解释。在欧阳修的《易童子问》里，《周易》成为一个历史的文本，读者首先通过梳理文本的逻辑来理解圣人的高明之处，而不是反其道而行之。

> 童子问："《同人》之《彖》曰'唯君子为能通天下之志'，《象》又曰'君子以类族辨物'，何谓也?"曰："通天下之志者同人也。类族辨物者，同物也。夫同天下者，不可以一概，必使夫各得其同也。人睽其类而同其欲，则志通；物安其族而同其生，则各从其类。故君子于人则通其志，于物则类其族，使各得其同也。"

《同人》的《彖传》说君子"能通天下之志"，而《象传》又说君子"以类族辨物"。查《周易正义》，《彖传》此句疏云："此更赞明君子贞正之义。唯君子之人于'同人'之时，能以正道通达天下之志，故利君子之贞。"《象传》此句疏云："族，聚也。言君子法此同人，以类而聚也。'辨物'谓分辨事物，各同其党，使自相同，不间杂也。"从《正义》的解释来看，其内容只是随文释义，并没有致力于疏通彖、象辞中的逻辑关系，因此欧阳修显然对疏文的内容并不满意，他按照文义的意思要求说明"通"和"辨"如何同时出现在《同人》的卦名中，对于《正义》将《同人》直诉为"君子贞正"的空洞表达，他给出了更加细致的推理过程,指出"通"是建立在人与人之间"同欲"的基础上的,而"辨"是建立在物与物之间的"类其族"的基础上,由于"通"和"辨"所指示的范围是不同的,所以《同人》涵盖了人与物两个层面的意思。以上的解释,在已有古代经典注疏的情况下,并没有给出让人信服的解释,从而引发重新阅读文本,从人的一般理解出发,提问并解答,字词的训释没有引经据典,只是用了通行的意思,更没有援引什么"大道"强行论证,篇幅也没有增加,却很好地呈现出经文的脉络。就《同人》的本义来说,欧阳修的解释未必是妥当的,但在宋初至中期的人的认知中,这是一个认同度很高的解释。

对于能够简洁明了地解释经义的做法,张载也十分赞同:

> 人之迷经者,盖己所守未明,故常为语言可以移动。己守既定,虽孔孟之言有纷错,亦须不思而改之,复锄去其繁,使词简而意备。①

迷信和实践"五经"所云,却没有自己对于经义的理解,这样的人在张载看来就可能会成为"迷经者",他们的问题在于总是被经文的语言所左右,由于这些文字是圣人之言,必然蕴含着正确的道理,所以后人应该尽力去理解并认同。但是张载认为这种阅读经典的方法并非每次都行得通,时常出现被经文束缚的情况,即使参考了前人的注疏也不知所云,只能勉强记忆而不能参透。而如果读者能有自己

① 张载:《经学理窟·义理》,《张载集》,中华书局,1978年版,第277页。

的知识和判断，也就是"己守既定"，就会果断地舍去繁冗的注疏，甚至可以置评经文本身的正确性，"虽孔孟之言有纷错，亦须不思而改之"。张载对经典的态度显然已经不再是尊信，而是一个可以依据"己见"进行思考的对象，而这种"己见"并不是任意地妄下己意。因此，他的经解显示出试图确立一个可以与"圣人之言"对质的坐标。

> 欲求古法，亦先须熟观文字，使上下之意通贯，大其胸怀以观之。①

张载在谈论《周礼》所记载的古代井田制度时，明确地将"经说"判为"古法"，意在指出通过通贯上下文的意思，是能够理解其存在于西周时期的合理性的。但今人读之，不应执着于论证井田是恒久不变地解决均民产的经法，而是"大其胸怀以观之"②，也就是将经典作为以今度古的材料，而不是如法炮制的依据，其目的是催熟今人的思维水平。因此，"六经皆自晓，不看注与疏"③的做法并不仅仅是对繁芜的汉唐注疏的反动，而是当人们的认知体系逐步重建，有能力对旧有的认知进行检讨时，作为历史经验融入到新的世界观中的必然结果。

相对于"五经"所构筑的世界，宋人自认为自己所知的世界更

---

① 张载：《经学理窟·周礼》，《张载集》，第251页。
② 张载多处言观书须求观"大"，不可执着于文字。"只泥文而不求大体则失之，是小儿视指之类也。常引小儿以手指视示之，而不能求物以视焉，只视于手，及无物则加怒耳。"张载：《经学理窟·义理》，《张载集》，第276页。
③ 石介：《过魏东郊》，《徂徕石先生文集》卷二，中华书局，1984年版，第34页。

"大",将原来的"整个世界"压缩为一个历史经验,而新的"整个世界"的建立就必须诉诸于人们所知之中更加可靠的东西,打造前所未有的支柱。在类书中,"五气"取代"五经"对天的记载成为世界叙事的起源,张载的《西铭》以《太和》《叁两》开篇,构造了一个从"气"发展出来的世界。"构造"的意思是将原来并非围绕同一主题的概念通过有意识地裁剪和衔接,将其转化为一个系统中的逻辑环节。因此,"气"本身并不是一个首创的概念,在宋以前有其自身的发展脉络,在"五经"的意义系统中也不会谈及。但应宋人构造"新世界"的需求,"气"被张载用来进行"造道",相对于原先由经典和圣人代言的"道",这个新的"道"把经典和圣人归结为道之演化中的一环,事和物不再是按照天意富有意义地存在着,而是因为其自身的属性在时间和空间上处于一种秩序中,而这种秩序就是新的"道"。因此,原来的类属是按照意义划分的,而后来则需要一种"去意义"的法则,这种法则一旦建立,万事万物将共同呈现出完全不同的世界图景。

　　到此不妨回到本节的开头,再来检讨宋代"宇宙论"的首创者周敦颐。"宇宙论"按其本义来说是基于对宇宙天体的观测所建立的关于宇宙运动和演变的理论,按照这个定义来看周敦颐的《太极图》和《太极图说》,既没有天体的运动的记录,也没有据此建立的关于宇宙的学说。《太极图》包含的"无极""太极""阴阳""五行""乾道""坤道",其本身并不是来自观测,而是经典中用来对事物进行分类和阐明相互关系的工具性概念,这些概念被挑选出来,构造出从世界本原到万物的演变轨迹。周敦颐资取经典,用图诠释世界本原的做法,同样称得上"造道",然而只要对比一下北宋中期司天监所掌握的观测技术和达到的理论水平，后者才更符合一个"宇宙论"的标准。有趣的是，司天监的观天记录每天会被送进内廷作为施政的参考，而在野的"造道"者们却不约而同地朝着天人各行其道的方向创造着新的解释系统。

虽然周敦颐与张载同处于北宋中期，但是直到南宋朱熹为他的著作作注，并尊之为道学鼻祖为止，他是一个几乎已经被历史淹没的平常小儒。他身后再次登上历史舞台，是被编入一个传承易图的谱系中。

南宋绍兴六年（1136），六十四岁的翰林学士兼侍读朱震奉旨向高宗进呈倾注自己毕生精力的《周易》研究著作，包括《周易集传》《周易卦图》和《周易丛说》。在进表中，他向皇帝透露了一个从没有人说起过的易学传承谱系。①

> 国家龙兴，异人间出。濮上陈抟以《先天图》传种放，放传穆修，修传李之才，之才传邵雍。放以《河图》《洛书》传李溉，溉传许坚，坚传范谔昌，谔昌传刘牧。修以《太极图》传周敦颐，敦颐传程颐、程颢。

> 是时张载讲学于二程、邵雍之间，故雍著《皇极经世》之书，牧陈天地五十有五之数，敦颐作《通书》，程颐述《易传》，载造《太和》《三两》等篇。或明其象，或论其数，或传其辞，或兼而明之，更唱迭和，相为表里，有所未尽，以待后学。

---

① 《宋元学案》卷三十七，全祖望序录："上蔡之门，汉上朱文定公最著。三《易》象数之说，未尝见于上蔡之口，而汉上独详之。"中华书局，2009 年版，第 1252 页。

　　自王弼扫象后,《周易》的象数之源隐没,天人之道因之分裂,至宋已七百余年。朱震叙述了始于五代陈抟,传至北宋邵雍、刘牧和周敦颐的易学师承脉络,这就是被后人奉为宋代易学的祖谱。如果继续读下去,就立即呈现出前后两段内容的虚实之分。从"是时张载讲学"开始,朱震将谱系中不为人知的刘牧和周敦颐与已负盛名的邵雍、张载、程颐并列而论,也就是说,易图的传授与北宋易学的重合者只有邵雍,而且邵雍并不属于正统的易学,张载虽然有名,但不传易图,也没有专门的易著,所以必须把程颐放进来,以此接入北宋学术主流。

　　从传承的内容来看,《先天图》《河图》《洛书》《太极图》与《周易》经传的关系并非一目了然,因此朱震用"异人"来定位易图的传习者,还暗示了以图释易对程颐《易传》的形成的影响,"程颐述《易传》"之"述"与邵雍"著"、刘牧"陈"、周敦颐"作"、张载"造"的用词相比,不如"作",更不如"造",显然为了抬高以"象"和"数"论《易》之作。因此,朱震"和会雍、载之论",推出自己的合《易传》、易图和易论的集大成之作,以弥补先贤的"有所未尽"。说明朱震很清楚,只有与邵雍和张载建立关系,他所收集的遗说才具有价值,然而这两人的著作与北宋范仲淹、王安石、程颐的易说旨趣完全不同。他只有再造一个"统",才能凸显自己的重要性。① 其中就包括了生前不名于世的周敦颐,他

---

① 关于朱震所述易学传承谱系,从朱熹起,元明清至近代不断有学者质疑,参见李申:《话说太极图——〈易图明辨〉补》,知识出版社,1992年版;吾妻重二:《〈太极图〉之形成——围绕儒佛道三教的再检讨》,载氏著《朱子学的新研究:近世士大夫思想的展开》,商务印书馆,2017年版;王风:《刘牧对周敦颐、邵雍可能发生的影响——兼论朱震易学传承谱之可疑》,载氏著《朱熹易学散论》,商务印书馆,2017年版。

自穆修授《太极图》，又做过二程的老师，这两点使他后来被朱熹推尊为"道学宗主"，这里不对这段思想史做过多讨论。[1] 后人对朱震评价不高，一是他推本象数却颇多舛谬，二是他进呈给朝廷的易图传承谱系疑点重重。但是朱熹和胡一桂都看出了他通过重拾象数，表彰易图的目的所在。[2]

淳熙二年（1175），朱熹（1130—1200）在福建寒泉精舍接待来访的吕祖谦，"相与读周子、程子、张子之书，叹其广大闳博，若无津涯，而惧夫初学者不知所入也。因共掇取其关于大体而切于日用者，以为此编"[3]。此编是为《近思录》，周敦颐出现在二程前面，较之于朱震的"易统"，这一次他的地位更高，领衔的"道统"具有更深远的意义。

《近思录》卷一"道体"，首录周敦颐《太极图说》全文，其次《通书·诚几德》，再次程颐、程颢、张载之言。朱熹曾说："《近思录》首卷难看，某所以与伯恭商量，教他做数语以载于后，正为此也。若只读此，则道理孤单，如顿兵坚城之下，却不如《语》《孟》，只是平铺说去，可以游心。"还说："看《近思录》，若于第一卷未晓得，且从第二、第三卷看起，久久后看第一卷，则渐晓得。"[4]朱熹认为第一卷对于当时的读书人来说太难，其原因可能有两方面，一是一般的书，要么是围绕

---

① 参见邓广铭：《关于周敦颐的师承和传授》，《纪念陈寅恪先生诞辰百年学术论文集》，北京大学出版社，1989 年版。

② 朱子曰："王弼破互体，朱子发用互体，自《左传》已言，亦有道理，只是今推不合处多。"胡一桂曰："变、互、伏、反、纳甲之属皆不可废，岂可尽以为失而诋之，观其取象，亦甚有好处，但牵合处多且文辞繁杂。"《钦定四库全书总目》，第 15 页。

③ 朱熹：《书近思录后》，《晦庵先生朱文公文集》卷八十一，《朱子全书》第 24 册，上海古籍出版社，安徽教育出版社，2010 年版，第 3826 页。

④ 黎靖德编：《朱子语类》卷一百五，《朱子全书》第 17 册，第 3450 页。

经典展开的,要么是言之有物,《近思录》开卷即言"道体",虽然主要是阐发《周易》的思想,但筛选出来的片段都高蹈无着,让人无从入手。二是"道体"是一个完全陌生的领域,即使前人指引从现实的事和物中观道,但就道论道,实在不知"道体"何谓? 更不知"道体"何为? "道理孤单",不如《语》《孟》平实,而如果从第二卷"为学"开始,便进入人们熟悉的论域,《近思录》才变得具有可读性。

然而,当北宋四子的言说一旦聚集到"道体"中,它就成为《近思录》编纂者的思想,《近思录》作为按照朱吕二人思想编辑的宋代诸子语录,刻画了一个仿佛从周敦颐开始,宋代就发生的传灯式的学派活动。被选中和修整过的先贤已经从他们本身所致力的学说中抽离,完全成为向理学体系生成的样子,这就会产生一个有趣的推论,朱熹需要一个理论上的先发者,于是在时间上安排由周敦颐起始,但这个"宗主"是被事后安排的,也就是说只有当朱熹的体系确立时,理学才会被追溯到北宋,确切地说是周敦颐的《太极图》及《太极图说》。那么理学的发生就成为一个假设,而不是自然地发生。朱熹是创立者,却在由他创立的体系中被塑造成一个"集大成"者。

周敦颐的《太极图说》是首卷"道体"之首章,由"无极而太极"展开为两仪、五行、男女、万物。虽然这无疑是一个序列,"无极而太极"处在起始的位置,但整篇《图说》并无意强调"太极"在这个序列中的特殊性,也没有将之作为序列的根据。对照《正蒙·太和》,天地之气,聚而为物,散而为太虚,物可见所以是"有",散于太虚,不可见所以是"无",张载认为"太虚即气,则无无",要求人们不要把"无"观念化,看不见的"无"只是气散的状态而已。因此"圣人语性与天道之极，尽于参伍之神变易而已"①，同样没有把"气"作为一个世界展开的起点。邵雍说"天生于动者也，地生于静者也，一动一静交而天地之道尽之矣"，也没有诘问天地之道的根源。程颐（1033—1107）说"屈伸往来只是理"，"物极必反，其理须如此"，理体现为"屈伸往来""物极必反"这样具体事物中的循环，进一步可以说"离了阴阳更无道，所以阴阳者，是道也"。② "道"是"阴阳"的"所以然"，但单独抽出"道"来论述一番是没有意义的。可以看到，北宋的诸学派都试图对"五经"中世界运化的"太极""阴阳""五行"等概念进行理论上的构建，使人们对世界的认识不再完全照搬经典，而是摸索出通过一般智识建立世界观的逻辑进路，经典的角色也由此变成有益的参考，而不是原先不可置疑的圣典。然而，这种构建仍然着眼于实有的事物，"气""道""理"是事物变化之则，并无意究诘一个高于实有世界的本体。

朱熹似乎不满足于仅停留在前人构建的实有图景中。"形而上者谓之道"虽然未成形，但仍然是"有"，不够纯粹，需要一个不落有无的根据，他解"无极而太极"云："上天之载，无声无臭，而实造化之枢纽，品汇之根柢也。"③《太极图》中的"○"，"本体也"，"即阴阳而指其本体"，五行，"各一其○"，男女，"各一其性"，万物，"各一其性"。由此，朱熹在《太极图》中看到的不是一个序列，而是一个由"○"展开的世界，经他的注解，周敦颐最伟大的思想是向世人揭示了宇宙万物的"本体"。

"本体"的特别之处在于，第一，世界的律则不再是如十二消息卦

---

① 张载：《正蒙·太和》，第9页。
② 《二程集》卷十五，第162页。
③ 朱熹：《太极图说解附》，《元公周先生濂溪集》卷一，岳麓书社，2006年版，第7页。

模拟周而复始的十二季候，也不是由木火土金水模拟五德终始的政治更替，循环的圆圈被打破，认知从蕴含于每事每物的本体开始，而这每一个本体并不是个别，而是共同的存在。第二，"本体"不堕阴阳对待，它是绝对的，但不是"无"，人们必须通过具体事物的活动才能把握"本体"，然而事物之用之所以能被人察识又是因为它以"体用"的方式被认知。[①] 这两点都是原来圣人主张"存而不论"的，经典的解释也是只字片语，不成系统。当经典成为历史典籍后，人们应该如何理解世界就需要重新解释。也就是说，从北宋疑经到理学思想的成熟，与之同时发生的是经典所记述的认知世界的寓意体系的不断消退，其间佛教的认识论曾一度占据着读书人的头脑，最终也被作为重要的资源用来塑造与之关怀迥异的中国人积极的感应万物、实践人伦的世界观。

那么，所谓的"宇宙本体论"，针对的是什么问题？ 一般认为，宋学的兴趣自发地迁移到探讨万物的本原和变化，主要源于应对佛教的挑战，然而这种语境的变化是果而不是因，是"炊"不是"米"，真正的"米"是人们认识自然世界和理解人伦世界的方式变化导致的思考方式的变化。"宇宙本体"的出现是由于事物不再作为向人们昭示什么，而只是它自身时，应该如何来认识的问题。这个问题也并不由周敦颐首次提出，北宋时人们仍然囿于经典的表述，偶尔有些像欧阳修这样的先锋学者凿开些裂缝，而张载、邵雍则另起炉灶，寻绎自然世

---

① 关于中国思想中的"本体"，参见方朝晖：《论"本体"的三种含义及其现代混淆》，《哲学研究》2020 年第 9 期。

界的经脉，这些尝试都还不足以改写汉唐经学所塑造的世界观，天示祯祥赋予万事万物价值系统，当天象异动与人事脱钩，意义的源头就必须重新被"找出来"，而且要从人的自身里找。因此理学初期的罪名之一就是无视经典，师心自用。然而，"宇宙本体论"并不致力于构造一个"客观"的世界，而是使人通过认识物的自性更好地领会"道"之"神"，实际上又回到了"神也者，妙万物而为言者也"的易学主题上，于是理学不仅是一个以《周易》的重新诠释为核心的学说体系，"格物"的主张也不会促成一个导向现代自然科学式的知识体系，而是一场带着经典的印迹，从一般智识开始认识世界的探索。

第二节　主静：人极的确立

朱熹建构的理学体系旨在通过确立"理"的本体地位重新解释世界万物的秩序，周敦颐《太极图说》的"无极而太极"被解读为"本体"的先声，经过注解的《太极图说》和《通书》成为程朱理学的重要经典，后世对周敦颐思想的理解也定于朱注，近现代以来前贤的研究几乎也都基于理学体系，在朱熹注释的基础上进一步强化其道学宗主的地位。① 另

---

① 近现代研究周敦颐思想受到朱熹影响的最主要的方面体现在，一是认为周敦颐最重要的思想是通过《太极图》构建儒家宇宙本体论，提出"无极而太极"，大大提升儒家思辨水平，堪与佛教比肩；二是在《太极图说》中提出"圣人定之以中正仁义而主静"，进而绾和《通书》之"诚"，建立了可以上溯宇宙本体的工夫论。由于朱熹认为《太极图说》和《通书》相为表里（详见本章第三节），导致周敦颐研究重《太极图说》而轻《通书》，大量论著聚讼于《太极图说》的来源、内容和价值，而对《通书》的研究相对较少且观点比较统一。参见周建刚：《周敦颐研究著作述要》，湖南大学出版社，2009 年版。

外,《太极图说》的"主静"和《通书》的"诚"又引向道德的主题,经二程提出"定性"和"主敬"后,又成为理学工夫论的滥觞①,由此,"本体"与"工夫"构成理学的重要两翼。二程提倡"静坐"被认为继承了周敦颐的"主静"思想,宋儒对"静坐"多有称许,但又要极力撇清其与释氏的关系,直至明代围绕"主静"与禅修诟争不断,因此"主静"无疑成为理学道德学说的渊薮。然而,如果将周敦颐的"主静"说放回程朱之前,细绎其中的内在逻辑,就会发现其溢出程朱理学的解释框架,显示出周敦颐主张于太极之外另立人极的建构,为人的道德理性立本的真正旨趣。

一、"静"字渊源与二程的刊落

周敦颐在《太极图说》中两次提到"静":

> 太极动而生阳,动极而静;静而生阴,静极复动。一动一静,互为其根。②
>
> 圣人定之以中正仁义(自注:圣人之道,仁义中正而已矣)而主静(自注:无欲故静),立人极焉。③

---

① 如陈来指出:"中正仁义是基本道德概念,主静是修养方法,以主静而兼有二者。"(《朱子〈太极解义〉的哲学建构》,《哲学研究》2018 年第 2 期)翟奎凤认为:"'主静'是实现'定之以中正仁义'的一种修养方法。"(《"主静立人极"断章取义源流考论》,《中国哲学史》2019 年第 2 期)
② 《元公周先生濂溪集》,第 7 页
③ 《元公周先生濂溪集》,第 8 页。

"静"一般指安静、静止，与"动"对待，既可以表示天地变化，也可以表示人的行动。但"主静"显然不能以同样的意思理解，因此周敦颐自注"无欲故静"以示有别，此注文见于西汉孔安国注《论语·雍也》"仁者静"一句。[1] 清人刘宝楠指出："凡与'动'对言当为'竫'，今经典通作'静'。"[2]《说文》云："静，寀也。"[3]"寀，悉也。锴曰：'宀，覆也。采，别也。能包覆而深别之也。'"[4]"寀"篆文作"审"。静，审也。《广雅》："瘱，审也。"《汉书·外戚传》云："为人婉瘱有节操。"颜师古注："瘱，静也。"[5]可见"仁者静"不是与"动"对言的"静"，"静"还有另一层意思，指人的自我洞悉和审察，乃关乎人的道德节操。这种用法又见于《庄子》"夫虚静、恬淡、寂漠、无为者，天地之平，而道德之至"。唐成玄英疏："虚静、恬淡、寂漠、无为，四者异名同实者也。"[6]又，嵇康《释私论》："夫气静神虚者，心不存于矜尚，体亮心达者，情不系于所欲。"[7]这里的"静"都是本字，以"虚"来强调通达不滞，表达人的精神独立于外部世界。可见，"静"除了安静义以外，还有人自为主宰的意思。

虽然"静"的两种含义古已有之，但直到北宋仍然互通使用，并不着意区分两者。如胡瑗说："臣之辅君当常守安静贞正之德，待君倡

① 刘宝楠：《论语正义》，中华书局，1990 年版，第 237 页。
② 刘宝楠：《论语正义》，第 238 页。
③ 许慎：《说文解字注》，上海古籍出版社，1981 年版，第 215 页。
④ 许慎：《说文解字注》，第 50 页。
⑤ 《汉书》，中华书局，1962 年版，第 4010—4011 页。
⑥ 《南华真经注疏》，中华书局，1998 年版，第 265 页。
⑦ 《嵇康集校注》，人民文学出版社，1962 年版，第 234 页。

然后和之是亦不妄有所动,故得获其吉也。"又,"使官民各得其止静不相揉乱,故无咎也"。① 这里的"安静贞正"和"止静",从后文"不妄动"和"揉乱"来看,可以说两层含义都有。又如,张载说:"静者善之本,虚者静之本,静犹对动,虚则至一。"②他显然不满足于动静对待,于是诉诸一个更根本的概念"虚",可以看作对静的两层含义明确的区分,用来指向超越经验层面的善之本。说明张载已经意识到"静"是否包含对待的意思是区别两种含义的关键所在。

　　然而,二程并没有沿此理路继续展开。程颢(1032—1085)说:"仁者静……仁则能体之,能体之则有得于所性,有得于所性则循理而行之,故乐山,山谓其安止也,故静,静谓其无待于外也。"③"静"在这里被理解为一种内在的安止,是"循理行之"的前提条件,静是为了最终能够体认仁之性。因此程颢提出"定性",认为"动亦定,静亦定",同样试图区分出动静以外的"静"义,而他使用"定",实质上仍然停留在"动静"的层面,用字虽然变了但没有作出区分。程颐的"持敬说"的用意更加明确,以"敬"代"静",要求在日常践履中心存敬意,也就是在"动"中存敬,防止学者陷入禅学,从反面说明他以"静坐"来理解"主静"。虽然不能说"定性"和"持敬"直接导源于"主静",但是程子认为"'人生而静'以上更不容说"④,使得"静"在二程之后被归为一种工夫论,后人评价"伊洛拈出敬字,本《中庸》戒惧恐惧来。然敬字

---

① 胡瑗:《周易口义》卷一、卷九,文渊阁四库全书本,第8册。
② 《张载集》,中华书局,2010年版,第325页。
③ 《二程集》,第614页。
④ 《二程集》,第10页。

只是死功夫，不若《中庸》说得有著落……故主静立极之说，最为无弊"①。这里点出的正是二程没有理会周敦颐提出"主静"的旨意，而"主敬"也没有在理论上有所推进。

二、"静"于太极之外再立一极

工夫论将"静"划入道德修养的操习，虽然避免了与道家以"虚静"为本相混淆的嫌疑，但也忽略了周敦颐以"静"于天地之外再立一极的用意。

周敦颐在《太极图说》"主静"后自注"无欲故静"，此处专指人的意志主宰，并不是对前文天地动静的重复，而是意义的递进。人得以摆脱天地之阴阳生息，而独能主于静，此"静"已经不是天地"动静"之"静"，而是不为本能和物欲所惑的自由意志，是无对的，不与"动"相对。因此，《太极图说》自"惟人也，得其秀而最灵"起，阐述的是与太极展开的世界所不同的自由世界。"惟人万物之灵"见于《尚书·泰誓》，孔颖达正义云："《礼运》云：'人者天地之心，五行之端也，食味别声被色而生者也。'言人能兼此气性，余物则不能然。故《孝经》云：'天地之性，人为贵。'"②可见直至唐代，经典对于人为万物之灵的理解是人禀赋天地造化之最精，从而居万物之首，人生而有"道德"，具仁义礼智即其体现，也就是"得道"，这种理解也表明四端作为人之道德与万物生化的来源是同一的。然而，周敦颐并没有在此意义上使

---

① 刘宗周：《刘子全书》，华文书局，1968 年版，第 623 页。
② 《尚书正义》，廖名春、陈明整理《十三经注疏》，北京大学出版社，2000 年版，第 321 页。

用"惟人最灵"，而是将人之"最灵"落实在节制欲望、言行独立，将人从顺天地而行道德中析出，确立人可以不随物诱和己欲的自由意志，使"立人极"成立，在太极之外又立一极，也就是以人之意志为根本的自由领域，与太极并立。

"静"除了《太极图说》两见外，《通书》中还有五处：

> 圣，诚而已矣。诚，五常之本，百行之原也。静无而动有，至正而明达也。（《诚下第二》）
>
> 仁、义、礼、智四者，动静、言貌、视听无违之谓纯。心纯则贤才辅。（《治第十二》）
>
> 动而无静，静而无动，物也。动而无动，静而无静，神也。动而无动，静而无静，非不动不静也。物则不通，神妙万物。（《动静第十六》）
>
> "圣可学乎"？曰："可。"曰："有要乎?"曰："有。""请问焉。"曰："一为要。一者，无欲也，无欲则静虚、动直，静虚则明，明则通；动直则公，公则溥。明通公溥，庶矣乎!"（《圣学第二十》）
>
> "童蒙求我"，我正果行，如筮焉。筮，叩神也。再三则渎矣，渎则不告也。"山下出泉"，静而清也。汩则乱，乱不决也。慎哉！其惟"时中"乎！"艮其背"，背非见也。静则止，止非为也，为不止矣。其道也深乎！（《蒙艮第四十》）[1]

---

[1] 《元公周先生濂溪集》，第56、60、62、63、70 页。

　　"静"在这些段落中有两个特点，一是即使在同一段话中，"静"的前后意思也不相同。如"动而无静，静而无动，物也。动而无动，静而无静，神也。动而无动，静而无静，非不动不静也"，物之动静即天地之动静，但神之静就不是了。此"静"指的是自为主宰的绝对之静，故谓"静而无静"。二是强调"静"不是对具体经验和状态的描述。如"静则止，止非为也，为不止矣"。"为"指具体行动，"静"作为道德主宰的"止"，与"为"之"止"完全不同。可见，周敦颐虽然没有使用其他字来区分静的两种含义，但在使用时绝不会含混。因此，言"主静"而不言"不动"，言"诚"也不会提出相对的概念，这与论天地时言"静"必言"动"，以及阴阳、乾坤、男女等概念的成对出现是不同的。

　　那么周子的"太极"与"人极"之合如何成立？人为何只取天地之一偏，居静而舍动呢？以静止、安静义理解"主静"不仅曲解了人之静的意涵，还使"无欲故静"变成"寡欲故静"。北宋中期，儒家尚以"孔颜"为先师，而周敦颐对《孟子》尤为留心。[1]《孟子·尽心下》有"养心莫善于寡欲，其为人也寡欲，虽有不存焉者，寡矣；其为人也多欲，虽有存焉者，寡矣"。赵岐注："养，治也。寡，少也。欲，利欲也。"[2]孟子在阐述人为什么要寡欲时给出的理由是，寡欲之人不得善终和多欲之人却活得很好，像这样的事例少之又少，以此来证明养心最好的方法就是寡欲。据赵注，养心的意思为治心，而不是放任利欲熏心，感

① "周君好学博通，言行政事，皆本之《六经》，考之《孟子》，故其所施设，卓卓如此。"孔延之：《邵州新迁州学记》，《元公周先生濂溪集》，第 101 页。
② 《孟子注疏》，廖名春、刘佑平整理《十三经注疏》，第 474 页。

觉心满意足，实则戕害人心。针对孟子的这段话，周敦颐《养心亭说》指出："予谓养心不止于寡而存耳。盖寡焉以至于无，无则诚立明通。"[1]他认为单纯减少欲望是无法达到养心的目的的，无论如何克服利欲也无法达到"无欲"，这表明他的"无欲"与孟子的寡欲有着本质上的不同。孟子提出寡欲的理由在逻辑上显得单薄，只能是一种劝诫，算不上理论的推断。周敦颐意识到这点，在"寡欲"的基础上提出"无欲"，"无"不是数量上的归零，而是否定与超克。人能够摆脱生生不息的天地之道，对"生而有欲"说不，正是源于人心主宰，所以周敦颐说"无则诚立"。南宋魏了翁评价："今绅绎其养心说，大抵与《通书·圣学章》相表里……或曰：圣贤之论，言寡欲矣，未尝言无欲也……今而曰自寡欲以至无欲，不其戾乎！曰：不然也，性不能无感。性之欲也，知诱物化，则为私欲矣。故圣人虽使人即欲求道，而于季康子、于由求、于申枨，曷尝以其欲为可乎？"[2]在寡欲的基础上提出无欲，并不是对先贤之论的曲解，反而更上一层，原因在于寡欲还停留在利欲的消长之中，而"性不能无感"，只有"即欲求道"才能真正达到"无欲"，表明了养心的关键不是与物诱隔绝，天理人欲不是从属关系，而是"同体并用"。因此他指出周敦颐《养心亭记》"无欲"的思想宗旨可与《通书·圣学第二十》(前引)互证。

学圣的要旨在于"无欲"，但是在此之前的"一为要"切不可忽视，这里"一"不是首先的意思，而是"唯一"，此"一"便是"静"，再次印证

---

① 《元公周先生濂溪集》，第 99 页。
② 魏了翁：《合州建先生祠记》，《元公周先生濂溪集》，第 204—205 页。

主静与天地动静的截然不同。① 如此主于"一"的思想又见于《爱莲说》："出淤泥而不染，濯清涟而不妖。中通外直，不蔓不枝，香远益清，亭亭净植，可远观不可亵玩焉。"②周子借莲花不染不妖的形象来寄寓圣人主静的理想，常被理解为借用佛家莲花自喻清高。若对照《圣学章》"静通动直"，周敦颐真正的着意点在于莲花处淤泥（比喻人欲物诱）能"中通外直"，不同于佛教以色为空，否定感觉的真实性，而是"观通"，也就是容纳利欲，但不为滞塞牵诱，即"邪暗塞也"③，从而行动正直，不循苟且，与佛教之旨迥异。④ 然而，很少有人注意"莲之爱，同予者何人？牡丹之爱，宜乎众矣！"中"牡丹之爱"紧接"莲之爱"作比，前者所指的即是人本于天性的喜好，反衬出莲花隐喻的自主，此与"夫富贵，人所爱者也。颜子不爱不求，而乐乎贫者，独何心哉？天地间有至贵至爱可求，而异乎彼者，见其大而忘其小焉尔"⑤是相同的道理。

周敦颐主张天地与人心的不同，天地之动静，人心之动静，是两个世界，天地在动，人心可以不动，天地不动，人心已动，天地之动静非关人心。这是周敦颐以"主静"于天地之外另立一人极的抱负所在。

---

① 黄宗羲云："静妙于动，动即是静。无动无静，神也，一之至也，天之道也。千载不传之秘，固在是矣。"《宋元学案》，中华书局，2013 年版，第 523 页。
② 周敦颐：《爱莲说》，《元公周先生濂溪集》，第 99 页。
③ 《元公周先生濂溪集》，第 64 页。
④ 真德秀云："盖自荀扬氏以恶与混为性，而不知天命之本然，老庄氏以虚无为道，而不知天理之至实。佛氏以划灭彝伦为教，而不知天叙之不可易。周子生乎绝学之后，乃独深探本原，阐发幽秘。"《南雄州学四先生祠记》，《元公周先生濂溪集》，第 224 页。
⑤ 《元公周先生濂溪集》，第 564 页。

三、朱熹偏读"主静"引发心学重思

周敦颐资引《周易》，在天道之外构筑人极，将人的道德根源从"生生"的"天人合一"中解绑，以"正性命"取代"生之性"，使人极与太极成为"大易"之两翼，重新诠释了《中庸》"与天地叄"的意蕴。朱熹先后三次编订《太极图说》和《通书》，周敦颐著作的面貌也发生了巨大的变化。乾道五年（1169）朱熹第二次进行修订时，将原本分开的《通书》与《太极图》合为一书，并将置于书末的《太极图》移到卷首，他在《太极图通书后序》指出：

> 盖先生之学，其妙具于《太极》一图。《通书》之指，皆发此图之蕴。而程先生兄弟语及性命之际，亦未尝不因其说。观《通书》之诚、动静、理性命等章，及程氏之书李仲通铭、程邵公志、颜子好学论等篇，则可见矣。故潘清逸志先生之墓，叙所著书，特以作《太极图》为称首。然则此《图》当为《书》首，不疑也。然先生既手以授二程，本因附《书》后。使者见其如此，遂误以《图》为《书》之卒章，不复厘正。使先生立象尽意之微旨，暗而不明，而骤读《通书》者，亦复不知有所总摄，此则诸本皆失之。[1]

基于这样的思考，周敦颐的著述经过朱熹的改编，最终落定为表

---

① 朱熹：《太极图通书后序》，《元公周先生濂溪集》，第73页。

里关系的《太极图附说》和《通书》，以及一些诗文。①

从内容上看，《太极图说》全篇二百余字，由"无极而太极"之天道，展开阴阳、五行以至万物。继而提出人为天地间最灵，圣人主静立人极的思想。认为如此圣人便与天地合德，体现了"大易"之旨。他注"圣人定之以中正仁义而主静"曰："此言圣人全动静之德而常本之于静也。盖人本阴阳五行之秀气以生，而圣人之生，又得其秀之秀者，是以其行之也中，其处之也正，其发之也仁，其裁之也义。盖一动一静，莫不有以全夫太极之道，而无所亏焉。"②这里的"本之于静"按"人本阴阳五行之秀气以生"之"本"来理解，也就是本始于"静"，可以生发出"全动静之德"，此"静"还是动静义。因此朱熹说"圣人主静，正是要人静定其心，自作主宰"③，虽然提到"自作主宰"，但"静定其心"是工夫，并不以"静"为主宰。对于朱熹来说，他的"主宰"是"理"，就不能承认"静"的本然地位。④

可见，朱熹诠释周敦颐的天道论和人性论是紧密联系在一起的，他在《通书》首章注中就提出："此书与《太极图》相表里，诚即所谓太

---

① 侯外庐等主编《宋明理学史》指出："按潘兴嗣所撰墓志，《太极图·易说》叙在《易通》与诗十卷之前，这不仅表明《太极图·易说》是一篇独立的著作，并非《易通》的卒意。而且表明这篇著作在周敦颐的著作中居首要的地位。"（人民出版社，1997年版，第52页）

② 《元公周先生濂溪集》，第8页。

③ 《元公周先生濂溪集》，第28页。

④ 朱熹并非完全不识周子"静"之本然义，他注《太极说》云："故人虽不能不动，而立人极者必主乎静。惟主乎静，则其著乎动也无不中节，而不失其本然之静矣。"（《晦庵先生朱文公文集》卷六十七，《朱子全书》第24册，第3137页）

极也。"①后世学者深信之。如黄榦《鄂州州学四贤堂记》："濂溪周先生，不由师传，洞见道体。推无极以明阴阳之本，人物化生，万事纷扰，则定之以中正仁义，而立人极焉。盖与《河图》《洛书》相为表里。"②明初，有"理学之冠"美誉的曹端作《通书述解》，沿袭朱熹《通书解》的论说，为当时四方学者争相传诵。书中进一步强化了《太极图说》与《通书》同源的解释框架。平心而论，朱熹的注释并非没有道理，他承其师李侗之说，以"太极"为理，"人极"只是太极"就人物上推，亦只是此理"③。"太极图只是一个实理，一以贯之。"④这样一来，朱熹以"实理"解释"太极"，完成了周敦颐作为理学开宗的理论修正。以天地之动静来理解圣人之静顺理成章。但实质上取消了周敦颐的"人极"，回到"天人相续""天人合德"的老路上，而且还进一步实体化"太极"。他所作的《伊洛渊源录》十四卷以"理"为门户⑤，虽然尊周敦颐为祖，但实际上是以二程为宗，这样就彻底抽走了周敦颐思想中最重要的易学源头，完全成为前"理"学的过渡人物。

　　朱熹的解释随着其官学地位的确立成为不刊之论，"主静立人极"被消解，后儒遂以"静坐"解之，专心于"静坐"工夫。

---

① 《元公周先生濂溪集》，第 55 页。
② 黄榦：《鄂州州学四贤堂记》，《元公周先生濂溪集》，第 205 页。
③ 朱熹：《延平答问》，《朱子全书》第 13 册，第 329 页。
④ 黎靖德编：《朱子语类》卷九十四，《朱子全书》第 17 册，第 3115 页。
⑤ 《四库提要》称《伊洛渊源录》："记周子以下及程子交游门弟子言行……其后《宋史》道学、儒林诸传多据此为之。盖宋人谈道学宗派，自此书始；而宋人分道学门户，亦自此书始。"《钦定四库全书总目》卷五十七，第 804 页。

昔周子有"主静立极"之说，程子因之，每教人"静坐"，李延平又教人"于静中看喜怒哀乐未发时作何气象"。本朝陈白沙先生亦以"静中养出端倪"为宗，筑春阳台，置水一盂，对之静坐者数年。阳明先生则云，静坐非是要人坐禅入定，只是借以补小学求放心工夫，而良知之说必求之未发之中。其言不一而足。至罗念庵，又溯濂溪"无欲作圣"之旨，而求端于静。①

"静坐"的目的是体认道德本体，朱熹说："所谓静坐，只是打叠得心下无事，则道理始出，道理既出，则心下愈明静矣。"②因此他在解释《通书》"寂然不动者，诚也"时说："本然而未发者，实理之体；善应而不测者，实体之用。动静体用之间，介然有顷之际，则实理发见之端，而众事吉凶之兆也。"③这里，"诚"不仅被解释为"不动"之实理，还将动静纳入体用的模式，贯彻了"表里说"的思想，也就是以宇宙论的模式套解人性论。④ 后儒真德秀对此做了发挥：

大凡有体而后有用，如天地造化，发生于春夏，而敛藏于秋冬，发生是用，敛藏是体……人之一心，亦是如此。须是平居，湛

---

① 刘宗周：《艮止说》，《刘子全书》，第 514 页。
② 黎靖德编：《朱子语类》卷一百三，《朱子全书》第 17 册，第 3415 页。
③ 《元公周先生濂溪集》，第 57 页。
④ 朱熹并非不识周子"静"之本然义，如他在《太极说》中说："故人虽不能不动，而立人极者必主乎静。惟主乎静，则其著乎动也无不中节，而不失其本然之静矣。"（《文集》卷六七，《朱子全书》第 23 册，第 3137 页）但他要主张"理"为"本"，就不能承认"静"的本然地位。

然虚静,如秋冬之秘藏,皆不发露,浑然一理,无所偏倚。然后应事方不差错,如春夏之发生。物物得所。若静时先已纷扰,则动时岂能中节?故周子以静为本。①

然而,儒家若倡"静坐",必然纠缠于禅氏。更重要的是,在道德领域沿袭天道之动静导致了二元分裂,必须解决至善如何体现动静的问题,从而陷入理论困境。因此周子所倡之静成为"道者气象"②,佐以《爱莲说》的印象,认为他受到释道的影响,获得了道德本原的神秘体验,实质上是回避理论困境,后人依循此路径只能治丝益棼。③《四库全书总目》指出:"《太极图说》与《通书》表里之说,元何虚中至特著一书辨此一语,论者亦递相攻击,究无定评。至于'主静'之说,明代诟争尤甚。"④所谓"明代主静之说"一般以陈献章(1428—1500)"静中养出端倪"为始,续有湛若水(1466—1560)"随动随静"体认天理、王守仁(1472—1528)主静"实兼动静"、聂豹(1487—1563)和罗洪先(1504—1564)"归寂"、欧阳德(1496—1554)良知"常静"、王畿(1498—1583)"静者心之本体"、晚明高攀龙(1562—1626)"主静以见性"等。诸家诟争的焦点正是"静"安静义和主宰义的分合。以静坐工夫体认天理的路向承接的恰好是安静义的"主静"说,但实质上默

---

① 真德秀:《真西山答问》,《元公周先生濂溪集》,第47—48页。
② 朱熹:《延平答问》,《朱子全书》第13册,第322页。
③ "主静工夫是周敦颐修养论的一个主要特色。但《太极图说》和《通书》都未详细说明主静的问题,更没有讨论静坐、静修的问题。"陈来:《宋明理学》,辽宁教育出版社,1991年版,第56页。
④《周子抄释》,《四库全书总目》,第1228页。

会的是程朱理学对"主静"的理解。而传承主宰义之"主静"说的，恰恰是主张在人伦日用的酬酢万变中体悟求证，正是理学对周子的误读孕育了对自身的挑战。

明弘治十四年（1501），王阳明游九华山，在地藏洞遇异人谓之云："周濂溪、程明道是儒家两个好秀才。"①六年后，三十六岁的王阳明谪赴贵州龙场，途经江西萍乡拜谒濂溪祠，赋诗道"千年私淑心丧后，下拜春祠荐渚蘋"②。翌年，他在龙场"始知圣人之道，吾性自足，向之求理于事物者误也"③。从出入二氏到钻研理学，王阳明深契于周敦颐纯正的儒家思想，却始终与程朱理学格格不入。他在赣州时，"亲笔写周子《太极图》及《通书》'圣可学乎'一段，末云：按濂溪自注'主静'，云'无欲故静'，而于《通书》云'无欲则静虚动直'，是主静之说，实兼动静。'定之以中正仁义'，即所谓'太极'，而'主静'者，即所谓'无极'矣。旧注或非濂溪本意，故特表而出之"④。说明他已经意识到静字两义的不同，也是周子与程朱的不同。

静时念念去人欲，存天理，动时念念去人欲，存天理，不管宁静不宁静。若靠那宁静，不惟渐有喜静厌动之弊，中间许多病痛只是潜伏在，终不能绝去，遇事依旧滋长。以循理为主，何尝不宁静；以宁静为主，未必能循理。⑤

①《王阳明全集》，上海古籍出版社，2006 年版，第 1225 页。
②《王阳明全集》，第 687 页。
③《王阳明全集》，第 1228 页。
④《王阳明全集》，第 1183 页。
⑤《王阳明全集》，第 13—14 页。

他写下《朱子晚年定论》云："洙、泗之传,至孟子而息;千五百余年,濂溪、明道始复追寻其绪。"[1]而王阳明的"良知"中可以看到"主静"思想的痕迹。"有事无事,可以言动静,而良知无分于有事无事也。寂然感通,可以言动静,而良知无分于寂然感通也。动静者所遇之时,心之本体固无分于动静也。理无动者也,动即为欲,循理则虽酬酢万变而未尝动也;从欲则虽槁心一念而未尝静也。"[2]良知无关动静,循理则未尝动,将道德本根与"动静"做区隔,与"无欲主静"之旨并无二致。其后学称:"夫良知无动无静,故时动时静,而不倚于动静,君子之学循其良知,虽疲形饿体而非劳也,精思熟虑而非烦也,间查辨说而非聒也,清净虚澹而非寂也。何往而不日休,故学贵循其良知,动静两忘,然后为得。"[3]可以说已经把人的道德主宰辨析得非常清楚。

晚明刘宗周(1578—1645)说:"圣学之要,只是在慎独。独者,静之神、动之机也。动而无妄,曰静,慎之至也。是为主静立极。"[4]他明确指出周敦颐主静的"静"与《太极图说》中天地动静的"静"是不同的:

> 周子主静之静,与动静之静迥然不同。盖动静生阴阳,两者缺一不得,若于其中偏处一焉,则将何以为生生化化之本乎?[5]

---

[1]《王阳明全集》,第 127 页。
[2]《王阳明全集》,第 64 页。
[3] 欧阳德:《答周陆田》,《欧阳南野先生文集》,《四库全书存目丛书》第 81 册,齐鲁书社,1995 年版,第 11 页。
[4] 刘宗周:《学言》,《刘子全书》,第 564 页。
[5] 刘宗周:《学言》,《刘子全书》,第 593 页。

动静有对待才能化生万物。他的学生问："周子既以太极之动静生阴阳，而至于圣人立极处，偏著一字，何也？"他回答："循理为静，非动静对待之静。"①黄宗羲评价："先师云'循理为静，非动静对待之静'一语点破，旷若发矇矣。"②"旷若发矇"的评价表明，黄宗羲认为在刘宗周以前，周子主静思想一直是被误读的。③

王阳明的"致良知"和刘宗周的"慎独"都是在真正理解了周子"主静"之旨后的推衍。在他们看来，"主静"讨论并不是工夫。因此，黄宗羲对朱熹的理学传道谱系评价说："予谓濂溪诚入圣人之室，而二程子未尝传其学，则必欲沟而合之，良无庸矣。"④他既肯定了周敦颐思想在北宋继起圣人之学的价值，又指出他与二程之学无法消弭的差异。明儒之中认识到周敦颐之"静"非"静坐"之静的学者不乏其人，如汪俊（生卒不详，弘治癸未1493年进士）指出："周子图说之主静自注无欲故静，《通书》曰'一者无欲，无欲则静虚动直'，则是主静之静乃所谓一者而非阳动阴静之静也。伊洛源流疑出于此，张子之天德，邵子之天心皆指是为说也。"⑤顾宪成（1550—1612）说："周子主静盖从无极来，是究竟事。程子喜人静坐，则初下手事也。"⑥陈龙正（1585—1645）认为："止者心之常，艮背亦止，行庭亦止。静者太极之

---

① 刘宗周：《学言》，《刘子全书》，第629页。

② 《宋元学案》，第499页。

③ 熊十力指出："周子以'主静立人极'，而于'静'字下，自注'无欲故静'，则此静非与动相对之静，而以停止之静讥之可乎？"（《论汉学与宋学及宋明理学史》，《熊十力学术文化随笔》，中国青年出版社，1999年版，第201页）

④ 《宋元学案》，第480页。

⑤ 《明儒学案》，中华书局，1985年版，第1150页。

⑥ 《明儒学案》，第1387页。

常,生阴亦静,生阳亦静,主静者艮止之义乎?"①这些学者都在一定程度上认识到了周敦颐"主静"的理论意义。

四、周敦颐"主静"思想的再理解

周敦颐"主静"思想脱胎于《周易》,在自然世界之外开辟人的道德世界,较之先秦从经验事件中推得道德根基,已经从囿于适当欲望的合理性转向人的道德根据,在理论上探索实践理性。"无欲"的提出是对先秦儒家,尤其是孟子关于人的欲望的阐释的全面突破,虽然与"寡欲"只一字之差,但是已经进入道德意志层面,因此他所讨论不是如何成德的工夫,而是道德根据。② 正如明儒王廷相所言:"太极之说,始于'《易》有太极'之论……南宋以来,独以理言太极而恶涉乎气。"③以理摄静,必然陷入动静对待的工夫问题,而周敦颐仍然保持着理学前的传统。

其次,虽然不能否认周敦颐的思想经过佛道的洗礼,但他的学说不是创造本体论来回应佛教理论的挑战,而是对人的实践理性的探索,并且一开始就自觉地不离天道,表明他的儒家意识始终是自觉而明晰的。④ 虽然他在著作中牵涉佛道意象,但从论述的角度和提出的

---

① 《明儒学案》,第 1501 页。
② 谢遐龄依据黑格尔观点指出,陆九渊心学表明自身意识觉醒,为中国思想启蒙之标志。(《论陆九渊心学的思想史地位》,《中州学刊》2020 年第 5 期)
③ 王廷相:《太极辩》,《王廷相集》,中华书局,1989 年版,第 596 页。
④ 周敦颐致妻兄蒲宗孟书云:"上方兴起数百年,无有难能之事,将图太平天下,微才小智苟有所长者,莫不皆获自尽。吾独不能补助万分一,又不得窃须臾之生,以见尧舜礼乐之盛,今死矣,命也。"蒲宗孟:《先生墓碣铭》,《元公周先生濂溪集》,第 136 页。

观点来看,都与二氏教旨异趣,说明他并不需要借助佛道两家的语言来助推儒家的思想。若放到北宋中期庆历新政的历史背景中,可以发现他主张重新解释人的道德根源,针对的是制度设计对人心腐坏的无能为力,于是试图通过诠释经典唤醒读书致仕的官员,使他们能发自内心地实践君子德行,而不是以坐享制度恩惠和利用制度漏洞为能事,此为又一话题当另表。

再次,严格地说程朱理学虽然认识到了周敦颐思想的意义,但只是借用其说建构理学体系。因此当后学试图从理学所立的道统中寻绎逻辑线索时,就会发现理解周子的困难,不仅为反思程朱理学提供了最好的话头,也启发了心学在根本上超越理学的思路。由此更加凸显出周敦颐思想的深远意义。① 同时也反映出"理学"不仅无法容纳宋元明思想的多样性,还会模糊学说的真实面目,这就对呈现理学以外的思想提出了迫切要求。

最后,由于后学往往坚执天道与人道的关系越紧密理论就越高明的信念,既不论证两者"天然"的同一性,也不检讨其适用的范围。然而,两者的牵和恰恰与周敦颐的宗旨背道而驰,他试图开启的正是在天道之外另立人道,认为人道可以在天道之外遵循自己的原则,这样做不仅没有打破天人关系,反而更加深化了儒家的思想。

---

① 杨柱才指出,学界对宋明理学的分派有分歧,但对周敦颐作为诸派源头没有疑义。(《周敦颐在中国哲学史上的地位》,《湖南科技学院学报》2020 年第 2 期)

第三节　溢出经典的知识

庆历四年(1044),北宋正式建立太学,胡瑗在范仲淹的荐举下,以之前在苏州郡学和湖州州学施行的分斋教学法授于京师太学,著令为"太学法"。

> 其教人之法,科条纤悉具备。立经义、治事二斋:经义则选择其心性疏通、有器局、可任大事者,使之讲明大经;治事则一人各治一事,又兼摄一事,如治民以安其生,讲武以御其寇,堰水以利田,算历以明教是也。[1]

此教育法中的"经义"仍然以"五经"元典为教本,与章句训诂之学不同之处在于"心性疏通"。而"治事"这一门类可谓是前无古人的创举。所谓"事",可以理解为有明确目的的政务职事,针对的是这些迈出太学大门后,走上仕途的儒生马上要面对的民生问题。而这些问题往往是无法凭借熟悉经典章句所能解决的。"五经"的传授在此被转换为"经义",而且是经由教师的判断,拣择专主明心性的篇章进行讲授,对资质好的学生才教授比较难读的经典章节。换言之,"五经"已经不再是包罩天地万物的中心,人们掌握各类事物的经验和理论必须通过另辟学科才能补充"五经"教育的不足,而且其重要性并

---

[1]《宋元学案》卷一《安定学案》,第24页。

不比知晓经义低。

胡瑗的教学法体现了他"明体达用"的理念。"明体"由"经义"来担当，"达用"由"治事"来实现。他的高足福建福唐人刘彝向神宗皇帝解释"明体达用"时说："君臣父子仁义礼乐，历世不可变者，其体也"，"举而措之天下，能润泽斯民归于皇极者，其用也"。[①] 这个观点其实并无新意，放诸任何一个朝代的官员都能认同这个道理，而关节点在于"举而措之"。迨至北宋，光有造福于民的理想并不能保证施政有方，事实情况是由于专门知识和技能的缺乏，满腹经纶的儒生在民生实务上可能表现得毫无头绪，甚至因为附会经典而作出事与愿违的判断，导致政绩平平，甚至出现事倍功半的情形。这也是胡瑗的教学法应运而生，必然取代旧法的原因。其次，"达用"指向了一个与"五经"体系非常不同且并不能由之自然导出的领域，官员们不但要具备专门事物之"用"的知识，还要考虑如何最大程度地实现"用"，错用或误用都无法达到"润泽斯民归于皇极"的效果，后者无疑是终极之大用。可见，在"明体"和"达用"之间横亘着一道无法用"五经"填满的沟壑。经济、边防、水利、管理等民生领域的专门之学挑战着能诗能文的儒生，同时影响和塑造着他们脑袋里原来的理念，章句之学遭受怀疑的根源在于无法"达用"，而儒生们的宝贵时光和脑力耗费于此，永远不可能变身为造福于民的官员。

沈括在读《孟子》的时候，就在"性善"和"行善"之间读出了"知"的能力问题。

---

① 《宋元学案》卷一《安定学案》，第25页。

思之而尽其义，始条理也。行之而尽其道，终条理也。知及之而不能胜其任者，力不足也。力足以至于古人，而义未必尽人者，知不足也。宰我、子贡、有若，其智皆足以知圣人矣。柳下惠、伊尹，则皆能任圣人之事者也。盖皆有所不足，此孔子所以集大成也。①

他把人去完成一件事情称为"条理"，这个过程其实包含了"思"和"行"两个过程，"思"指的是掌握行事的方法和充分理解行事的意义，以保证两者一致的部分；"行"指的是运用所知的方法和保证达到目的的能力部分。由"思"始，终于"行"，两者缺一不可。"知足"可以思尽其义，"力足"可以尽其道，智力和能力两者兼有，才称得上"圣人"。贤者可能只是"知足"，也就是具有不凡的理解力，却不一定"力足"，也就是不具备行动的能力。因此，孔子之所以称得上"圣人"，就在于既"知足"，又"力足"。而"知"，是需要不断学习和磨砺的。因此，沈括对《孟子》中"修身"和"天下之义"做了新颖的解释。

所谓修身也，不能穷万物之理，则不足择天下之义。②

沈括所留下的作为中国古代科学史辉煌成就的记录，如果从他的本意来看，原来是一种修身养性的方法。按照他对智力和能力的

① 沈括：《孟子解》，《长兴集》卷十九，《全宋文》第 39 册，第 317 页。
② 沈括：《孟子解》，第 318 页。

区分,修身还只是提高智力的过程,必须配上行动才算完满,从这个角度说,《大学》的"八目"其实包含了"穷理"的要求,在"正心""诚意"之后,"齐家、治国、平天下"之前,有一个学习知识的阶段,只有具备一定智力的人通过知识的运用才能发挥处理实务的能力,换言之,只有高尚的品德和出众的实干能力并不完全符合《大学》的要求,还必须具有学会专门技术的能力。所以沈括要求"天下之贤者宜各尽其所闻……以发宣赞扬天子之宏业盛事。苟力之所能者,不宜有所辞"①。他号召天下所有具有一技之长的仁人志士,如果具备了将所知化为所用的话,不应该推辞为天子效命、为百姓谋利的事业。在他那里,"贤者"是智识和力行的意思,与德行并不相同。

可以看到,在宋代探索和拥有专门知识方面越来越为读书人所重视,并不是因为他们发现了一个充满未知的新世界,而是找到一个更好地通达于道的路径。

> 周教六艺,数实成之。学士大夫,所从来尚矣。其用本太虚生一,而周流无穷,大则可以通神明,顺性命;小则可以经世务,类万物,讵容以浅近窥哉? 若昔推策以迎日,定律而知气。髀矩浚川,土圭度暑。天地之大,围焉而不能外,况其间总总者乎? 爰自河图、洛书,阊发秘奥,八卦、九畴,错综精微,极而至于大衍、皇极之用,而人事之变无不该,鬼神之情莫能隐矣。圣人神

---

① 沈括:《与蔡内翰论乐书》,《长兴集》卷十九,《全宋文》第39册,第290页。

之，言而遗其麤，常人昧之，由而莫之觉，要期归，则数与道非
二本。①

　　"数"作为从"六艺"就开始传授的技能之一，虽然"学士大夫，从
来尚矣"，但似乎"以浅近窥"，与"道"相隔甚远，因此未进入知识的主
流。但在秦九韶看来，宏观上，数可以测算日月节气，丈量山川峻岭，
可以说将天地纳入其中，那么天地之间的万物，自然不出其外。微观
上，由《河图》《洛书》而来的八卦、九畴，蕴含了最基本的数与数之间
的变化秘奥，推衍至极，人事之变、鬼神之情无不面目清晰。圣人著
说，致力于阐发数的神奇之处，不屑于日常所用之数，常人则相反，每
日精打细算却不知数之本。数经纶天地，可谓"数与道非二本"。

　　秦九韶虽然对"数"的理解和运用可以称为其时代之最，但他显
然仍然在"道"的根本性下解释数的"错综精微"，天地人鬼因"数"而
可循可制，显隐毕现，研究数其实是在体会道。这样将显现的事物称
为道之"粗"的理解，在沈括这里也可以找到。

　　　世之谈数者盖得其粗迹，然数有甚微者，非特历所能知，况
　　此但迹而已，至于感而遂通天下之故者，迹不预焉，此所以前知
　　之，神未易可以迹求，况得其粗也。②

　　———————

① 秦九韶：《数书九章序》，文渊阁四库全书本。
② 沈括：《梦溪笔谈》卷七，第44页。

面对事物所呈现的数，沈括与秦九韶一样认为这是一种"粗迹"，即使历算所涉及的"数有甚微者"，仍然不能因之而通达天下，其背后是不能以"迹"来认识的"神"。可见无论是事物的研究还是数的研究，都让他们更加深刻地体会到"神明"之不可测度，人能做的只有顺应。换言之，虽然关于自然的认识不断在增长，"可知"的领域不断扩大，但古人丝毫没有侵犯"不可知"，进而以"所知"填满的意图，反而以更加谦卑的姿态检审自己的无知。

> 平生自是爱花人，到处寻芳不遇真。只道人间无正色，今朝初见洛阳春。（张洵《观洛城花呈先生》）

> 造化从来不负人，万般红紫见天真。满城车马空撩乱，未必逢春便时春。（邵雍《和张子望洛城观花》）

邵雍与张洵的唱和之诗营造了"人"—"花"（物）—"春"（造化）的联动关系。张洵借称誉洛阳牡丹为"人间正色"寓意能见到邵雍这位睿智的思想家感到非常荣幸。从诗句中可以看出，张洵所爱的"花"，是他心中的原型，或者说世上真实的花少有让他心动的，而他以为在洛阳寻到了最有春意的花，这可以说是一种从"人"出发的构建。邵雍对此非常敏感，他领会了张洵的喻义，因此在和诗的开头就拆解掉"人"的基点，指出"造化"才是发起者，它鼓动万物，释放天真，而那些遵从时节规定、文献标记来感知春天的人，显然无法感受到溢出人的言辞和想象的物的生气，他们知道的自然，其实并不是真的自然。对节律、物候等自然的经验并不是自然本身，对邵雍来说，破除知见的藩篱，才能更好地体验造化的妙处。

> 安知一时之间无四时，安知一刻、一分、一刹那之中无四时邪？又如春为木，九十日间当蕈蕈消长，不可三月三十日亥时属木，明日子时顿属火也。似此之类，亦非世法可尽者。①

沈括以"世法"诘问时间的轮转，指出人有限的思维分析无法穷尽无限的自然表达。②

> 造妙之微，间不容发。推此而求，自臻至理。③

这样的"无知"并不会形成一种突破和转化的动力，而是成为一种"知"，即对人的无知的知，从而去扩充自己的见识，获得更多的自然的经验，以此来追求人能够把握的"至理"。

> 盖王者之有天下也，顺天地以治人，而取材于万物以足用。

---

① 沈括：《梦溪笔谈》卷七，第 44 页。
② 关于沈括可参见傅大为的系列研究：A Contextual and Taxonomic Study of the "Divine Marvels" and "Strange Occurrences" in the *Mengxi bitan*，*Chinese Science*，Vol. 11(1993－4)(《〈梦溪笔谈〉里"神奇"和"异事"的语言脉络和知识分类研究》，《中国科学》第 11 卷，1993 年第 4 期)；《极星与环中：沈括的象数世界》，《法国汉学》(第六辑)，中华书局，2002 年版等。
③ 沈括：《梦溪笔谈》卷七，第 44 页。

若政得其道，而取不过度，则天地顺成，万物茂盛，而民以安乐，谓之至治。若政失其道，用物伤夭，民被其害而愁苦，则天地之气渗，三光错行，阴阳寒暑失节，以为水旱、蝗螟、风雹、雷火、山崩、水溢、泉竭、雪霜不时、雨非其物，或发为氛雾、虹蜺、光怪之类，此天地灾异之大者，皆生于乱政。而考其所发，验以人事，往往近其所失，而以类至。然时有推之不能合者，岂非天地之大，固有不可知者邪？若其诸物种类，不可胜数，下至细微家人里巷之占，有考于人事而合者，有漠然而无所应者，皆不足道。语曰"迅雷风烈必变"。盖君子之畏天也，见物有反常而为变者，失其本性，则思其有以致而为之戒惧，虽微不敢忽而已。至为灾异之学者不然，莫不指事以为应。及其难合，则旁引曲取而迁就其说。①

与邵雍一同师事李之才的刘羲叟，精于天文和算术，又善史学。他受欧阳修之邀撰写《新唐书》的《天文志》和《五行志》，对天地灾异和人事应验相合的旧说予以驳斥。他认为所谓"顺天地"，并不应该是谨遵灾异所寓意的人事的启示，比如《孝经纬·援神契》："木气生风，火气生蝗，土气生虫，金气生霜，水气生雹。失政于木，则风来应；失政于火，则蝗来应；失政于土，则虫来应；失政于金，则霜来应；失政于水，则雹来应。毁伤致风，侵蚀至致蝗，食残致虫，刻毒致霜，暴虐致雹，此皆并随其事而致电。"②而是将天灾的原因归结为人本身对自

① 刘羲叟：《新唐书》卷三十四《五行志》，第 872 页。
② 赵在翰辑：《七纬》，第 712 页。

然的过度取用,抛弃"指事以为应"的思维。他明确区分了"君子"和"为灾异之学者"的不同做法,前者知"天地之大,固有不可知者",因而畏天、戒惧,顺应物性。后者则臆取事应,曲就其说。前者的世界是开放的,不断容纳新知。而后者已经预设了思想的终点,只在旧物之间打转。

因此,对于"迹"的研究非但不会因为无法直通于道而失去意义,反而是一种不断探索如何更好地了解物性以顺应之,同时也是不断揭示"道"的丰富性的过程。

　　格物之学,莫近于诗。"关关之雎",挚有别也;"呦呦之鹿",食相呼也;"德如鸤鸠",言均一也;"德如羔羊",取纯洁也;"仁如驺虞",不嗜杀也。"鸳鸯在梁",得所止也;"桑扈啄粟",失其性也;"仓庚",阳之候也;"鸣鹓",阴之兆也。"蒹葭露霜",变也;"桃虫拼飞",化也。"鹤鸣于九皋,声闻于野",诚不可掩也;"鸢飞戾天,鱼跃于渊",道无不在也。"南有乔木",正女之操也;"隰有荷华",君子之德也。"匪鹑匪鲔",避危难也;"匪兕匪虎",慨劳役也。"蓼莪、常棣",知孝友也;"繄颜、行苇",见忠信也。"葛屦"褊,而"羔裘"怠也;"蟋蟀"俭,而"蜉蝣"奢也。"爰有树檀,其下维谷",美必有恶也;"周原膴膴,堇荼如饴",恶可为美也。"黍以为稷",心眩于视也;"蝇以为鸡",心惑于听也。"绿竹猗猗",文章著也;"皎皎白驹",贤人隐也。"赠以芍药""贻我握椒",芳馨之辱也;"焉得谖草""言采其虉",忧思之深也。"柞械斯拔""侯薪侯蒸",盛衰之象也;"凤凰于飞""雉离于罗",治乱之符也。

《相鼠》《硕鼠》，疾恶也；《采葛》《采苓》，伤谗也。引而伸之，触类而长之，有多识之益也。①

孔子关于学《诗》可以"多识于鸟兽草木之名"的教诲，在这里成为"格物之学"。格物的方法是"引而伸之，触类而长之"，物之类在这里并非物之本性，而是其在《诗经》中被赋予的寓意。所谓的"多识"所获得的益处，是指从物态物候所关联的人事比附中习得意义。这种意义无疑是指向道的。

也有像郑樵这样具有相当多的动物知识的学者，在他看来，《诗经》的用词包含了作者准确和刻意的择词。

若曰"关关雎鸠，在河之洲"，不识雎鸠，则安知河洲之趣与关关之声乎？凡雁鹜之类，其喙褊者，则其声关关；鸡雉之类，其喙锐者，则其声鷕鷕，此天籁也。雎鸠之喙，似凫雁，故其声如是，又得水边之趣也。《小雅》曰："呦呦鹿鸣，食野之苹。"不识鹿则安知食苹之趣与呦呦之声乎？凡牛羊之属，有角无齿者，则其声呦呦；驼马之属，有齿无角者，则其声萧萧，此亦天籁也。鹿之喙似牛羊，故其声入是，又得莠蒿之趣也。使不识鸟兽情状，则安知诗人"关关""呦呦"之兴乎？②

---

① 王应麟：《困学纪闻》卷三《诗》，四部丛刊本。
② 郑樵：《昆虫草木略序》，《通志》卷七十五，四库全书本。

只有通过对鸟兽和环境细微的观察，才能真正领会诗作的意蕴，明白作者所"兴"之言。虽然诗歌最后仍然指向人事的秩序，从而引起读者的感情共鸣，但经由对自然的不同理解，其回返的效果也是完全不同。推而广之，即使是使用动植物的寓意来表达思想，由于对动植物本身的认知的不同，其寓意的所指也将因此大不相同。[①]

对于自然山水的理解，在审美和道德的诠释之外，人们把自己的身体活动作为认识的尺度，与自然现象进行类比，并认为这种"体察"的结果才是圣人之观，更能体现人力的有限性。

> 夫风者天地之气也，犹人之呼嘘喘吸，岂常哉！若应人事之变，则余不知。[②]

> 抑山者有情意之活通，有精神之飞动，第昧者不见耳。或前去而顾后，或后来而望前，左右亦如之……虽相去数百里或数千里之远，亦如相与相扶，相感相应，相交相助，盖无非一气之行，周流贯通如人一身，内外上下同一血脉，无有间断。气行之时，已非无此情意精神之运。故山成之后，此情意精神自轩豁呈露，辉光发越，不可淹没有如此者。圣人以地有理而察之，有法而观之，正此类也。气即此理此法也，岂人力之所能为哉！[③]

① 法国汉学家梅泰里认为："人们往往是通过对诗中自然事物人为地构筑一种比兴相争关系来释读《诗经》，而不是亲自去观察自然，由此也就造成了能使人们真正理解《诗经》意旨的材料的阙如。"(《论宋代本草与博物学著作中的理学"格物"观》，《法国汉学》第6辑，中华书局，2002年版)
② 梅尧臣：《风异赋》，《宛陵先生先生文集》卷六十，《全宋文》第14册，第509页。
③ 包恢：《山水源流说》，《敝帚稿略》卷七，《全宋文》第319册，第334页。

无论是"在天成象"的风，还是"在地成形"的山，人感受到的是与人一脉相通的气的流动，风是天地的呼吸，山是天地的情意精神，在现代人看来天和山是分属于医学和文学的领域，而在古人这里并没有区分，因为人的身体与情感密不可分，天地又何来分开之理？

> 大率元气嘘翕，天随气而涨敛；溟渤往来，潮随天而进退者也。以日者众阳之母，阴生于阳，故潮附之于日也；月者太阴之精，水乃阴类，故潮依之于月也。是故随日而应月，依阴而附阳，盈于朔望，消于朏。魄，虚于上下弦，息于辉朒。故潮有小大焉。今起月朔夜半子时，潮平于地之子位四刻一十六分半，月离于日，在地之辰。次日移三刻七十二分，对月到之位，以日临之，次潮必应之。过月望，复东行，潮附日而又西应之，至后朔子时四刻一十六分半，日月潮水，俱复会于子位。其小尽则月离于日，在地之辰，次日移三刻七十三分半，对月到之位，以日临之次，潮必应之。至后朔子时四刻一十六分半，日月潮水，亦俱复会于子位。是知潮常附日而右旋。以月临子午，潮必平矣，月在卯酉，汐必尽矣。或迟速消息之小异，而进退盈虚，终不失其期也。①

这是宋人姚宽在会稽（今浙江绍兴）发现的一块石碑上记载的一段关于海潮成因的文字，他认为此论"极有理"，后经考证为宋人燕肃所作。燕肃历述葛洪的天河激动说，《洞真》《正一》两部道家经典的

---

① 姚宽：《会稽论海潮碑》，《西溪丛语》卷上，山东人民出版社，2018年版，第7页。

地机翕张说，卢肇的日激水说，封演的月周天说，僧隐之月行水大说等，经过在沿海诸郡长达十年的观测，总结出潮起潮落与日月运动的精确匹配关系，"颇有准的"。在谈到根本原因时，他认为日为众阳之母，月为众阴之母，阴阳的相对运动造成了潮汐的起落和大小，因此姚宽解读此说为"论海潮依附阴阳时刻"。可见，"阴阳作为方法论"由于受到了长期观察所得的支持，不仅使潮汐本身的活动得到令人信服的解释，"阴阳"的理论更进一步得到强化，而这些理论是来自"五经"的。

　　"五经"对于知识的扩容就像一张大网撒向未知的世界，人们虽然可以通过对物的观察获得新的认识，但这些认识无疑仍然需要与原来的认知体系相融合，人们所获得的新知没有也并不足以颠覆原先的认知框架，反而将这张由"五经"编织的大网变得更加的坚固，显示其无所不包的力量。

　　　　《易》有纳甲之法，未知起于何时，予尝考之，可以推见天地胎育之法……卦必自下生，先初爻、次中爻、末乃至上爻。此《易》之叙，然亦胎育之理也。物之处胎甲，莫不倒生，自下而生者卦之叙，而冥合造化胎育之理，此至理合自然者。[1]

　　沈括由物之胎育"莫不倒生"之象关联《易》的纳甲之法，认为纳甲的产生源于对"造化胎育"的观察和提炼。纳甲是汉代象数易学中

---

[1] 沈括：《梦溪笔谈》卷七，第53页。

重要的学说之一，首见于《京房易传》。以《说卦》"乾称父，坤称母"为据，将八卦与十天干相配，说明阴阳二气的消长，为后世堪舆、卜筮和丹道之术作为重要理论。而沈括思考的并非纳甲中符号之间的搭配问题①，而是纳甲的自然根据。这无疑为这个象数理论在新的认知领域找到了非常合适的"自然"源头。因此后人赵汝楳称沈括"此论甚当"，堪为"纳甲功臣"。

> 沈氏胎育之说可为纳甲忠臣，沈氏之说诚美矣，谓宜万事万理多由于此而卒不著所用。②

赵汝楳是南宋著名易家，纵览历代大家的纳甲之说，唯独青眼于沈括之说，说明他不囿于经学的视野，而是在认识世界过程中资取经学的理论。

> 人之胎育出于自然，若符火进退之法，谨候日夜，审察消息，用力甚勤，非自然也。曰天地粹和之气，备于吾身，阴阳五行非由外铄，苟极气大声，则耗而气矣，多欲剧思，则摇而精矣，物交物而机动者，莫停损，日损而川逝者，莫返习，滔滔塚累，非天夭民，民中自绝命。为吾之说者，内辟清澄居，外屏纷丽扰，凝实长养，皆本自然，何有强摚？③

---

① "纳甲"是周易汉代象数中非常重要的方法，主要易学家有京房、《周易参同契》、虞翻等。
② 赵汝楳：《纳甲辨》，《易序丛书》卷八，清抄本，第204页。
③ 赵汝楳：《纳甲辨》，《易序丛书》卷八，第213页。

纳甲在宋代是丹道的重要理论,丹道以养生延年为宗旨。然而在赵汝楳看来,胎育是自然之作,但符火之术"用力甚勤",非自然之术。纳甲之所以指向的是胎育而不是丹道,是因为《周易》本身是一本描摹自然的书,而不是刻意追求自然的书。换言之,用《周易》这张大网,能够非常有效地助益人们对自然的认知,将经典的记载作为对自然观察的历史共识,既不笃信盲从,也不轻易否定,而是运用自己的见识裁夺判定。

> 孔子曰,盖有不知而作者,我无是也。多闻择其善者而从之,多见而识之,以言闻见虽多,必择其善者乃从,而识其不善者也。若徒知之,虽多,曾何足用。文中子曰,盖有慕名掠美,攘善矜能,盗誉而作者,其取讥后世,宁有已乎。若葛抱朴之论神仙,陶隐居之疏本草,其谬悠之说,荒唐之论,取诮后世,不可胜纪矣。仆之所述,深以孔子不知而作为可戒,文中子慕名而作为可耻,舆夫葛抱朴、陶隐居之述作,皆在所不取也。[①]

宋人陈敷于绍兴十九年(1149)写成《农书》,记录平生务农的经验,后刊刻流传。从内容来看,陈敷饱读诗书,熟悉典章,但对于书本知识采取的是一种有条件接受的态度,一方面肯定"闻见"的重要性,通过读书"多闻"和"多见";另一方面,指出闻见只是"知之",并不等

---

① 陈敷:《自序》,陈敷著,万国鼎校注《陈敷农书校注》,中国农业出版社,1965 年版,第 22页。

同于具有"用"的能力，也就是当读者根据书本所示，实施操作后，发现所闻所见竟然是作者停留于纸上谈兵，博取名誉的行为，其"不善"的本质就会暴露出来，但是不通过实践是无法分辨这一点的。因此，他要做的是通过拣择经史子集中有关农事的记叙，并辅以亲自耕种的经验，既给予贤士大夫所熟知的典籍相关章节以现实操作的补充，又为不能尽览典籍的农夫野叟提供了经过试验确证的农事指南。

> 虽然，农事备载方册，圣人或因时以教，因事而为辞，其文散在六籍子史，广大浩博，未易伦类而究览也。贤士大夫固常熟复之矣，宜不待申明然后知。乃若农夫野叟，不能尽皆周知，则临事不能无错失。①

这种从典籍向现实，又从现实肯定典籍并跃上更广阔的知识视野，从而实现典籍中包蕴的圣人理想的升华，其所获得的对自然的认知是一种精神上的进益。

> 陈君益敛华就实，由博趋约，研精洙泗、濂洛之书，折衷于渡江诸老，凡昔之泥于物者，今皆反诸心矣。心有经，因知有录，凡昔之会于心者，今皆笔于书矣……（陈君益）叹曰："吾不幸，少事华藻，勤半生以资口耳之谈，犹幸晚归朴素，持一念心，穷性理之蕴，然少年之书，虽吾甚悔，好事者或取焉，欲梗而藏之，不可得

---

① 陈敷：《后序》，《陈敷农书校注》，第 61 页。

也。"予拱而曰："盈天壤间皆物也。物具一性,性得则理存焉。《大学》所谓格物者,格此物也。今君晚而穷理,其昭明贯通,倏然是非得丧之表,毋亦自其少时区别草木,有得于格物之功与?"[①]

南宋人陈景沂,字君益,著有《全芳备祖》,为现存古代最早的植物类书。在韩境的序中可知,陈景沂博通孔孟和周程的先代儒学,又对南宋当时的思想有自己的判断。认为辞赋章句之学,只能"资耳口之谈",不能"反诸心",于是晚年"归朴素",重新认识天地万物,以"穷性理之蕴"。韩境非常赞同这种从物性探求理的做法,认为这就是《大学》"格物"的意义。也就是通过"格此万物"来昭明贯通,释然于表面的是非得失,最终获得人心的增益。

或曰："琼花、玉蕊,胡为而躐处其上?"答曰："此尊尊也。"或曰："牡丹、芍药、海棠之无实无香,胡为耳亦处其上?"答曰："此富贵也。是皆奇花异卉,特立迥出,胡可以一说拘也?"或曰："子之说则信辨而美矣,子之书则信全而备矣,不几于玩物丧志乎?"答曰："余之所纂,盖昔人所谓寓意于物而不留意于物者也。恶得以玩物为讥乎?且《大学》立教,格物为先,而多识于鸟兽草木之名,亦学者之当务也。自太极判而两仪分,五行布而万物具,

---

① 韩境:《全芳备祖序》,陈景沂辑,程杰、王三毛点校《全芳备祖》,浙江古籍出版社,2018 年版,第 1—2 页。

凡散在两间，物物各具一太极也。太极动而生阳，则元亨诚之通，而万物所资始也；静而生阴，则利正诚之复，而万物所以各正性命也。禀于乾者为木果，禀于震者为苍筤竹，为萑苇，禀於巽者为木，禀于坎者为坚多心，禀于离者为科上槁，禀於艮者为坚多节，为果蓏……初者为阳，次者为阴，间者为阳，承者为阴。得阳之刚，则为坚耐之木；得阴之柔，则为附蔓之藤。无非阴阳者，则无非太极也。以此观物，庸非穷理之一事乎？"程先生语上蔡云："贤，却记得多许事，谓玩物丧志。"今止纂许多，姑以便检阅、备遗忘耳，何至流而忘返而丧志焉？①

宋代对物的一般理解是"寓意于物"，即用"尊尊""富贵"这些人伦秩序寓意物，使世界向人呈现出可以被理解的图景。而像《全芳备祖》这样，以物为其本身，不按寓意理解，溢出了原来的整体世界，被讥为"玩物丧志"。陈景沂要主张的正是通过观察每一种物的个性，洞悉它们的生长样貌，不但不会"丧志"，还会更加深入理解"阴阳""太极"的含义，完全符合《大学》以"格物"为教的要求。而真正的"玩物丧志"，是知道许多事，但不知如何通过它们去穷理，耽于物玩。可见这句程颐对弟子谢良佐博闻强记的教诲，时时提醒着陈景沂不要忘记学问根本，支撑多种多样的植物认知背后的仍然是来自经典的方法。

世界的丰富性只是给了学者们更多的实例，让他们更自由地延

---

① 陈景沂：《自序》，陈景沂辑，程杰、王三毛点校《全芳备祖》，第4页。

展和温习书本上的记录,范畴之间的关系得到强化和调整,因此也决定了外部世界不可能形成新的规则来修正来自经典的认知方式。以寓意谈论物序逐渐被士大夫舍弃,取而代之的是一种通过认识物之本象来逼近万物所蕴藏之"理"。

> 世之工人,或能曲尽其形,而至于其理,非高人逸才不能辨。与可之于竹石枯木,真可谓得其理者矣。如是而生,如是而死,如是而挛拳瘠蹙,如是而条达遂茂,根茎节叶,牙角脉缕,千变万化,未始相袭,而各当其处。合于天造,厌于人意。盖达士之所寓也欤。①

苏轼在鉴赏文同的竹画时,将"天造"和"人意"对立起来,指出"达士"应该摒除自己的狭见,通过详察、谛听、谛玩、谛观,由周遭事物之形,进入其表达之理。没有反复和长时间观察事物,只是在形象的相似上下功夫,并不是一种求理的方法,只要"得其理",纵然物"千变万化",也能"各当其处"。可见,苏轼认为物的真正作用在于授人以"理"。

士大夫和读书人对于专门知识的兴趣和钻研,使他们越来越看到书本和现实世界的距离,经典所包含的知识不断受到现实的拷问。当政务的处理注入算术的精密时,古人的失误立刻被发现,同时得出

① 苏轼:《净因院画记》,《苏东坡全集》中,黄山书社,1997年版,第28页。

与以往由非计算相左的方案却能更好地解决问题，像这样借助运用专门知识创造为民造福的政绩，必然影响着读书人对于经典的理解，他们不再以经典为不可置疑的价值之源，而是通过发展经典的某些面向和塑造新的经典，来消化充满新元素的世界，同时也在经典之外寻找到属于自己时代的"道"的代名词。

第三章　历史之外的"本根"

"物物之理"并不是退回到先秦"理"的原义,而是试图在切断与"意义天"的关联后,从万物自身的属性获得它们之间的关系,从而为"理一"做准备。

第一节　南宋易学的近现代意识

一般的学术史,以"汉唐""宋明"为分段,《五经正义》作为汉唐儒学的总结,接续"北宋五子"思想的登场作为宋明理学的开端,这条看似在一条历史线索上前后相续发生的事件,其本身可能并不是在一个领域发生的。宋代理学追溯晚唐韩愈提出"文以载道"作为北宋思想的一个引子,已经暗含着一个视角的转换。从国家最高机构颁布的统一教科书《五经正义》转向一个思想家的个人主张,两者无论在内容还是影响均不在同一层级。然而,这种学术史的视角突然切换在后世却成为一种"自然"的推进,其中的过程非常值得进一步探究。

《易》自西汉列于"六经"之首,是经学的重要组成之一,历代易学各具特色。两宋易学研究骤兴,流派纷呈,著述繁多,又与理学思想兴起重合，因此近现代的宋代易学书写一般以北宋思想家"援易以为说"承续唐代敕撰《周易正义》，以理学家的易学思想为主干，按"义理""象数""图书"进行分述和扩充，体现出经学到思想的视角转换，塑造了宋代易学与理学相一致的学术取向，从而与程朱易注在元代取代《周易正义》成为科举标准自然衔接。① 近来也有学者希望回到经学本位，重新审视宋代易学的发展脉络。② 在此基础上，如果进一步梳理宋人对前人易学的评价，会发现他们通过重释经传寻求突破，完成从汉唐易注的蜕变，并为程朱易注取而代之奠定基础，从而呈现出宋代易学作为易学史的一个有机环节不同于理学的旨趣。

一、北宋易学仍主王弼注

前文已揭，宋代建国，太宗下诏校订《五经正义》③，由国子监颁行。"学者不敢议孔安国、郑康成，况圣人乎"④。不仅经典本身，而且汉代经师的章句也不可轻易质疑，汉唐注疏作为经典解释的标准仍然享有崇高的地位。在政治上提议革新的人物，自范仲淹始，欧阳修、王安石、司马光等，无不借用经典来支撑自己的主张，思想的交锋

---

① 《易学哲学史》中册（朱伯崑著，北京大学出版社，1988 年版）、《周易研究史》（廖名春等著，湖南出版社，1991 年版）、《宋元明易学史》（高怀民著，广西师范大学出版社，2007 年版）、《宋明易学概论》（徐志锐著，辽宁古籍出版社，1997 年版）、《象数易学发展史》第二卷（林忠军著，齐鲁书社，1999 年版）、《汉宋易学解读》（余敦康著，华夏出版社，2006 年版）、《中国经学思想史》第三卷（姜广辉等著，中国社会科学出版社，2010 年版）等。

② 《宋代易学》（王铁著，上海古籍出版社，2005 年版）和《宋代易学思想史》（姜海军著，人民出版社，2021 年版）对宋代易学进行了更细致的分疏。

③ 王应麟：《玉海》卷四十三"端拱校五经正义"条。

④ 王应麟：《困学纪闻》卷八《经说》引陆游言，上海古籍出版社，2015 年版，第 201 页。

也时常发生在如何理解经典章句上。而他们共同的要求是提高经学在贡举中的地位,针对的是以诗赋取士的旧制。

王安石《三经新义》曾一度行于科场,其中并无《周易》经解,但他早年著有《易解》二十卷,程颐称赞"君欲治《易》,先寻绎令熟,只看王弼、胡先生、王介甫三家文字,令通贯,余人《易》说,无取枉费功"①。说明王安石的《易解》是在王弼注的基础上进行的义理推阐。其门人龚原著有《周易新讲义》②,据邹浩的序文,此书为当时学子所追捧。

> 易之旨不明于世久矣,神宗皇帝以道莅天下,于是造士以经表,通经者讲于大学以训迪四方。时陆公佃《诗》、孙公谔《书》、叶公涛《周礼》、周公常《礼记》,而先生专以《易》授诸公,咸推先焉。先生盖王文公门人之高弟也,三圣之所秘,文公既已发之于前,文公之所略,先生又复申之于后,始而详说之,终以反说约。故自熙宁以来,凡学《易》者,靡不以先生为宗师,因以取上科,跻显仕,为从官,为执政,被明天子所眷遇而功,名动一时者,踵相蹑而起至于今不绝也。先生之于斯文,岂曰小补之哉。③

《续修四库全书提要》指出:"龚原少师王安石,然其注《易》,实为

---

① 程颐:《与金堂谢君书》,《二程集》卷九,第613页。
② 龚原,字深之,处州遂昌人,人称"括苍先生",王安石甥婿。《宋史》有传,"少与陆佃同师王安石……为司业时,请以安石所撰《字说》《洪范传》,及子雱《论语》《孟子义》刊板传学者,故一时学校举子之文,靡然从之,其弊自原始"(《宋史》卷三百五十三,第11152页)。
③ 邹浩:《括苍先生易传叙》,《道乡集》卷二八,文渊阁四库全书本。

王弼之支流。"①说明龚原讲《易》宗王弼注并尊王安石师说，学人所习不出汉唐官学之余裔。

司马光在政治上反对王安石，他在写给同僚韩维的书信中谈论"中"之虚实时，对韩维引用《复》卦王弼注来证明"虚无为众本"提出疑议：

> 秉国又引王辅嗣解《复》，"其见天地之心"以证虚无为众本之所自出。夫万物之有，诚皆出于无，然既有，则不可以无治之矣。常病辅嗣好以老、庄解《易》，恐非《易》之本指，未足以为据也。辅嗣以雷动风行、运变万化为非天之心，然则为此者，果谁邪？夫雷风、日月、山泽，此天地所以生成万物者也。若皆寂然至无，则万物何所资仰邪？天地之有云雷风雨，犹人之有喜怒哀乐，必不能无，亦不可无也。故《易》曰："云行雨施，品物流形。"②

其实司马光并不是要质疑王弼的立论，他承认"万物之有，诚皆出于无"，担忧的是学子据此摒物去事，趋向佛老，将来为官必然荒于民生。因此他强调"然既有，则不可以无治之"。他著有《温公易说》，提出"易"是"自然之道"：

> 易者，先天而生，后天而终，细无不该，大无不容，远无不臻，

---

① 柯劭忞：《续修四库全书提要》，上海古籍出版社，2014年版，第31页。
② 司马光：《答韩秉国书》，《温国文正司马公文集》卷六十三，四部丛刊本。

广无不充。惟圣人能索而知之,逆而推之,使民识其所来而知其
所归。夫易者,自然之道也。①

他认为《周易》表达的"自然之道",通贯于时间和空间,因而知晓
《易》就可以掌握世间一切实有,《易》应该解释这些"有",王弼将《易》
玄学化无疑是错会了《易》的本旨。因此司马光希望读书人能从"有
为"的角度来理解《周易》,然而他的这些想法并没有撰成专书②,散见
于时人著述中,说明这些观点并不是主流,也从反面证明韩维以王弼
注解《易》是当时通行的做法。

虽然王安石和司马光二人在易学上的观点并不一致,但都对研
习和传承经典深信不疑,他们所面对的是在科举考试中占有相当位
置的诗赋之学,无谓消耗学子的精力和才智,因而极力辩说经学在教
育未来官员中所能起的巨大作用。至于每部经用什么解释,并没有
太多涉及,说明学界仍然有一个比较稳定的成法,而且经学仍然居于
人们表达思想的中心。

国家层面不断加强经学本位,在科举和学术层面仍然遵从唐代
《周易正义》。经典通过名物度数完成的意义构建,殆至北宋,人们在
回溯这些具有象征意义的物和基于古代制度所发生的事上发生困
难,往往并不能在当时的理解体系中消化。于是,讲经者需要把经典
转换为当下意义体系中的道理进行传授。朝廷意识到"诸科徒专诵

---

① 司马光:《温公易说·易总论》,四库全书本。
② 晁公武《郡斋读书志》:"《易说》杂解《易》义,无诠次,未成书。"(卷一上,文渊阁四库
  全书本)

数之学,无补于时"①,在科举考试中出现"《九经》《五经》科止问义而不责记诵"②的著令,"欲渐诱经生,使习义理之学"③,也就是鼓励学子理解经典,而不是机械地记诵,这看似是重视义理,其实是一种经典更新的要求。"宋初三先生"中的石介、胡瑗皆传《周易口义》,对经典作出新的诠释,其中胡瑗《周易口义》由王弼注而阐说人事,多为程颐所取,后者既是王弼易注在北宋的终结,也是其通过《程氏易传》影响后世的新起点。"只释人事"的转向标志着经典的祛魅,义理可从人的一般经验去理解。反之,即使是先儒古注,是否很好地解释经文,也应由人的常识来判断,欧阳修的"疑经"即本于此。而那些唯古是尊的学人被张载称为"迷经者"④,石介更有"六经皆自晓,不看注与疏"⑤的极端说法。然而,这种变化仍然是在经学范围内的,只是对原本不能提出异见的经说有了不同的看法。而真正的改变是既能宽容并保存古法,同时又能自创新路前行,这就是在南宋思想中所体现的"近现代意识",以下仅在易学的范围内展开讨论。

二、"完经"与"古本"：经典文本的属性转换

据《宋史·艺文志》,宋代易学著述多达二百一十五部、一千九百

---

① 王珪:《议贡举庠序奏状》,《华阳集》卷七,丛书集成初编本。
② 《宋史》卷一百五十五《选举一》,第3614页。
③ 韩维:《议贡举状》,《南阳集》卷二十五,四库全书本。
④ "人之迷经者,盖己所守未明,故常为语言可以移动。已守既定,虽孔孟之言有纷错,亦须不思而改之,复锄去其繁,使词简而意备。"张载:《张载集》,中华书局,1978年版,第277页。
⑤ 石介:《过魏东郊》,《徂徕集》卷二,丛书集成初编本。

七十八卷①,较之前代数量骤增。宋末人丁易东按义例将自汉以来易家分为十二类②,胪列三十余家,其中南宋易家占一半。如此多样的易学撰著反映出学人关注《周易》的目的已不限于追求更加完美的注解,而是思考如何通过研习经典更好地理解世界。他们不满足于《周易正义》的一家之言,进而上溯更久远的易学传统。因此,相较于北宋,南宋对古《周易》文本的关心显著增加。

> 《古易》之乱,肇自费直,继以郑玄而成于王弼。《古易》之复,始自元丰汲郡吕微仲,嵩山晁以道继之,最后东莱先生又为之更定,实与微仲本暗合,而东莱不及。③

清人朱彝尊的这段话引自元人胡一桂,查胡氏《周易启蒙翼传》,中篇有《古易之复》,列有吕大防(微仲)《周易古经》、晁说之(以道)《古周易》、程迥(沙随)《古易考》、吕祖谦(东莱)《古易》。④ 其中论及

---

① 《易》类著述二百十三部、一千七百四十卷。王柏《读易记》以下不著录十九部、一百八十六卷。其中迄至青城山人《揲蓍法》,宋以前计三十四部、二百〇八卷。(《宋史》卷二百二《艺文志》,第5042页)又,清人补十七家、二百六十卷。(倪灿撰,卢文弨订正《宋史艺文志补》,丛书集成初编本,第3页)

② "《易》之为书,由汉以来,解者甚众。各是其是,为说纷然,以其所主不同故也。余尝类而别之,大抵其义例十有二:一曰以理论易,二曰以象论易,三曰以变论易,四曰以占论易,五曰以数论易,六曰以律论易,七曰以历论易,八曰以术论易,九曰以事论易,十曰以心论易,十一曰以老论易,十二曰以释论易。"丁易东:《易统论上》,《周易象义》卷首,四库全书本。

③ 朱彝尊:《经义考》卷一九《易十八》,林庆彰等主编《经义考新校》,上海古籍出版社,2010年版,第344页。

④ 据《四库提要》:"宋吕大防始考验旧文,作《周易古经》二卷,晁说之作《录古周易》、薛季宣作《古文周易》十二卷、程迥作《古周易考》一卷、李泰作《周易古经》(转下页)

吕氏微仲本《周易古经》时，引尤袤《与吴氏仁杰书》云："顷得吕东莱所定《古易》一编，朱元晦为之跋，尝以板行，乃与左右所刊吕汲公古经无毫发异，而东莱不及。微仲尝编此书，岂偶然？"可知所谓吕祖谦《古周易》"实与微仲本暗合"却"不及"之评价，并非出自胡一桂，而是尤袤。① 尤袤与朱熹同时代，官拜礼部尚书兼侍读，因此，南宋时学人已注意到两本《周易》古本的细微差别。从时间来看，北宋只有吕大防，且并未在当时引来同道，至南宋时才被发现和利用。南宋则自晁说之起不断地考定《周易》的最初的版本。也许在文献比勘上，吕祖谦确实袭用了吕大防的《古易》，但比对二吕在序中所透露的关注古本的目的，其文献学意义上的雷同就十分皮相了。

> 《周易》古经者，《彖》《象》所以解经，始各为一书。王弼专治《彖》《象》，以为注乃分缀卦爻之下，学者于是不见完经，而文辞次第贯穿之意亦缺然，不属予因案古文而正之，凡经二篇，《彖》《象》《系辞》各二篇，《文言》《说卦》《序卦》《杂卦》各一篇，总十有二篇。②

> 汉兴言《易》者六家，独费氏传古文易。而不立于学官。刘向以中古文《易经》校施、孟、梁丘经，或脱去无咎悔亡，唯费氏经与古文同，然则真孔氏遗书也。东京马融、郑玄皆为费氏学，其书始盛行，今学官所立王弼《易》，虽宗庄老，其书固郑氏书也。

（接上页）八卷、吴仁杰作《古周易》十二卷，大致互相出入。祖谦此书与仁杰书最晚出，而较仁杰为有据。"（吕祖谦：《古周易》，河北人民出版社，2000年版，第88页）

① 戴震《宋儒复易古本》论吕祖谦《古易》一编，录尤袤书，未提及胡一桂。见氏著《经考》卷一，清李文藻家抄本。

② 吕大防：《周易古经自序》，吕祖谦编《古周易》，《通志堂经解》本。

费氏《易》在汉诸家中最近古,最见排摈。千载之后,岿然独存,岂非天哉。自康成、辅嗣合彖、象、文言于经,学者遂不见古本。近世嵩山晁氏编《古周易》,将以复于其旧,而其刊补离合之际,览者或以为未安,某谨因晁氏书,参考传记,复定为十二篇,篇目卷帙,一以古为断,其说具于音训。①

吕大防认为《周易》的经和传原本是分开的,《彖》《象》是解释《周易》经文的,但王弼专事研究《彖》《象》,将传文附在经文下面,割裂了原本文辞条贯的经文,因此他要做的是"案古文而正之",恢复"经传各自为一书",目的是让学者能重见"完经",也就是阅读原来没有被传文打扰的完整经文。再看吕祖谦,他认为在汉代最不被重视,却"最近古"的费氏《古文易》历经东汉马融、郑玄,魏王弼的传承保存至今,可惜郑、王将《彖》《象》《文言》合入经文,学者无法看到真正的"古本",因此他要"一以古为断",还请门人存录古经的音训。

二人重新编纂《周易》的目的,从用词上就可以看出不同。吕大防用"完经",重在区别经传,希望通过去除传文来重新展现经文的整体气象。而吕祖谦重在"古本",因为经师会造成经传文本面貌的变化,他试图剔除这些因素,给出一个最原始的经传分开的文本。可见,吕大防将《周易》作为永恒的经典,通过不断完善文本,更好地呈现给后来的学人。而吕祖谦将《周易》作为历史的文本,追求其最原始的面貌,至于复原之后的文本有什么作用,则交给学者再做发挥,

① 吕祖谦:《书所定古周易十二篇后》,《东莱集》卷七,明成化七年(1471)刻本。

朱熹就以此来建构他的易学体系，据"古本"提出"易本是卜筮书"的观点。

可以看到，《周易》迄至南宋的历代注疏已经完成了从不可逾越和质疑的文本向剥离信仰的古代先贤传授智慧的宝匣的转变，这将意味着当代如何解读和运用的意义超过原经文本的字面意蕴，也就是说经典之所以重要是因为他能够成为所有时代思想的土壤，而不是早已在伏羲画卦时就完成全部思想的本身。当《周易》卸下神袍，人们谈论经典和看待其与自身关系的方式也随之变化。

三、"先儒"与"近世"：历代易家的身份分期

经典文木性质的转变自然导致了对历代传注者的重新分期，在南宋人的易学专著中可以看到用"先儒"和"近世"分别称呼古代和晚近的易家，但各家所作的分界点并不相同。

李过《西溪易说》书首《序说》以"先儒说易""先儒言易"领起各段，其中"先儒言易有改篡易本文者"云：

> 渐卦二爻"鸿渐于陆"，上爻亦"鸿渐于陆"。先儒谓自初爻"鸿渐于干"以次而进，至上爻当渐于天，不应又渐于陆，遂改"陆"为"逵"，曰"逵，云衢也"。①

---

① 李过：《序说》，《西溪易说》，四库全书本。

自北宋范谔昌起①，胡瑗、程颐都改上九爻辞"陆"为"逵"，"逵，云衢也"，理由是按照初爻"鸿渐于干"的递进次序，上九爻应为"渐于天"，不应重复"渐于陆"，改为"逵"后，经义疏通，朱熹认为"以韵读之，良是"。②李过指出如此改动经文并不妥当，此处的"先儒"应指北宋诸家。

之后，李过又对比"先儒说易有释解不行处则曰占辞"和"近世言易者又尽以三百八十四爻并归之占辞"，指出"易固卜筮之书，亦不止卜筮之书"③，此"近世言易者"应指朱熹，从北宋开始的胡瑗、程颐、朱熹等，都不具姓名，只引其说，宋代以前的孔子、王弼、陆德明等明确指出姓名，可见李过以宋室南渡为分期点。

古注和近世解经在内容上的比较也是学者们经常谈论的话题。南宋人罗大经将"古"和"近世"经解的基本特征归结为简洁与繁冗。

孟子释《公刘》之诗曰："故居者有积仓，行者有裹囊也，然后可以爰方启行。"释《烝民》之诗曰："故有物必有则，民之秉彝也。故好是懿德。"只添三两字，意义粲然。六经古注，亦皆简洁，不为烦辞。朱文公每病近世解经者推测太广，议论太多，曰："说得虽好，圣人从初却元不曾有此意。虽以吕成公之《书解》，亦但言

---

① 顾炎武：《答李子德书》，《顾炎武全集·音学五书》第1册，上海古籍出版社，2011年版，第12页。
② 朱熹：《周易本义》，中华书局，2009年版，第191页。
③ 李过：《序说》，《西溪易说》，四库全书本。

其热闹而已。"盖不满之辞也。后来文公作《易》《诗传》，其辞极简。①

孟子注释《公刘》，仅在诗句上添几个字，便使意义粲然。朱熹颇为赞赏，认为"六经古注"不使用"烦辞"就能明晰经典的意思。他不满于"近世解经者"任意推测和过度议论，显示出区别古代与近现代经注的意识，将古代与近现代对立起来，认为好的经注在于辞简义明地纾解经文，而不是增衍经文，而近人往往以后者为能事，从而对晚近的学术提出批评。

> 其治经必专家法者，天下之理，固不外于人之一心。然圣贤之言，则有渊奥尔雅而不可以臆断者。其制度、名物、行事本末，又非今日之见闻所能及也，故治经者，必因先儒已成之说而推之。借曰未必尽是，亦当究其所以得失之故，而后可以反求诸心而正其缪。此汉之诸儒所以专门名家、各守师说而不敢轻有变焉者也。但其守之太拘，而不能精思明辨以求真，是则为病耳。然以此之故，当时风俗终是淳厚。近年以来，习俗苟偷，学无宗主，治经者不复读其经之本文，与夫先儒之传注，但取近时科举中选之文讽诵模仿，择取经中可为题目之句，以意扭捏，妄作主张，明知不是经意，但取便于行文，不暇恤也。②

---

① 罗大经：《解经不为烦辞》，《鹤林玉露》甲编卷一，第 1 页。
② 朱熹：《学校贡举私议》，《晦庵先生朱文公集》卷六十九，《朱子全书》第 23 册，第 3360 页。

朱熹认为汉人治经专守家法，一方面由于圣贤之言都有渊源，不会妄下断语，所以应该"因先儒已成之说而推之"，不可轻易变动师说。另一方面后人拘于家法，以为守成，实则不经过思辨，错会家法，贻误后学。那么如何才能距圣贤千年之后仍能领会经义？朱熹认为要"反求诸心"，一是可以考量圣贤之言中包含的制度名物和行事本末，是否适合迁移和如何适应现实的际遇；二是圣贤之言并非完全正确，后人可以纠谬，但必须是在理解先人论说的前提下展开，而不是断章取义，张冠李戴。因此，无论如何，"经之本文"和"先儒的传注"都不可以束之高阁，并非盲目地信从，而是取捷径通达"天下之理"。而那些明知不是经意，只为了博取功名的"引经据典"并不可取。在谈到《易》的注说时，朱熹主张在阅读汉唐注疏的基础上，可以"兼取胡瑗、石介、欧阳修、王安石、邵雍、程颐、张载、吕大临、杨时"[1]，说明宋以前的古注才是他所指的"学无宗主"的"宗主"，北宋人的易注可以作为参考。

魏了翁学承朱熹，对孔颖达《周易正义》删繁取精，参稽陆德明《经典释文》，兼引马融、郑玄和王肃之说，补《正义》宗王弼之偏，纂成《周易要义》，成为"古注"的集大成之作。

　　　　吕成公云："自传注盛行，人都不看经，亦为时王所尚，列于学官。科举以取士，汉唐以至国初，惟古是从，如当仁不让于师，

---

[1] 朱熹：《学校贡举私议》，《晦庵先生朱文公集》卷六十九，《朱子全书》第 23 册，第 3360 页。

宁取落韵，不取违古注。至程、张、欧、苏，方破口斥传注之泥，前此《周易》有多少解说，列于学官者，止用王弼。唐人以《论语》应举，谓之'习何'，论王子雍排郑康成，刘炫排杜元凯，其说甚当，孔颖达多所不取。又每科举之目，又有学究一科，全是念传注，谓之贴经。"①

　　魏了翁对经典古注有更深入的认识，他在撰写《周礼折衷》时，引用吕祖谦的话，指出"古注"同样存在"重传轻经"的问题。由于汉代所立"五经"博士包括了经典本文和传注，后世因循，并以科举为传播手段，在传承经典的同时，也使这些注释融为经典不可分割的部分，造成定于一尊、黜没其他学说的局面，研习《论语》成为何晏之学，研习《周易》只知王弼之说。由于唐代《周易正义》的颁行，汉魏诸家易说都被尘封于历史中。北宋程颐、张载、欧阳修、苏轼开始对这种弊端予以抨击。有鉴于此，魏了翁将理学人物与前代分开，"哀粹周、程、张、邵、杨、游、胡、二朱、二吕诸儒《易》说成编"②，撰成《大易集义》六十四卷，可以说是程朱学派易注的集成之作。

　　还有，丁易东以"象、辞、变、占"为"易之四道"，王弼、程颐得"辞"，朱熹得"变"与"占"，而"象"尚未揭明，因此他撰《易象义》，"本汉儒及唐李氏、汉上朱氏（震）"③，阐发象义。又在例举"以释氏论

① 魏了翁：《周礼折衷》，《鹤山集》卷一〇五。
② 魏了翁：《答澧州徐教授复》，《鹤山集》卷三五。
③ 丁易东：《周易象义》自序。

《易》"时提及"近世《语录》亦有《华严》可当艮卦之论"。[1] 可见,他以汉唐为古,程颐、朱震为近世。

"先儒"易说被看作经典诠释的典范,即使意见相左,也是围绕着经典展开的。然而,"近世"学者说经,除了对他们的著作进行品评外,还要附以人品作为参考。有分而论之,比如陆九渊、朱熹对王安石的操守和才学多予以肯定,但对他实施的变法则全盘否定。

> 王荆公少年,不可一世士,独怀刺候濂溪,三及门而三辞焉。荆公恚曰:"吾独不可自求之六经乎!"乃不复见。余谓濂溪知荆公自信太笃,自处太高,故欲少挫其锐,而不料其不可回也。然再辞可矣,三则已甚。使荆公得从濂溪,沐浴于光风霁月之中,以消释其偏蔽,则他日得君行道,必无新法之烦苛,必不斥众君子为流俗,而社稷苍生有赖焉。呜呼,岂非天哉![2]

罗大经认为,王安石之所以不恤民生,颁行苛法,就是因为早年没有得到周敦颐的经学传授,如能濡染周子的至诚中道,就不会在日后得君行道时走向理想主义的极端。这种评价无疑是建立在经学与为政分立的基础上,王安石在治经和治民上体现的性情是一致的,但在效果上却大相径庭。

由此还衍生出诸如"经士"和"文士"的区分,前者致力于考订遗

---

[1] 丁易东:《易统论上》,《周易象义》卷首。
[2] 罗大经:《荆公见濂溪》,《鹤林玉露》甲编卷五,第51页。

文,发掘经义,而后者则援易立说,申明己义。如南宋杨万里撰《诚斋易传》,曾与程颐《易传》合并刊行,称为《程杨易传》,影响非常大,但宋末元初朱子后学即对他提出批评。

> 诚斋本文士,因学文而求道于经学,性理终非本色。其作《易传》用二十余年之工,力亦勤矣。尝发《家人》以下数卦质之晦翁,晦翁答之,无一字可否,不过曰"蒙示易传之秘"。盖见其立说之巧,自喜之深,非笔舌所能辨。于《易经》本义虽无所得,而亦不至于陆象山惑人误人之深,故置之而不答也。然坊中以是书合程子易并行,名曰《程杨二先生易传》,实不当也。近年时文引用杨传者甚多,文极奇,说极巧,段段节节用古事引证,使人喜,动人心目处固在此,而启穷经考古有识者之厌薄,亦在此……双湖(《本义附录纂注》)无半字及之,可见《杨传》足以耸动文士之观瞻,而不足以使穷经之士心服也……杨传亦观之取其可喜者,而缺其牵合者,如世之外行观易者,以为易尽于程杨则不可,如双湖之全然扫去亦不可。杨传固于作《易》之本义不合,其推广敷演《易》中之义,亦多有之不可诬也。①

提出批评的人是陈栎,他学宗朱子,认为杨万里的《易传》于经之本义无所发明,只是文思奇巧、动人心目而已,所谓"足以耸动文士之观瞻,而不足以使穷经之士心服",言下之意自己作为"穷经士"不能

---

① 陈栎:《定宇集》卷七"问杨诚斋《易传》大概如何"条,文渊阁四库全书本。

引为同道。但同时并没有完全否定《诚斋易传》的价值，称其在"推广敷衍《易》中之义"上确实有功。《诚斋易传》的"立说之巧"引人入胜，因此在坊间得以与程颐《易传》并行而名。但按照经学研究的标准看，此书只能"博观约取"，不足以垂范后人，也就不能与程颐《易传》相提并论。同时代的胡一桂撰写《周易本义附录纂注》，一字不提《诚斋易传》，原因也在于此。如此，易学的门户悄然竖立起来了。

> 盖易之道广大悉备，无所不包，程子被之于人事，所谓一天下之动者，由王辅嗣、胡翼之、王介甫，至此极矣。朱子直谓可与三古圣人并而为四，非过许也。杨先生又因程子而发之，以精妙之文，间有与程不同者，亦足以补其不足。然皆推行易道之用，而经之本旨未必如是。[1]

元儒吴澄认为，程颐继王弼、胡瑗、王安石之后，堪称以人事解易之"极"。杨万里以《程氏易传》为起点，撰作目的已偏离《周易》本旨，虽然有补足推广之功，但毕竟不是经学研究。可见，他明确区分了"以经为本"和"以经为用"的研究。[2] 经过南宋至元的评判，宋代易学中不属于"程朱"学派的学说就被排除出去，为新的易学范本的诞生消去杂音。

---

[1] 吴澄：《跋诚斋杨先生易传草稿》，《吴文正集》卷五十五，四库全书本。

[2] 清人撰《四库全书总目》，只录陈栎"足以耸文士之观瞻，而不足以服穷经士之心"一句，断以"新安陈栎极非之"，"吴澄作跋，亦有微词"，无疑将宋元之际的学者塑造成视野狭隘的穷经之士，全然不管陈、吴二人肯定《诚斋易传》的一面。

四、"古注"与"今诠"：更合理的经典释义

唐代易著中与《周易正义》相当的首推李鼎祚《周易集解》，一般认为两书分别是"义理"易学与"象数"易学的代表。就撰作体例而言，两者并不一致，前者独尊王弼和韩康伯注，成一家之说，后者则粹集前代众家易说，取众长以为说。北宋房审权承袭《周易集解》体例，"摘取专明人事者百家，上起郑元，下迄王安石为一集，仍以孔颖达正义冠之"①，意在补《周易正义》挂漏的诸家义理，此书卷帙达百卷之多，但所收易说又不可忽略。② 因此，南宋李衡在此书基础上删繁取要，编为《周易义海撮要》十二卷，增补程颐、苏东坡、朱震和龚原四家，此后《撮要》替代《义海》流传，为宋人集解类易注的代表。其中卷十二《杂论》是李衡自创的，评议《周易正义》的卷首八论。孔颖达所著八论，讲明《周易》宗旨和传承，是《正义》重要的组成部分。李衡于每论之后增补宋人易说，从章句的去取和补充中可以看到时人对"古注"的看法。如"第一论易之三名"，李衡将原来以孔颖达的"正义曰"起首的章句次序调整为"易纬乾凿度""郑玄、崔觐、刘贞简等""周简子、张氏、何氏""孔颖达"，其中"孔颖达"择要引用。之后胪列宋人的论易之名，有陆秉③、胡瑗、石介、勾微、袁建，共五家。

---

① 《钦定四库全书总目》，第82页。
② 焦竑评价《周易义海》："主理莫备于房审权，主象莫备于李鼎祚。"
③ 陆秉，字端夫，旧名东，生卒年不详。《郡斋读书后志》卷一"经类"载"陆秉《意学》十卷"，宝元二年（1039）以此书奏，御敕书嘉奖。秉，尝通判蜀州。首篇论《易》之名，颇采《参同契》之说，四库全书本。

含三之义，后人之曲说也。易字篆文，日下从月，取日月二字交配而成，而日往月来，迭相为易之义，言易则万物变化之用尽在其中矣。（陆秉）

谓一义而含三名，则非谓一名而含三义，何损于易哉。（袁建）

宋人陆秉之说，直指"含三之义"是后人曲说，这里的"后人"应指始于《易纬乾凿度》并接受其中"易"义的易家。陆秉认为"易"只有一个含义，即变化，说"易"就包括了所有变化的现实性，而"不变"和"简易"是"变化之用"的某一方面而已，不足以与"变化"并立。陆秉之后，胡瑗也说"大易之作，专取变易之易"[1]。袁建认为郑玄继承《易纬乾凿度》"一名含三义"的说法在文义上是有问题的，"名"和"义"是两个有区别的词，古人错置"名称"和"含义"的映射关系，将本来只有一个"易"的三个"名称"作为它的三个"含义"来理解，这样的话，以三义中的任一义来解说"易"都面临割裂"易"义的可能性，因而导致了人们对"易"片面的理解，也就是说，在使用"易简""变易""不易"任一名称的时候，所指向的都是一个"易"，并不因为名称的多样性而减损"易"所包含的内容。这与孔颖达所主张的"今之所用，同郑康成等，易者，易也，音为难易之音，义为简易之义，得《纬》文之本实"，显然以"简易"来理解"易"名，强调"简易立节""不烦不扰"的自然而然之面向有了明显的分歧。另外，石介指出《周易》不是因于《河图》而撰作；

---

[1] 李衡：《周易义海撮要》卷十二，康熙十九年（1680）通志堂经解本。

勾微解释《周易》之"周"，一为"代号之称"，二为"周普之义"。^① 以上诸说反映出宋人对《周易》的理解不囿于王注孔疏，而是从文本和逻辑的角度出发，希望将被前人注疏所遮蔽的经典意蕴展现出来，李衡补充的宋人观点对经文的理解具有很大的启发。

对于《正义》中"义有多家，各有其说，未知孰是"的章句^②，宋人也给出了合理的推断和结论。

> 凡天地之数，五十有五，此所以成变化，而行鬼神也。大衍之数五十，其用四十有九。（《系辞上》）

此段文字牵涉天地之数和大衍之数，历来聚讼。孔颖达正义于王弼注后，引京房、马融、荀爽、郑玄、姚信、董遇之说，曰"五十之数，义有多家，各有其说，未知孰是……王弼此说，其意皆与诸儒不同……今依用之"^③。可见《正义》于此句无法裁断，仅仅是罗列前人诸家之说而已。如果仔细看一下这些注解，就会发现他们彼此之间已有分歧。对于"大衍之数五十"和"其用四十九"所差之"一"，京房认为"一"指"虚一不用"，马融认为"一"象征"北辰居位不动"，荀爽则认为"一"指乾初九爻"潜龙勿用"，南齐顾懽从京房之说。而郑玄则联系"天地之数，五十有五"作出解释：

---

① 李衡:《周易义海撮要》卷十二。
②《周易正义》，第 329 页。
③《周易正义》，第 329 页。

> 天地之数五十有五，以五行气通。凡五行减五，大衍又减
> 一，故四十九也。[1]

他认为"天地之数"和"大衍之数"之间的"五"是有必要解释的，因为"五行气通"所以减五，大衍再减一，得四十九。此处在本来只论阴阳和奇偶的天地之数中引入"五行"，是他的独见，对后人的解释产生影响。接着，姚信和董遇直接以"天地之数"与"所用四十九"之差"六"，不提"大衍之数"。

> 天地之数五十有五者，其六以象六画之数，故减之用四
> 十九。[2]

《撮要》在孔颖达之前补充子夏易注，曰："其一不用者太极也，无可名之，谓之太极。"[3]可知李衡将子夏之说也视为同类。因此，从《正义》以前的注说来看，除姚、董之外，注家多主"虚一之说"，因此孔颖达从王弼说，并无可怪之处。

之后，《撮要》补入宋人之说，首列刘牧，他对前人之说提出质疑。

> 今详诸家所释义有多端，虽各执其说，而理则未允，敢试论
> 之。韩氏注以虚一为太极，则未详其所出之宗也。

---

① 《周易义海撮要》误将姚信、董遇之说归于郑玄，此处据《正义》。
② 《周易正义》，第 329 页。
③ 李衡：《周易义海撮要》卷七。

此说针对的正是《正义》，孔颖达于《正义》序言中强调《易》"垂范作则，便是有而教有"，力辟释氏"空"之论。然而，此处他不辟"虚一"之说，保留汉魏诸家所形成的矛盾。因此，刘牧认为此理"未允"，且出处不明。刘牧试图正面回应各家的不同观点，他从数的源起切入。

> 夫太极生两仪，两仪既分，天始生一，肇其有数也。而后生四象，五行之数合而为五十有五，此乃天地之极数也。今若以太极为虚一之数，则是大衍当用五十有四也，不然则余五之数无所设耳。况乎大衍，衍天地之数也，则明乎后天地之数矣，大衍既后天地之数，则太极不可配虚其一之位也明矣。又，无不可以无明，必因于有，是则以太极为无之称，且太极者，元炁混而为一之时也，其炁已兆，非无之谓，则韩氏之注，义亦迁矣。或曰韩氏之注，承辅嗣之旨，且辅嗣之注，独冠古今，斐然议之无乃不可乎？答曰：此必韩氏之寓言，非辅嗣之意也。且若愚以胸臆论之，是谓狂简。今质以圣人之辞，且易有太极，是生两仪，易既言有，则非无之谓也，不其然乎？①

刘牧抓住了"有""无"的界限，认为"太极""大衍之数"都属于"有"，以"虚一"来解释"大衍之数"和"其用四十九"之间的差，无疑是混淆有无，从学理上说，"大衍之数"为后天地之数，是"有"，"虚一"是

---

① 刘牧：《易数钩隐图》卷上，四库全书本。

"无","有"减"无"是无效的。从算术上说,五十五减去之"虚一",得五十四,那么与四十九之间还差五,问题仍然没有解决。因此韩康伯之注并不具有说服力。循此思路,刘牧在"有"的领域开辟出新的解释空间。

> 天地之数,十有五居其内,而外斡五行之数四十也。今止用四十九者,盖由天五为变化之始,散在五行之位,故中无定象。又天一居尊而不动,以用天德也,天一者象之始也,有生之宗也,为造化之主,故居尊而不动也。五十有五,天地之极数也。大衍之数,天地之用数也,盖由天五不用,所以大衍之数少天地之数五也。或曰,天五不用,何以明其不用之由。答曰,天五不用,非不用也,是用四象者也。[①]

由"居其内""外斡"可知,刘牧以《洛书》的空间分布来解释"天地之数五十有五",其中《洛书》五行生数"为"内",《洛书》五行成数"为"外"。他认为此段章句的关节点在于"天地之数"和"大衍之数"之间的关系。五十五为天地之极数,五十为天地之用数,是为大衍之数,其差为"天一"和"天五"。"天一"居尊不用,故不用;"天五"并非"不用",而是"退藏于密",藏于可见"四象"中,因此也不能计入大衍之数。如此,就把"有无"转变成"用不用",理论上就不会有矛盾了。可见,此处引入易图的初衷是解释经文,并非引外道混淆易学。

---

① 刘牧:《易数钩隐图》卷上,文渊阁四库全书本。

再看朱云以"体用"来解释"大衍之数五十"与"其用四十有九"的关系：

> 小衍之五，参两也。太衍之五十，则小衍在其中矣。一者，体也，太极不动之数。四十有九者，用也，两仪四象分，太极之数，总之则一，散之则四十九，非四十有九之外复有一，而其一不用也。方其一也，两仪四象未始不具，及其散也，太极未始或亡，体用不相离也。①

他认为"大衍之数五十"由"一"和"四十九"组成，但不应以数量来理解这两个数字，而是两个指称，"一"是"总"而言之，"四十九"是散而言之，两者互相涵摄，反映的是"体用不相离"的关系。这样的解释就不需要解释数量之间的差数，可谓思路新颖。

陆秉继承姚信、董遇之说，进一步发挥"六画之数"，未载于《撮要》。他直言"大衍之数五十"有脱文，原文应为"大衍之数五十有五"，即"大衍之数"等同于"天地之数"。

> 此脱文也。当云"大衍之数五十有五"。盖天一，地二，天三，地四，天五，地六，天七，地八，天九，地十，正五十有五。而用四十有九者，除六虚之位也。古者卜筮，先布六虚之位，然后揲著而六爻焉。如京房、马季长、郑康成以至王弼，不悟其为脱文，

---

① 李衡：《周易义海撮要》卷七。

而妄为之说,谓"所赖者五十",殊无证据。又曰"不用而用以之通,非数而数以之成",此语尤诞。且《系辞》曰"天数二十有五,地数三十,凡天地之数五十有五",岂不显然哉！又乾坤之策,自始至终无非五十有五数也。[1]

陆秉据《系辞下》"易之为书也,不可远,为道也屡迁,变动不居,周流六虚,上下无常,刚柔相易,不可为典要",认为天地之数五十五与所用四十九所差六,是指卦的六个爻位,古代卜筮时,先布六虚位,然后一一成爻。因此,此六位虽"有"实"虚",此"虚"不是虚空,而是虚位以待,蕴藏了无限可能性,所谓"周流六虚"。据此,他断定"大衍之数五十"脱去"有五",即天地之数就是大衍之数,也就不用解释"天地之数"与"大衍之数"的差别了。还有南宋末黎立武解释"大衍之数五十",云"太极一,两仪三,四象十,八卦三十六,总为五十,是之谓衍"[2]。

从《撮要》等书所录古注和近人注说来看,宋代易家将《正义》作为重要的文献依据,按照其中所引观点的时间顺序摘录,表明将其视为历史的文本,通过自己的思考对旧注提出商榷,并作出更加合乎逻辑的解释,由此造成以《正义》为代表的汉唐易注的权威逐渐下降,对《周易》从整体到细部的认识也在逐步改观。

---

① 沈作喆:《寓简》卷一,《知不足斋》本。
② 黎立武:《周易约说》,俞琰《读易举要》卷四引,文渊阁四库全书本。

在另一部宋元之际颇受重视的集解型的著作中，对古注的批评态度更加明显。冯椅的《厚斋易学》五十二卷，包括《易辑注》《易辑传》《易外传》《先儒著述》四部分，在《先儒著述》中，引近人观点议论王弼和孔颖达的易著。

> 毛伯玉曰："弼未生时，荀爽、陆绩、虞翻皆以易名家，大同小异，京房焦赣之余波也。翻等既死而后，弼始作易传。弼死裁二十四，惜哉！独喜其少年有高识，亦恨其所见未审而锐于著述也。"①

毛伯玉著有《易传》②，冯椅此处引其说，认为王弼所处年代，正当汉代象数易学大势已去，"扫象"之作才能横行于世，且王弼卒年仅二十四岁，即使见识再高，毕竟年少，还来不及历练学问，就急于著述，言下之意对后世尊王弼注而尽弃汉易，颇有不满。

> 《崇文总目》云："《周易正义补阙》七卷，不著撰人名氏，自谓裨颖达之阙，盖出于近世云。"③

《崇文总目》收录《周易正义补阙》一书，该书自我评价为可补孔

---

① 冯椅：《厚斋易学》附录一《先儒著述》，文渊阁四库全书本。
② 清人王玉树云："毛伯玉《易传》，历诋先儒之失，似亦有理，然所略取者，王弼、二苏，盖所学异也。"《退思易话》第五册《诸儒诠解》，清道光十年(1830)芳梫堂刻本。
③ 《崇文总目》卷一，丛书集成初编本。

颖达《正义》之阙，因此应为宋以后人的作品。① 冯琦引《崇文书目》，可见他对"盖出于近世"的断语十分赞同，也就是说，在宋人的易学视野中，《正义》是一部还需要完善的古代易学著作。而被《崇文总目》尊为"近世之名家"的陆希声②，《新唐书》载其人"通《易》《春秋》《老子》，论著甚多"③，"著《易传十篇》……别撰作《易图》一卷，《指说》一卷，《释变》一卷，《征旨》一卷"④，比宋代图书易学始祖陈抟更早涉及《周易》经文文本之前的《易》。⑤

综上所述，宋代易学通过整理《周易》文本，将不可置疑的经典文本转化为可推敲的历史文献，使历代易家也随之分为维护经传注疏的先儒和通过经典而思的近世学者，而他们共同的特点是通过辨明章句有所立论，体现了宋代易学承前启后的作用。而此时尚在酝酿中的理学则把胡瑗、周敦颐、张载、邵雍等各自依傍《周易》所完成的思想建构更早地推上历史的舞台⑥，塑造出一个思想上先发者的形象，赋予易学以理学的面貌，并最终由它的代表人物程颐和朱熹共同完成新的《周易》经传。经典的传承绵延不断，后来者以自己的思想

---

① 《周易正义补阙》，《宋史·艺文志》曰："七卷，不著撰人名氏。"冯琦所见《崇文总目》，应为"不著撰人姓名"。《崇文总目》天一阁钞本有"邢璹"，朱彝尊《经义考》作"刑璹撰"。清人陈诗庭指"邢璹"为后加。

② 《崇文总目》卷一。

③ 《新唐书》卷一百十六《陆元方传附》，第4239页。

④ 陆希声：《周易传序》，《全唐文》卷八一三，第8553页。

⑤ 潘雨廷：《陆希声之易》，氏著：《易学史论丛》，上海古籍出版社，2017年版，第348页。

⑥ 欧阳修为胡瑗撰墓志铭，盛赞孙复、石介、胡瑗三人开风气之先，但仅止于"师道"而言，对胡瑗易学成就未予置评，可知此时胡瑗易学影响尚浅。（欧阳修：《胡先生墓表》，《欧阳修全集》卷二十五，第322页）

重新诠释经典，最终取代原有的经注，经典承载新的思想继续前行，这正是经学和理学作为宋代思想变革的两个面向相互独立又彼此交融的嬗变过程。

第二节　朱熹"《易》本是卜筮书"

在易学史上，朱熹作《周易本义》《易学启蒙》，断言"《易》本是卜筮之书"①，对后世产生很大影响，学者多从易学史角度就其说之价值加以评判，然而从经典注疏角度看，朱熹的易注并不出色，尤其他置易图于卷首、肯定邵雍先天学、专章论说筮法等做法不断受到后人质疑。但是，如果我们把朱熹易学放到他的整个学说体系和时代背景中，却可以发现其重提"卜筮"作为《周易》最根本属性的深刻用意，同时也发现了经典在响应时代问题时完成的自我更新。

一、学术史的梳理

《周礼·春官宗伯》有太卜一职，掌"三兆之法"和"三易之法"。春官掌邦礼，"凡国之大事，先筮而后卜"②。"兆"为卜，据"象"观禨祥，"易"为筮，视"数"断吉凶。卜和筮两者都要进行，古人认为只有象与数配合，才能确保占断的准确性。《书·洪范》云："立时人作卜筮，三人占，则从二人之言。"贾公彦疏："盖筮时《连山》《归藏》《周易》

---

① 黎靖德编：《朱子语类》卷六十六，《朱子全书》第 16 册，第 2187 页。
② 孙怡让：《周礼正义》，第 1965 页。

并用。"①《连山》《归藏》《周易》属"三易"之法,说明《周易》最初是一本"筮法"之书。先秦经典尽毁于秦火,《周易》以卜筮书而得以幸免,传之者不绝。② 后人遂以卜筮为抛钱掷珓之末技,尚不够被禁之列视之,这是后世卜筮与国是脱钩之后的观念。其实"自古受命而王,王者之兴何尝不以卜筮决于天命哉! 其于周尤甚,及秦可见"③。卜筮攸关王者代兴,天命所系,禁毁近于反天,受命者不可能不知。《周易》只是庞大的卜筮系统中通过阴阳符号组合来展示结果的方法之一而已。荀子已有"善为《易》者不占"的说法,可见《周易》褪去卜筮的胎记之后从众卜筮书中脱颖而出,才得以传世。西汉司马迁云:"今夫卜者,必法天地,象四时,顺于仁义,分策定卦,旋式正棋,然后言天地之利害,事之成败……自伏羲作八卦,周文王演三百八十四爻而天下治。"④《周易》察天地时变,关乎天下兴亡,可谓治国宝典。

在《周易》经历文王系辞、孔子翼传、王弼扫象、孔颖达正义后,朱熹距伏羲画卦三千年后重新提出"《易》本是卜筮之书",此论甫出,好友张栻、吕祖谦也不赞同⑤,"当时学者皆疑"⑥。虽然朱熹的易学研

①《尚书正义》,廖名春、陈明整理《十三经注疏》,第 372 页。
②《汉书·艺文志》:"及秦燔书,而《易》为筮卜之事,传者不绝。"又,《汉书·儒林传》云:"及秦禁学,《易》为筮卜之书,独不禁,故传受者不绝。"(《汉书》,中华书局,1962 年版,第 1704、3597 页)
③《史记》卷一百二十七《日者列传》,中华书局,1959 年版,第 3215 页。
④《史记》卷一百二十七《日者列传》,第 3218 页。
⑤"如《易》,某便道圣人只是为卜筮而作,不解有许多说话。但是此说难向人道,人不肯信。向来诸公力来与某辨,某煞费气力与他分析。而今思之,只好不说。只做放那里,信也得,不信也得。无许多气力分疏。"黎靖德编:《朱子语类》卷六十六,《朱子全书》第 16 册,第 2182 页。
⑥ 王柏:《跋沙随易杂记赠师父》,《鲁斋集》卷十一,民国续金华丛书本。

究,包括《周易本义》和《易学启蒙》,随着程朱理学立为官学成为学习和研究《周易》的必读书。然而直至近现代,学者仍多有质疑,如皮锡瑞直言"其说大误"①。杭辛斋指出:"占筮固《易》之一端,而圣人修《易》以明道,实非尽为占筮。孔子赞《易》,绍述文周,以人合天,兢兢寡过,岂导人于趋吉避凶哉。朱子以占筮为《易》之本义,未免偏见。"②朱伯昆认为朱熹此说继承程颐"体用一源"的思想,旨在点出《周易》"稽实待虚"的特质,是理事范畴中的"存体应用"。③ 余敦康认为朱熹为救《程氏易传》只重人事之偏,整合"北宋五子"思想,重申《周易》的天道,并以仁统天道与人道。④ 张克宾梳理朱熹持论片段,指出其意在教民去恶向善,将《易》看作"理"的显现和发用。⑤ 在象数易学方面,林忠军认为朱熹确立了"河图洛书"和先天之学的地位,为后世继承,其重提《周易》卜筮性为易学的哲学解释奠定基础。⑥ 以上研究分别从义理和象数两个方面展开分析,对朱熹以卜筮看待《周易》从而离析经传,区分伏羲、文王、孔子之易的研究比较充分,得出的结论也比较一致。但是,始终没有涉及为何朱熹要重提"卜筮说"。其次,朱熹不满于《周易》只重人事的诠释偏向,难道在他之前就无人

---

① 皮锡瑞将"《易》本为卜筮书"理解为"专为卜筮而作"。皮锡瑞:《经学通论》,中华书局,2003 年版,第 41—42 页。

② 杭辛斋:《学易笔谈》,岳麓书社,2010 年版,第 6 页。

③ 朱伯昆:《易学哲学史》中,第 452—517 页。

④ 余敦康:《汉宋易学解读》,第 492—530 页。

⑤ 张克宾:《朱熹"〈易〉本是卜筮书"疏论》,《中国哲学史》2011 年第 2 期。以"朱熹'《易》本是卜筮书'"为题的论文还有数篇,从略。

⑥ 林忠军:《象数易学发展史》,第 320—337 页。林忠军:《论朱子对〈周易〉卜筮性的重新确立及其解释学意义》,《学术月刊》2020 年第 9 期。

措意？还是他要推举的"天道"与当时的"天道"并不一致？最后，朱熹之后，尤其其易注定为官学后①，人们是否认同他重新定位《周易》的做法？回答以上诸问题仅局限于易学内的分析显然不够，这就有必要超出经典注疏的系统，思考朱熹如何运用《周易》回答时代问题，从而彰显其先人之觉。

二、朱熹"《易》本是卜筮书"大义

　　卜筮的传统比《周易》的历史更长，卜筮活动的频繁程度与《左传》《国语》所载的卜筮事件是不相匹配的，说明人们只记录了最能体现卜筮意义的事件，反观可知能真正沟通天人的卜筮并非普遍，而且即使在这些应验的卜筮中，仍然有高下分判。宋人有云："《周易》虽卜筮常用，然掌在太易，属之太史，侯国想无此官，亦无此书，故其卜筮爻辞见于列国者各不与《周易》同，自是一项占书，今《火珠林》类是。独周史以《周易》见陈侯……凡《周易》，鲁所筮皆《周易》正文，以此见《周易》唯周与鲁有之，列国占筮皆是俗法，惟鲁与周正法，故韩宣遂谓周礼在鲁，与晋之《乘》、楚之《梼杌》、鲁之《春秋》同。"②

　　卜筮之法和书为列国诸侯所好，然而称得上"正法"的只存于太史所掌之《周易》，而且《周易》的"易象"与其他卜筮的差别之巨竟让韩宣子发出感叹，而这种差别最后所指向的是"郁郁乎，吾从周"的周

---

① 南宋科举沿用北宋元祐四年（1089）经义科，《周易》被列为"中经"，须兼"大经"，《诗》《礼记》《周礼》《左氏春秋》之一。元代恢复科举，延祐首科会试，诏曰："汉人、南人：(明经)经义一道……《周易》以程氏、朱氏为主……兼用古注疏。"《元典章》卷三十一，第 1096 页。
② 陈埴：《木钟集》卷九，四库全书本。

礼，而不是准确预测未来的神力。《周易》保存的由卜筮活动而积累的文明基本形态最后与测断吉凶的卜筮活动分道扬镳，后者始终借用前者的声誉眩惑于人，而《周易》也同时受到后者的影响无法彻底撇清与非理性因素的关系。

朱熹在论证《周易》为卜筮书时，首先要为《周易》的卜筮正名。

> 问："先生说：'伏羲画卦皆是自然，不曾用些子心思智虑，只是借伏羲手画出尔。'唯其出于自然，故以之占筮则灵验否？"曰："然，自'太极生两仪'，只管画去，到得后来，更画不迭。正如磨面相似，四下都恁地自然撒出来。"①

> 想当初伏羲画卦之时，只是阳为吉，阴为凶，无文字。某不敢说，窃意如此。后文王见其不可晓，故为之作彖辞，或占得爻处不可晓，故周公为之作爻辞，又不可晓，故孔子为之作十翼，皆解当初之意。②

> 八卦之画，本为占筮。方伏羲画卦时，止有奇偶之画，何尝有许多说话！文王重卦作繇辞，周公作爻辞，亦只是为占筮设。到孔子，方始说从义理去。③

伏羲画卦，自然而然，出于自然则占筮灵验。但是要让人晓得这种自然的启示，必须通过把拟象的符号转化为文字。于是圣人拟象

---

① 黎靖德编：《朱子语类》卷六十五，《朱子全书》第 16 册，第 2169 页。
② 黎靖德编：《朱子语类》卷六十六，《朱子全书》第 16 册，第 2181 页。
③ 黎靖德编：《朱子语类》卷六十六，《朱子全书》第 16 册，第 2182 页。

制卦,系辞以明象,再通过卦爻辞解释这些象的意思。因此,人要知道"自然之天"必须依靠"象"、"卦"、"辞"、卜筮、释辞一系列"筌",对"筌"的玩味琢磨完成了《周易》不断沉淀和丰富的过程,甚至到了以"筌"为"鱼"的地步,以上引文明显表露出朱熹对于后世宗孔子十翼,忘却伏羲画卦真意的不满。

> 孔子之心,不如文王之心宽大,又急要说出道理来。所以本意浸失,都不顾元初圣人画卦之意,只认各人自说一副当道理。[1]
>
> (程氏《易传》)却将经来合他这道理,不是解《易》。[2]

《周易》本身是天的自然语言,而后世理解《周易》的起点却是"道理",是人的语言。这无疑放大了"释辞"这一环节,往往形成偏颇的解释,是对《周易》的一种以偏概全。从这个角度说"《易》本是卜筮书"不仅仅是在提示《周易》源于卜筮传统,更重要的是要求人们在解读经典时不可重文辞而轻卦画,《周易》始于伏羲画卦,其意义与文王系辞、孔子赞之不同,舍卦画而以文辞为起点,既失去了《周易》所据"天之本",也失了《周易》之"本"。伏羲画八卦是天道假圣人以成,而当《周易》脱离卜筮后则成为圣人以易说天道,"天道"成为"道理"的同义词,不再是其本然所是。朱熹通过不断强调"卜筮"来纠正这种偏失,他在《易学启蒙序》中指出卜筮的推算是"气数之自然","岂圣

---

[1] 黎靖德编:《朱子语类》卷六十六,《朱子全书》第 16 册,第 2191 页。
[2] 黎靖德编:《朱子语类》卷六十七,《朱子全书》第 16 册,第 2220 页。

人心思智虑所得为也哉"，还说：

> 其专于文义者，既支离散漫而无所根着；其涉于象数者，又皆牵合傅会，而或以为出于圣人心思智虑之所为也。若是者，予窃病焉。①

朱熹两次提到"圣人心思智虑"，认为自然造物并非圣人可为，圣人无法主导天道运行，天道自道，无法解释，人只能顺应，圣人只是先觉者。"世儒于此或不之察，往往以为圣人作《易》，盖极其心思探索之巧而得之，甚者至谓凡卦之画必由蓍而后得，其误益以甚哉。"②因此他警惕"道理"，疏离"字义"，使《周易本义》必然与前人的《周易》注疏呈现不同的面貌，其表现为不追求卦象与卦爻辞的一一对应，也不从古注训正经义，避免陷于穿凿和支离。

> 有天地自然之易，有伏羲之易，有文王、周公之易，有孔子之易。自伏羲以上，皆无文字，只有图书，最宜深玩，可见作易本原精微之意。③

在他看来，图书体现的易之精微，与文字同功，解易需图文并参方能见得原义，过于计较文字，反而不得其义。他在评价张载解释

---

① 朱熹：《易学启蒙》，《朱子全书》第 1 册，第 209 页。
② 朱熹：《易学启蒙》，《朱子全书》第 1 册，第 218 页。
③ 朱熹：《周易本义》，第 28 页。

《系辞》"'天地之道,贞观者也'曰'贞'为'正',为'本'……'天地之道',不眩惑者始能观之"时认为"此虽非经意,然其说自好"。这里的"眩惑者"即是以灾异、祸福、吉凶来解读天象,也就是说天地之道就是天地之道,价值判断是"人伪",反而产生"惑",眩人耳目。朱熹明确说"便只行得他底说,有甚不可?"①虽然不是经典原有的意思但却解释得非常贴切,从侧面反映出朱熹自己解《易》的基本态度,即不追求忠实于经典文本,而是站在稍远一点的地方"神解",看似失之,实则得之。他还说:

> 据某解,一部《易》,只是作卜筮之书。今人说得来太精了,便入粗不得。如某之说虽粗,然却入得精,精义皆在其中。若晓得某一人之说,则晓得伏羲、文王之《易》,本是作如此用,元未有许多道理在,方不失《易》之本意。②
>
> 古人取象,也只是看大意略如此髣髴,不皆端的。③

朱熹所说的"粗"是指不去追究取象和卦爻辞,因为《易》"是个无形影底物""只是空说个道理"④,不可执于象和辞,表明他的兴趣并不在于历史地还原《周易》的"初义",那么从历史的视角来判读朱熹的易注并不能有效地揭示"《易》本是卜筮书"的意蕴。他提出读《易》不

① 黎靖德编:《朱子语类》卷七十六,《朱子全书》第 16 册,第 2580 页。
② 黎靖德编:《朱子语类》卷六十六,《朱子全书》第 16 册,第 2190 页。
③ 黎靖德编:《朱子语类》卷七十,《朱子全书》第 16 册,第 2336 页。
④ 黎靖德编:《朱子语类》卷六十七,《朱子全书》第 16 册,第 2225、2226 页。

宜过于精细其实是在要求保持《周易》文本的开放性，而开放性与统一的解释是矛盾的，因此解经应止于"象"，至于"象"是什么则无法置辩。

《周易》创设的初衷在后世的主流理解中被默认为"理"所当然，而"象数"和"义理"都是"道理"的衍生，因此无论强调象数还是义理都是朱熹反对的。虽然他说言理不应脱离象数，但是朱熹对汉易的象数持保留态度，从《周易本义》来看他主要用两体、卦象、卦德和卦变。更重要的是，朱熹的"象数"是指河图洛书和太极图。

基于以上的认识，朱熹不但不属意于章句，还置九幅易图于《本义》和《启蒙》之首，易图是《周易》经的卦爻符号系统的纲领，朱熹希望人们抛弃那些"义理"的先见，知道《周易》首先是一本用阴阳两爻来描摹自然的书。在认知水平有限的情况下，阴阳符号的抽象性无法表达事物的多样性，因此需要拟象系辞来构建庞大的解释体系，但是随着认知水平的提高和知识体系的完善，人们已经有能力不再诉诸具体的指涉来理解阴阳符号的组合和变化，这就是朱熹要求人们回到"卜筮"的原因，在基于象和辞的"义理"外，还应看到卦画所蕴藏的与人言不同的自然之维。这种由符号和数来演绎世界本原的方式其实是他推崇并为《太极图》作注的进一步展开。可见，重申"卜筮"陈说不是追溯《周易》的初貌，而是以重构经典的方式为当时的思想提供哲学表达。

三、"卜筮说"透显"天道"义之变化

《系辞》云："古者庖牺氏之王天下也，仰则观象于天，俯则观法于

地,观鸟兽之文,与地之宜。"这里的"观"一开始只是"看"的意思,但是单纯的"看"马上就变成一种意义的解读,也就是自然的一切现象必须被赋予与人相关的意义。古人观测天象,详于计算和记录,其目的是为国政服务,既规天子以德,又神道设教。《史记》有《天官书》《历书》,还为占卜者立传。《汉书》有《天文志》,又首立《五行志》,开首引《易》曰:"天垂象,见吉凶,圣人象之;河出图,洛出书,圣人则之。"①表达了时人对天象与人事紧密相联的观念。自然之天承当了意义之源,天象承天道以行,谶纬之说统治着整个中古时代,唐代孔颖达《周易正义卷首》援引《易纬·干凿度》曰:"《易》者,所以继天地,理人伦,而明王道。"②天人感应、教以牖民一直是《周易》所表达的认知模式。《正义》崇王弼《周易注》并为后世沿袭,亦不脱此模式。

迨至北宋,欧阳修纂《新五代史》已不见《五行志》,以《司天考》记录天象,不预人事。他说:"至于三辰五星,常动而不息,不能无盈缩差忒之变,而占之有中有不中,不可以为常,有司之事也。"③研究天象的变化规律是一项专门的学问,但"盛衰之理,虽曰天命,岂非人事哉!"④表明他已开始将人世秩序从天象的感应中剥离出来,而其于《周易》也更注重人事之诠释。这种"不知天"也可以"治人"的观念是在人的知识结构由"天人一体"分化为天(包括历法、算学、地理、农业、医学、动植物等)和人(包括政治、历史、技艺等)各自独立的领域

---

① 《汉书》卷二十七,第1315页。
② 《周易正义》,第7页。
③ 《新五代史》卷三十七,第397页。
④ 《新唐书》卷六十三,第794—795页。

后才可能出现的,那么天道是否仍然包括自然之运化?《周易》是否仍然应该和足以将之纳入?

另一方面,那些"天人一体"时代的孑遗则由知识更新缓慢的民间继承,卜筮作为算学的萌芽沦落为末技,保留了天人感应的认知模式,从而被逐出人文领域,为读书人所鄙弃,这就要求《周易》必须通过自我更新与当时的认知水平相匹配。朱熹卜筮说之所以一开始遭到反对,是因为人们无法认同经典竟然负载着陈旧的认知体系。但他们却没有领会,朱熹恰恰是在认知革新的层面上使用"卜筮"的。

> 易是卜筮底物事,这个却方是说他理,未到那用处。到下面"是以明于天之道",方是说卜筮。[1]

朱熹明确指出"说卜筮"是"明于天之道",《周易》在成书时表达的即自然之天的语言系统,而他认为能不以"道理"来说自然天道的,首推北宋邵雍:

> 天之大,阴阳尽之矣。地之大,刚柔尽之矣。阴阳尽而四时成焉,刚柔尽而四维成焉。夫四时四维者,天地至大之谓也。凡言大者,无得而过之也。[2]

---

① 黎靖德编:《朱子语类》卷七十五,《朱子全书》第 16 册,第 2561 页。
② 邵雍:《观物篇之五十一》,《皇极经世》卷十一,《邵雍全集》第 3 册,上海古籍出版社,2016 年版,第 1146 页。

其后学张行成也说:"伏羲之意,传天之意。"①伏羲画八卦就是天的语言,那么这个系统代新至宋仍然应该可以通过《周易》来展示,"《易》六十四卦,三百八十四爻,有自然之象,不是安排出来"②。因此朱熹想用"卜筮"说明的是天道以自行,无论《周易》论天象之吉凶祸福、灾异祯祥,说得多么透彻,自然之天仍然按照自己的方式展开与运行,天道与人道是两个世界。他在"讲四书之余,必及于《易》。与诸生时时凌绝顶登眺,观天地八极之大,察阴阳造化之妙"③。"四书"主人伦,但天地阴阳造化,朱熹只能"观"和"察"。"若不以卜筮言之,则开物成务何所措?"④"《易》本是卜筮书"的用意在于分离自然和人文,在以人臆天的背景中重新确立天道的自性。易道之广大,根本上是天地运行的自然之理,其次才体现为启示圣人制度人世,而以后者作为《周易》的全部内容无疑是缩小了经典的内容。天道与人道虽然各行其道,但是必须在哲学上达到统一,《周易》就要担当这样的角色,朱熹要求经学仍然成为构建知识体系的教科书,所以对经典的基本认识必须与知识结构的更新同步,对《周易》来说就是要摆脱天人合一的天然联结,给出认识自然之天的框架,重新成为知识体系的顶端。

---

① 《宋元学案》卷七十八,中华书局,1986年版,第2617页。
② 黎靖德编:《朱子语类》卷六十七,《朱子全书》第16册,第2231页。
③ 刘泾:《易学启蒙通释序》,胡方平、胡一桂著,谷继明点校《易学启蒙通释·周易本义启蒙翼传》,中华书局,2019年版,第17页。
④ 朱熹:《圣人作易本为占筮》,朱鉴编《朱文公易说》卷二十一,上海古籍出版社,1989年版,第423页。

四、"卜筮说"的继承与影响

在知识体系演进的背景下，原来无论义理还是象数诠释《周易》的传统最后都指向人事，如果《周易》继续沿此路而行，必将失去经典的位置，人们需要新的解释世界的基本理论，而这种危机在二程的时代还是没有的。[①] 朱熹推崇程颐《易传》为义理解易的登极之作，后人很难超越，而他将邵雍之学糅入易学[②]，意图收拢义理以外的世界。与朱熹合著《易学启蒙》的蔡元定，承邵雍余续，"因子明理"辅翼朱子，宋人以为邵、蔡祖祧杨雄[③]，发明"道学"与"言理"诸家同功。[④] 这样的用意逐渐被后人接受，并从易学开始影响到其他领域。

胡一桂《周易本义启蒙翼传》以《天地自然之易》为首章，其中只谈自然现象，指出："日月继照，真天地自然之易；《图书》迭出，真天地自然之数。"[⑤]书中专论《易为卜筮书》引述张载"易为君子谋，不为小

---

① 程颐《答张闳中书》云："来书云'《易》之义本起于数'，谓义起于数则非也。有理而后有象，有象而后有数。《易》因象以明理，由象而知数，得其义，则象数在其中矣。必欲穷象之隐微，尽数之毫忽，乃寻流逐末，术家之所尚，非儒者之所务也。管辂、郭璞之徒是也。"《二程集》，第 615 页。

② 祝泾甫云："《易》以占为神，《极》以算为智"，"其旨若相似，而致用实不同。"胡一桂：《周易本义启蒙翼传》，第 637 页。

③ 陈亮《杨雄度越诸子》云："《(太)玄》有功于《易》者也，非《易》之赘也……因子以明理，是雄之所以自通于圣人者也……世无皇极之君以大其用，又无道德之望以发越其旨，则玄谭之言亦姑以致其意而已。"《陈亮集》卷九，河北教育出版社，2003 年版，第 77—78 页。

④ 罗大经《邵蔡数学》云："濂溪、明道、伊川、横渠之讲道盛矣，因子明理，复有一邵康节出焉。晦庵、南轩、东莱、象山讲道盛矣，因子明理，复有一蔡西山出焉……邵、蔡二子，盖从发诸子之所未言，而使理与数粲然于天地之间也，其功亦不细矣。"罗大经：《鹤林玉露》丙编卷二，上海古籍出版社，2012 年版，第 168 页。

⑤ 胡一桂：《周易本义启蒙翼传》，第 225—226 页。

人谋"后认为，小人的卜筮就是技艺，君子耻于谈，所以要讲义理。但是到了南宋，朱熹重新定义"卜筮"为"开物成务"之学，唯有卜筮才能包罩天地精粗。该书《象类说》把《周易》中的"象"做了分类，命名"天文类""地理类""岁月日时类""人道类""身体类""古人类""邑国类""宫室类"，等等①，类似辞书，完全撇开义理，彰显"易道广大"的涵盖能力。吴澄说："天地、卑高、动静、类群、象形者，天地自然之《易》；乾坤、贵贱、刚柔、吉凶、变化者，圣人所作之《易》也。"②很明确地区分自然易和人文易。俞琰认为"象隐于理，理寓乎数，贯理数为一则举此可以知彼，离而二之，则虽欲兼通不可得也"③，他在《读易举要》里有专文《易为卜筮之书》，胪列朱熹有关卜筮之语，对"《易》为卜筮书"的论断十分赞同，认为朱熹解易只说到"象"就不再往下说了，比那些穷究象义的解释要高明，反而"乃不失易之本旨"。雷思齐说："(河)图之数，以八卦成列，相荡相错，参天两地，参伍以变，皆自然而然。"④熊良辅说："伏羲之《易》即天地自然之《易》也。"⑤

从以上诸位易学家的表述来看，"卜筮"的真正含义是"算"，也就是以符号的推导来理解世界本原，他们认为"数"是人们认识自然的钥匙，与"理"的根本性相当，且《周易》尤其是图书之学证明"数"同时具备了历史性和逻辑性，完全不同于汉儒的象数之"数"，而是朱熹所

---

① 胡一桂：《周易本义启蒙翼传》，第 400、405—441 页。

② 吴澄：《易纂言》，上海古籍出版社，1990 年版，第 422 页。

③ 俞琰：《论象数之学》，《读易举要》卷三，清文渊阁四库全书本。

④ 雷思齐：《易图通变·自序》，《易学象数图说四种》，华龄出版社，2015 年版，第 253 页。

⑤ 熊良辅：《周易本义集成自序》，《通志堂经解》第 3 册，广陵古籍刻印社，1993 年版。

云"变化之道，即上文①数法是也，皆非人之所能为"②，是《周易》真正的经典价值所在。

这种对世界本原的新见获得响应，中国古代数学和医学成就在宋元时期迎来最高峰。在畴人和医家眼里，《周易》是他们展开研究的根本基点。朱世杰在天元术的基础上创造出解四元高次多项式的方法，"其法以元气居中，立天元一于下，地元一于左，人元一于右，物元一于上，阴阳升降进退，左右互通变化，错综无穷，于盈绌互正负方程演段开方之术，精妙元绝"。而解方程消元所使用的算畴在形式与操作上与《周易本义》所列易图之原理关系非同一般。③ 莫若《四元玉鉴》序云："数一而已，一者万物之所从始，故易一太极也，一而二、二而四、四而八，生生不穷者，岂非自然而然之数邪？《河图》《洛书》泄其秘。"④说明《周易》已成为数学之"元学"。医家朱震亨创立养阴学说，堪称一代医宗，他以《格致余论》命名自己的文集，自序云："古人以医为吾儒格物致知之一事。"⑤还说："心为火居上……儒者立教，曰正心收心养心，皆所以防此火之动于妄也。医者立教，恬澹虚无，精神内守，亦所以遏此火之动于妄也。"⑥还有宋画对"物理"的琢磨也深受理学影响。朱熹倡格物致知之说，一物各具一太极，究极之终必须

① 指《系辞上》"大衍之数五十"章。——作者注

② 朱熹：《周易本义》，第 236 页。

③ 参见莫宗坚：《中国数学简史》有关算畴的部分，郭正昭、陈胜坤、蔡仁坚合编《中国科技文明论集》，牧童出版社，1978 年版，第 161—165 页。

④ 莫若：《四元玉鉴前序》，朱世杰著，李兆华校注《四元玉鉴校注》，科学出版社，2007年版，第 55—56 页。

⑤ 朱震亨：《格致余论·序》，中华书局，1985 年版，第 1 页。

⑥ 朱震亨：《格致余论·房中补益论》，第 39 页。

统合于一理，后世学者深契之。自朱熹置易图于《周易》篇首，易学家虽有异声，但自此研究"自然"著作多以易图为圭，多见于天文、地理、算学、医学，以至琴棋画艺等，《周易本义》以及《易学启蒙》成为读书人认知世界的基础。

自古对自然的关注和研究在哲学上一直倚赖老庄之说，至北宋，周敦颐资引《周易》，在《太极图说》中提出另立人极，与生生自然之极分离，已启天人二元的思路。朱熹"《易》本是卜筮书"深化了天道与人事的分殊，天人相分取代天人合一，揭明《周易》所说的天道一开始就是自然的运行，而不是"天行健，君子以自强不息"的人文解读。他认为："古者大学之教，以格物致知为先，而其考校之法，又以九年知类通达，强立不反为大成。"[①]读经的意义首先是"格物致知"，因为"人有此身，便不能无物欲之蔽，故不能以自知。若能随事讲明，令其透彻，精粗巨细无不贯通"[②]。正确地认识世界是教学的根本目的，在学习经典的过程中"知类通达"，大约九年达到"大成"。因此各门经典担当了传授不同领域知识的任务，其中《周易》应该提供认识世界的根本依据，在天人知识体系分化的背景下必须给出新的天人关系的表述。有鉴于此，《周易》只有超越传统的经学注疏才能继续胜任哲学理论的担当。

关于世界起源的解释从单一的历史演进到出现一种逻辑发展的竞争者，也就是由史实和经验的支持对比符号的演算和推理，"伏羲""文王""先天""后天"等的意义不再指向某段历史，而是推理过程中

---

① 朱熹：《学校贡举私议》，《晦庵先生朱文公集》卷六十九，《朱子全书》第 23 册，第 3359 页。
② 朱熹：《答汪易直》，《晦庵先生朱文公集》卷六十九，《朱子全书》第 23 册，第 2883 页。

的某个指代，其目的是抽绎出另一条解释世界的路径，以抛弃芜杂不清的历史线索，提供给人们一个新的世界起源图景。然而这种类似于科学的思维，其前提条件一直受到来自历史的拷问，因此一直带着问号游移在经典传统的边缘，却同时也推动着历史解释的更新。《周易》本来提供解释其他事物的根据，当其自身的正当性遭受质疑时，必须发生改变，但是由于这两者的混迭，比如制卦的动因又被作为释卦的依据，要求完全在后者的范围内讨论似乎是不可能的，因此后世对"卜筮说"的质疑将长期占据易学史研究。

至今，宋元时期的思想变革仍然大多被归结为导源于人文思想的觉醒，这不仅因为研究局限于以经典注疏为基础的文义解析，对其他领域的材料的关注和思考较少。虽然宋人未必有很高的"自然科学"意义上的认知水平，比如朱熹对沈括的理解时有错误，但是他们在知识体系变革的历史背景下，不可能不以哲学家的敏锐去响应这些变化，在这一点上，朱熹走在同代人的最前列。

第三节　朱熹易学的哲学启蒙

朱熹创立了理学思想体系，是两宋思想的集大成者。一般认为他运用理学思想注释《周易》经传，撰成《周易本义》，自元中后期成为科举取士的标准，又作《易学启蒙》专门阐述他的易学思想。他极力主张"易本是卜筮书"和置九幅易图于两书之首的做法引发后世聚讼不断。自明代起，蔡清、崔铣、杨慎等渐有异声，至黄宗羲、黄宗炎、毛奇龄、李塨、胡渭后，《河图》《洛书》的真伪已成定谳。近代以来，学人更多关注朱熹易学思想中的学理,在中国哲学的语境下,朱伯崑、曾春海、刘述先、萧汉明、余敦康、蔡方鹿、吾妻重二等先后运用"宇宙论""本体论""形上学"等分析框架,肯定了朱熹在易学上的创新之处,并指出朱熹易学是其理学的核心。总体上,朱熹的成就定位在综合和完善先秦以来的易学理论和方法,研究的进路和得出的结论不出易学史的范围。同时,"图书易学"作为新的议题独立出来,经过既有的文献考源和文本分析后始终无法进入易学的正统。易之太极与理之本体各自为说,易学与理学的哲学建构尚待弥合。[①] 可见,朱熹的学说总是首先被归入经学、理学或宋学等解释系统,看似稳当却也难有突破。而国外学者脱开经学维度,指出朱熹和他同时代的思想家"表现出总是要超出《周易》文本的趋向"[②];"朱熹的易学不是在象数和义理哪一个的立场上对两种易学的综合,而是试图确立易学的基础,进而把对理的意味的系统的解释和说明作为最终目标"[③]。这就启示我们综合分析朱熹对经典和概念的领会和运用,抽绎出他的整体思路,进而呈现其易学的独特关切,发现他在易学研究中所做的哲学构建,并不仅仅只是"易学启蒙",而是用易学"启蒙"哲学,并贯之于理学中。

---

① 史少博从宇宙本体论的角度提出朱熹认为"理"与"太极"分别是理学和易学最高范畴,含义相通为一,从而易学为理学提供了基本的命题和阐述世界的方式,以此显示两者紧密的联系。氏著《朱熹易学和理学的关系探赜》,黑龙江人民出版社,2006 年版。

② Kidder Smith, Peter Bol, Joseph Adler, and Don Wyatt, *Sung Dynasty Uses of the I Ching*, New Jersey: Princeton University Press, 1990, p. 209.

③ 金祐莹:《朱子易学之哲学的分析——通过〈易学启蒙〉理解"理"的"穷极"义》,《周易研究》2011 年第 2 期。文章以"哲学"的视角将理学理解为认识论,切断了理学探求事物与指导行动的关系。

一、朱熹批评历代象数和义理两种解经路径

《周易》是"五经"之一，自汉代以来形成象数和义理两种阐释《周易》的路径，揭示《周易》独特的思维方式。象数易学以汉代为宗，义理易学自魏王弼开其端。就经学解释而言，朱熹指出"汉儒解经，依经演绎；晋人则不然，舍经而自作文"①。可见他认为汉人的象数之学是建立在经典文本之上的，而义理易学则舍去释象的卦爻辞，发挥自己的理解，两种方法都有所偏失。

> 易之有象，其取之有所从，其推之有所用，非苟为寓言也。然两汉诸儒必欲究其所从，则既滞泥而不通。王弼以来，直欲推其所用，则又疏略而无据，二者皆失之一偏而不能阙其所疑之过也。②

汉代和魏晋易学的分歧在于"象"是否能贯通道与器，汉人据《系辞上》"圣人立象以尽意"，断断于元典或经师传授中明文记录着与实在事物的对应关系，提出"互体""纳甲""飞伏"等取象方法疏通《周易》，因而这些被元典所印证的象数方法也成为人们认识世界的基本逻辑，也导致人们"滞泥"于象数方法，执着于"有所从"。而王弼则认为"象不尽意"，"爻苟合顺，何必坤乃为牛？意苟应健，何必乾乃为

---

① 黎靖德编：《朱子语类》卷六十七，《朱子全书》第 16 册，第 2245 页。
② 朱熹：《易象说》，《晦庵朱文公先生文集》卷六十七，《朱子全书》第 23 册，第 3255 页。

马？"①也就是不必通过烦琐的取象规则也可以直接推断经文的义理，显豁"其所用"，由于这种推断出于"形名"分析，而不是元典文本，所以"疏略而无据"。

　　象数和义理的区分在易学史上并非同时发生，随着"圣人作易"的远去和民智渐起，《周易》从经典向思想之源的转化标志着它更深地嵌入文明的骨髓。北宋开始不断出现不以经学研究为目的的"易学"著作，这些探索相较于传统悠久且数量庞大的《周易》注疏好比浮萍之末，并不为时人注意。围绕宋初校订的《五经正义》进行解释仍然是主流。朱熹举经义科登进士第，历乡试、省试、殿试及第，对《周易正义》熟稔于心，然而在他的著作和语录中极少谈及经学研究本身，在倡立道统时将"北宋五子"归集到一起，他们共同的特点是纯熟地汲取经学资源，创作新的思想议题，不再局限于疏释《周易》。

　　　　圣人说数说得疏，到康节，说得密了……他说这易，将那"元亨利贞"全靠着那数。三百八十四爻管定那许多数，说得太密了。易中只有个奇耦之数是自然底。②

　　邵雍易学被后世归为"象数"易学，朱熹在邵雍那里看到了抽走象和事的纯粹"易数"的推衍，但却认为这样"说得太密"。同时又认为"京房辈说数……用得极精密"。前者对易中"数"之本义诠释过

① 王弼：《周易略例·明象》，楼宇烈校释《王弼集校释》，中华书局，1980 年版，第 609 页。
② 黎靖德编：《朱子语类》卷六十七，《朱子全书》第 16 册，第 2215 页。

度，后者则能将易数"用"得出神入化，可见朱熹并不把汉人象数和邵雍象数视为同类。而邵雍虽然说得太密，却是在说圣人之"数"。

（程氏）易传，须先读他书，理会得义理了，方有个入路，见其精密处。①

程颐《易传》是义理易学继王弼之后无出其右者。"圣人系辞焉以明吉凶"，在卦爻辞中给出了占筮的判断。朱熹说："'吉凶悔吝'，圣人说得极密。"②因此，程颐易学在理解《周易》的卦爻辞上，提示了正确通达圣人说易之旨的门径。但是"《（程氏）易传》言理甚备，象数却欠在"③。朱熹对程颐的易注有所保留。

由朱熹对汉易、邵雍和程颐的评价推断他的易学试图在义理和象数两方面弥补前人的不足，当时学者确实作如是观："易以理寓象数，因象数以明理。汉儒多明象数而于理或泥而不通。自王弼以玄理注易，儒者于谈理日胜，乃复尽略象数，二者皆得易之一偏。至本朝言理则程伊川为最，兼象数则朱子为详，集二书为一，庶几理与象数兼得之云。"④遂有元人董楷合程朱易注为《周易传义附录》，做实了朱熹易学兼义理象数的立旨。那么沿袭经学治易之二途，是否能赅尽朱熹阐易之旨呢？

---

① 黎靖德编：《朱子语类》卷六十七，《朱子全书》第16册，第2216页。
② 黎靖德编：《朱子语类》卷六十七，《朱子全书》第16册，第2240页。
③ 黎靖德编：《朱子语类》卷六十七，《朱子全书》第16册，第2218页。
④ 倪思：《程朱易》，《经鉏堂杂志》卷二，辽宁教育出版社，2001年版，第16页。

二、悬空而作　本立象生

圣人作易,寓意于卦爻辞,后人以卦爻辞逆圣人之意,从而得易之意。义理和象数虽然取径不同,但探求易之意的目标一致。然而,通过经以求易究竟更趋于"本"还是离之更远? 朱熹认为"易之意"只是易之"末",义理易学的典范《程氏易传》也只是说了"一理"。

> 易传义理精,字数足,无一毫欠阙。他人着工夫补缀,亦安得如此自然? 只是于本义不相合。《易》本是卜筮之书,卦辞、爻辞无所不包,看人如何用,程先生只说得一理。①

《程氏易传》对人事的解释无可挑剔,但这样的解释只是"就注解上生议论"②,并没有探得《周易》之"本"③,朱熹认为义理解易的偏失在于"支离散漫而无所根着"④,显然这是针对他所谓"本义"作出的评

---

① 黎靖德编:《朱子语类》卷六十七,《朱子全书》第 16 册,第 2217 页。
② 黎靖德编:《朱子语类》卷六十七,《朱子全书》第 16 册,第 2223 页。
③ 刘述先指出:"朱子意见与伊川分歧最大处,厥在对于《易经》之了解。伊川追随王弼所开出的道路,尽扫象数,以儒家义理解《易》,醇则醇矣,但未必能够还原出《易》的本来面目。故朱子著《周易本义》,明白指出《易》原来乃是卜筮之书,而兼采康节象数,推尊濂溪《太极图说》,建立道统,对于后世思想之影响至深至巨。"《由朱熹的易说检讨其思想之特质》,《国际朱子学研究的新开端:厦门朱子学国际学术会议论集》,第 56 页。
④ 原文为:"其专于文义者,既支离散漫而无所根着;其涉于象数者,又皆牵合傅会,而或以为出于圣人心思智虑之所为也。若是者,予窃病焉。"朱熹,《易学启蒙序》,《朱子全书》第 1 册,第 209 页。

价。那么发展到极致的义理易学，究竟问题出在哪里？

> 盖《易》之为书，是悬空做出来底。谓如《书》，便真个有这政
> 事谋谟，方做出书来。《诗》便真个有这人情风俗，方做出诗来。
> 《易》却都无这已往底事，只是悬空做底。①
>
> 程先生曰："卦者，事也；爻者，事之时也。"先生曰："卦或是
> 时，爻或是事，都定不得。"②

朱熹认为《易》是一本"悬空做出来的"书，与《书》《诗》同为上古
经典，后两者讲政事，叙人情，《易》之为书却没有具体所指的，这就对
根据卦爻辞所述物象和事件分析《易》的方法提出挑战。根据《易传》
的思想解读卦爻辞自西汉费氏易至东汉郑玄大盛，影响直至唐《五经
正义》及宋，其推说的义理都有非常明确的指向。这种看似由具体情
境得出的关于某个类型（六十四卦即是六十四个类型）事件的道理，
在朱熹看来仍然停留在或然的经验层面，并不能达到全然和必然的
判断，存在解释上的多种可能性，在这个意义上，他评价"伊川以天下
许多道理散入六十四卦中，若作《易》看，即无意味。唯将来作事看，
即句句字字有用处"③。这里点明义理易学的问题在于将《易》之根本
之意当作实在对象发生的事件的"用处"，本末倒置，这也是当时对易
学的普遍理解。

---

① 黎靖德编：《朱子语类》卷六十七，《朱子全书》第16册，第2229页。
② 黎靖德编：《朱子语类》卷六十七，《朱子全书》第16册，第2235页。
③ 黎靖德编：《朱子语类》卷六十七，《朱子全书》第16册，第2216页。

问:"'不习无不利',此成德之事也。"曰:"亦非也。未说到成德之事,只是卦爻中有此象而已。若占得,便应此象,都未说成德之事也。某之说易,所以与先儒、世儒之说皆不同,正在于此。学者须晓某之正意,然后方可推说其他道理。某之意思极直,只是一条路径去。若才惹著今人,便说差错了,便非易之本意矣。"①

朱熹不仅不是义理易学的推进者,而且认为先儒据易言当下之事的是"差错了",在"推说其他道理"前,应该反向追溯其"本"。因此,他所说的"本"并不是指"本来",也就是经文原初的含义,而是"本根",即《易》据以应事而灵的基础,只有本身不着于事物才能应事,因此朱熹提出以"空"待实,而不是以"实"稽实,才能"广大悉备"。

理定既实,事来尚虚。用应始有,体该本无。稽实待虚,存体应用,执古御今,由静制动。洁静精微,是之谓《易》。②

"理"既"实"又"虚","实"就必然性而言,"虚"就非经验性而言,只有当事件发生的时候,"理"才会作为"有"显现,其本身并不包含任何实在对象。可见,朱熹的"理"不是"义理",后者恰是他所说的"《文

---

① 黎靖德编:《朱子语类》卷六十六,《朱子全书》第 16 册,第 2190 页。

② 朱熹:《周易五赞·警学第五》,《朱子全书》第 1 册,第 167 页。

言《彖》《象》却是推说做义理上去"①的产物，这样的"易学"只是些从经验中总结出的道理，不能穷尽天下之事。基于这样的理解，朱熹提出"易本是卜筮书"的观点，试图在历史经验的维度之外另辟一条必然之路，那么他是否选择沿袭象数易学的传统来构建易之"本义"呢？

汉代根据上古传说提出了诸多象数方法，汉晋名家主此通贯《周易》全经，朱熹在《周易本义》中时有论及，后人遂以此证明朱熹兼用象数易学。汉人取象，以与实在之物事对应为鹄，六十四卦变化关系是对实事因果的归纳。如果按照易是"悬空"之作来理解，这样的象数基础是不可靠的。汉儒的"象"指具体事物之象，在朱熹则称之为"器"："其实见而未形有无之间为象，形则为器也。"②汉儒以具体之象所归属的八卦符号本身之间的阴阳关系来规定具体事物的关系，朱熹认为"纳甲是震纳庚，巽纳辛之类，飞伏是坎伏离，离伏坎，艮伏兑，兑伏艮之类也。此等皆支蔓，不必深泥"③。因此评价重拾汉代象数易说的朱震《汉上易学》为"百衲袄，不知是说甚么"④。可见朱熹不仅重新定义了"象"，而且试图探索另外一种逻辑关系来匹配未关涉经验的指向。

《系辞上》云："参伍以变，错综其数，通其变，遂成天地之文；极其数，遂定天下之象。"还有《说卦》中的"倚数""逆数"，这些"数"应

---

① 黎靖德编：《朱子语类》卷六十六，《朱子全书》第 16 册，第 2189 页。
② 黎靖德编：《朱子语类》卷六十七，《朱子全书》第 16 册，第 2247 页。
③ 黎靖德编：《朱子语类》卷六十七，《朱子全书》第 16 册，第 2238—2239 页。
④ 黎靖德编：《朱子语类》卷六十七，《朱子全书》第 16 册，第 2247 页。

该如何理解？北宋刘牧提出"形由象生，象由数设"①。邵雍在《观物外篇》中说："象起于形，数起于质，名起于言，意起于用。有意必有言，有言必有象，有象必有数。数立则象生，象生则言彰，言彰则意显。"②两人都注意到"数"相较于"象""言""意"更为根基的地位。这种思路无疑已从之前的由经验开始的象数之学进入反思的层面。

朱熹说："有气有形便有数"③，"数乃分界限处。"④这里的"数"，显然不是指"数字"或"数量"，"气"和"形"如果指的是实在对象的话，那么对于实在对象，人还需要什么来认识它们？从易的角度来说就是如何变化？由何而来，之何而往，那么这个"数"就是变化趋势的规定性，所谓"气数""命数"。从"极仪卦象"中可以看到"阴阳"之"数"，规定了其动静的属性以及变化的可能性（静极复动，动极复静）。那么蓍策的作用在于"究六七八九之数，以定卦爻动静之象也"⑤。"六七八九"虽然以数字的面貌出现，但并不包含数量关系，而是表示"四象"，即"老阳""少阴""少阳""老阴"，体现的是"一阴一阳"的递变关系。阴阳也不是二，阴还要再分为二，阳也要再分为二，九和六就是阳的再分，七和八就是阴的再分，"老阴老阳所以变者，无他，到极处了，无去处，便只得变。九上更去不得了，只得变回来做八。六下来，便是五生数了，也去不得，所以却去做七"⑥。因此，当后人用代数的

① 刘牧：《易数钩隐图序》，《易学象数图说四种》，华龄出版社，2015年版，第8页。
② 邵雍：《观物外篇·下之上》，郭彧整理《邵雍集》，中华书局，2010年版，第148页。
③ 黎靖德编：《朱子语类》卷六十五，《朱子全书》第16册，第2166页。
④ 黎靖德编：《朱子语类》卷六十五，《朱子全书》第16册，第2164页。
⑤ 朱熹：《周易本义》卷七《系辞上传》，第238页。
⑥ 黎靖德编：《朱子语类》卷六十五，《朱子全书》第16册，第2168页。

方法解释揲蓍余数的四种情况时，并没有注意到易数是阴阳符号，而不是表示数量的数字。那么"分界限"指的就是阴阳属性的递变，所谓"气之节候"。①

可见，朱熹的"象数"观绝然不同于历史上任何一位象数易家。上古时人们相信卜筮可以获得神灵对行事吉凶的指示，《周易》作为卜筮书的一种，其效验并非人力所及。在"天象"不再解读为"灾异"的宋代，"象数"也不仅仅是《周易》的解经方式之一②，所有事物的存在和发生不再是出于"神意"，而是需要一个人们能够接受的解释，这种对于事物发生先后的关联就是"数"，人们在意识中构筑了这种"必然性"。朱熹重新规定了象数的含义，象在数的基础上成为人们可以认识的对象，并在被经验充实后成为实在对象。③ 正如他在《易学启蒙》序言中所言："圣人观象以画卦，揲蓍以命爻，使天下后世之人，皆有以决嫌疑，定犹豫，而不迷于吉凶悔吝之途，其功可谓盛矣。"④"观象"和"揲蓍"是经验性，从经验到经验，所得的"道理"算不上"义理"，何况卦爻辞是空的事物，不足以作为推演的条件，朱熹的"观象"不是

---

① 黎靖德编：《朱子语类》卷一，《朱子全书》第 14 册，第 122 页。吕思勉《晦庵之学》云："凡言学问，必承认因果。因果者，现象界中，自然且必然之规律也。此规律，以时间言，则不差秒忽；以空间言，则不爽毫厘；此为旧哲家所谓数。朱子之思想亦如此。"氏著《理学纲要》，江西教育出版社，2018 年版，第 74 页。

② 刘师培所"象数学"指事物因果关系的解释，参见氏著《国学发微·汉宋象数学异同论》，广陵书社，2013 年版，第 216 页。

③ 席文(Nathan Sivin)指出："在近代之前数学家们所用的'数'和'算'两个字包括了数灵学。它们也指各种占卜法术，用以识别决定自然现象变化的规律，这种规律并不一定是数量化。"氏著《中国历史上的科学和医学》，〔美〕罗溥洛主编《美国学者论中国文化》，中国广播电视出版社，1994 年版，第 174 页。

④ 朱熹：《易学启蒙序》，《朱子全书》第 1 册，第 209 页。

具体的行为,"卜筮"也不指向具体事件的"吉凶悔吝"。《周易》的"卦"和"象"之所以能够让人"决嫌疑,定犹豫"是因为它们是必然的。

综上,朱熹并不是以一个经学注疏者看待《周易》,而是通过易学的基本概念探寻经验成立的根据。因此,他的易学不会再向义理或象数的任何一个方向上拓展,而是在《周易》卦爻产生之先确立基础。他试图解决的问题是,《周易》的"极仪象卦"如何必然地呈现为实在世界,并以易数为其变化之理。

三、河洛启迪 心法奠基

《系辞》两次提到"仰观天文,俯察地理"促发圣人作易。一般认为《周易》的卦爻是对天地万物的摹拟,用象征符号表示外在世界。然而,朱熹认为从俯仰观察到画卦是一个把所见所闻转换为符号的过程,这种转换既不是一蹴而就也不是随意的,而是一个"超然"的事件,"然"指自然而然,在超出自然中蕴藏着易道建立的基础。

> 易非独以《河图》而作。盖盈天地之间莫非太极阴阳之妙,圣人于此仰观俯察,远求近取,固有以超然而默契于其心矣。[①]

朱熹在《易学启蒙》的第二篇《原卦画》以《系辞》所云伏羲氏仰观俯察,始作八卦之事,认为圣人看到的不是万千气象,而是"太极阴阳

---

① 朱熹:《易学启蒙·原卦画第二》,《朱子全书》第 1 册,第 217 页。

之妙"，并以《系辞》中"易有太极，是生两仪，两仪生四象，四象生八卦"为证。然而，既然这样的转换不是一个自然的发生，就必须说明前后两者之间的关系。

> 前日七、八、九、六之说，于意云何？近细推之，乃自河图而来……欲于《启蒙》之首增此一篇，并列河图、洛书以发其端。[①]

"七八九六"是指占筮中蓍策的数量，用以确定阴阳爻。从"数量"看，正好与《河图》外圈的四个成数对应。朱熹引孔安国、刘歆、关子明都有伏羲氏则《河图》作八卦的记载，认为七（少阳）八（少阴）九（老阳）六（老阴）"四象"是受到《河图》的启发而来，因此在《原卦画》之前又增加《本图书》一篇，并把《河图》《洛书》置于易图之首，点明二图有"发其端"之功。此举在当时学者也颇有訾议，主要原因在于河洛二图出自纬书，即使伏羲有所取资，也不能说明其能直接导出八卦。郭雍指出"《河图》非卦也，包羲画而为卦；《洛书》非字也，大禹书而为字。亦犹箕子因九畴而陈《洪范》，文王因八卦而演《周易》。其始则肇于河图、洛书，书画于八卦、九畴，成于《周易》《洪范》，其序如此"[②]，也就是将图书、八卦和《周易》看作三个独立的个体，彼此之间不存在充分条件的关系。这种基于经学史的辩驳很有力量，从《原卦画第二》的"易非独以《河图》而作"可以看到朱熹取消了原先"自河图

---

① 朱熹：《答蔡季通》，《晦庵朱文公先生集》卷四十四，《朱子全书》第22册，第1997页。
② 郭雍：《郭氏传家易说》卷七，四库全书本。

而来"的说法。但是他仍然将图书作为卦爻之"本"是因为他在二图中看到了阴阳爻的根据。

> 《河图》《洛书》盖圣人所取以为八卦者,而九畴亦并出焉。今以其象观之,则虚其中所以为《易》也;实其中者,所以为《洪范》也。其所以为《易》者,已见于前段矣。所以为《洪范》,则河图九畴之象,洛书五行之数,有不可诬者,恐不得以出于纬书而略之矣。①

《河图》中最重要的提示不是数量的对应,而是"虚其中"。"《河图》之虚五与十者,太极也。"②内圈的生数一、二、三、四通过与"五"相合成为六、七、八、九,一变为六,奇数为阳变成偶数为阴,二七、三八、四九皆然,"其所以为数者,不过一阴一阳,一奇一偶,以两其五行而已"③。因此,天地之数由促成阴阳递变的"五"贯穿始终,一二三四待五而成"四象",五和十(两个五)虽然居于图的中心,但是虚静不动的,要在生数和成数的交互中显"用"。《河图》以○与●和重复这两个符号来代表阴阳之"象"(数量)和"数"(奇偶),成对居于四方的一奇数和一偶数之间的差都是"五",表明其关系的一致性,在《洛书》亦适用。因此,图书的启示仅止于阴阳递变和"虚其中"的表现。可见,

---

① 朱熹:《与郭冲晦》,《晦庵朱文公先生集》卷三十七,《朱子全书》第 21 册,第 1638 页。
② 朱熹:《易学启蒙·本图书第一》,《朱子全书》第 1 册,第 215 页。
③ 朱熹:《易学启蒙·本图书第一》,《朱子全书》第 1 册,第 212 页。

即使深知图书真伪备受争议①，朱熹仍然以图书为易之发端，并不是寻求其作为可靠的上古文献，而是出于思想上的逻辑溯源，即上古文献中多处记载伏羲画卦受到《河图》的影响，以无法确定河洛文献的出处而否定这种影响的存在，这样的质疑并不成立。而朱熹强调的是圣人受启于图书，发现了天地万象不再是混沌一片，而是彼此之间有着可以掌握的关系。

> 大抵圣人制作所由，虽非一端，然其法象之规模，必有最亲切处。如鸿荒之世，天地之间阴阳之气虽各有象，然初未尝有数也。至于《河图》之出，然后五十有五之数奇偶生成，粲然可见，此其所以深发圣人之独智，又非泛然气象之所可得而拟也。②

圣人面对"泛然气象"，受到《河图》的启发，发现了彼此间存在着先后的逻辑关系，则图画卦，画的不是世界本身，而是人所看到的世界，由此世界的历史和现实得以被理解。因此，朱熹认为圣人在"则图"到"画卦"之间发现了《河图》之中的奥秘，"默契于心"时通过"虚其中"的"五"唤起了"易有太极"中的"太极"。

---

① "以《河图》《洛书》为不足信，自欧阳公以来已有此说，然终无奈。《顾命》《繫辞》《论语》皆有是言，而诸儒所传二图之数，虽有交互而无乖戾，顺数逆推，纵横曲直，皆有明法，不可得而破除也。至如《河图》与易之天一至地十者合而载天地五十有五之数，则固易之所自出也。《洛书》与《洪范》之初一至次九者合，而具九畴之数，则固洪范之所自出也。《系辞》虽不言伏羲受《河图》以作《易》，然所谓'仰观''俯察''近取''远求'，安知《河图》非其中一事耶？"朱熹：《答袁机仲》，《晦庵先生朱文公文集》卷三十八，第1659—1660页。
② 朱熹：《答袁机仲》，《晦庵先生朱文公文集》卷三十八，第1660页。

太极之义，正谓理之极致耳。有是理，即有是物，无先后次
序之可言，故曰易有太极，则是太极乃在阴阳之中而非在阴阳之
外也。①

"太极"是"理之极致"，从存有上说是"无"，因此"无先后次序可
言"。从逻辑发生上说是由阴阳逆推所得之"一"，因此"极致"不是实
在的起点，而是认识的基点。○（太极/无极）是符号的开始，这个圈
标识的是一个空无一物的全体，而不是一个圆圈，是阳爻和阴爻之
先，接着在圈里分阴阳，表示象和形开始出现。"一"是文字的开始
（《说文解字》的第一个字），即"言"的开始，《文言》开始就讨论"元"，
指的也是"一"。

朱熹用"太极"指称人的认识基点，但是"太极"的含义在易学诠
释史上已有成说②，他首先必须回应前人关于"太极"义的问题。

今以大中训之，又以乾坤未判，大衍未分之时论之，恐未安
也。形而上者谓之道，形而下者谓之器，今论太极而曰其物谓之
神，又以天地未分元气合而为一者言之，亦恐未安也。有是理即
有是气，气则无不两者，故易曰太极生两仪。而《老子》乃谓道先
生一而后一乃生二，则其察理亦不精矣。③

盖太极，形而上者也。两三四五，形而下者也。若四十九蓍

---

① 朱熹：《答程可久》，《晦庵朱文公先生文集》卷三十七，《朱子全书》第 21 册，第 1642 页。
② 参见陈居渊：《"易有太极"义新论》，《中国哲学史》2019 年第 5 期。
③ 朱熹：《答程可久》，《晦庵朱文公先生文集》卷三十七，《朱子全书》第 21 册，第 1642 页。

可合而命之曰太极之象，则两①三四五亦可合而命之曰太极之体矣。盖太极虽不外乎阴阳五行，而其体亦有不杂②乎阴阳五行者。熹于周子之图书之首固已发此意矣。若必其所象毫发之不差，则形而上下终不容强于匹配。③

"太极"和"两、三、四、五"，无论在《系辞》蓍策还是周敦颐的《太极图》及《图说》中，都是一起出现的，但是朱熹认为"太极"属于"形而上"，而"两三四五"属于"形而下"，合而论之不代表可以混同思之，所谓"太极虽不外乎阴阳五行，而其体亦不杂乎阴阳五行"，将阴阳五行作为太极之体的考虑，并将形而上的太极与形而下的诸概念一一匹配，就是混同。"两三四五"是易学中的基本概念，通过符号从"阴阳两仪"开始来演绎"形而下"的世界。而"太极"或"一"则是朱熹受到周敦颐的启发，上溯《河图》《洛书》，为了解释人如何能够认识由"阴阳"开启的识物行事的概念，是形上领域的建构。

太极者，象数未形而其理已具之称，形器已具而其理无朕之目，在《河图》《洛书》，皆虚中之象也。④

---

① 《文集》作"二"，误。
② 贺瑞麟《朱子文集正讹》作"杂"，《易学启蒙通释》作"杂"。《四部丛刊》影印明嘉靖十一年(1532)本、《文渊阁四库全书》本皆作"离"。胡一桂"然伏羲画卦，岂但从阴阳起，必有不杂乎阴阳二实不离乎阴阳者以为本，太极是也"。可证应为"杂"。《周易本义启蒙翼传》，第385页。
③ 朱熹：《答赵子钦》，《晦庵朱文公先生文集》卷五十六，《朱子全书》第23册，第2644页。
④ 朱熹：《易学启蒙·原卦画第二》，《朱子全书》第1册，第218页。

这里分"形上"和"形下"说明"太极"的含义：其一是"象数"未成形时，刘牧曾说"太极无数与象"①，与此意思相近，此时理已经存在；其二是已经成形且是可知的具体事物时，但理又不与物混。所谓"无眹之目"，眼缝曰"眹"②，郑玄注《周礼·春官》"瞽蒙"引郑众语："无目眹谓之瞽，有目眹而无见谓之蒙。"朱熹把太极比喻为理的"无眹之目"，意为没有眼缝的"瞽"，无法用眼睛看到外界，但是眼睛功能完好，一旦触光影即可识象辨形，这就是太极作为"理"构造世界的基点。"理"在这里解释为"已定之形，已成之势，则固已具于浑然之中，而不容毫发思虑作为于其间也"③。可知，无论在未形，还是已形之时，"太极"都在。而"象数"是"形器"形成的规定，也就是任何形器是按照一定的"象数"而成形的，因此"象数"一定不是"形器"，但已经"有形"，这样既能被人感知，却又不是某种具体事物。因此，人之所以能看得到对象，就是由太极构建起来的。

朱熹重新定义了"易有太极"，表明他意识到人能够认识外在的对象并不是"自然"的，而是在人心中有了一套"虚位以待"的构造，这个构造不是世界本身，而是人心之能。虽然"两仪""四象""八卦"是易学的基本概念，但朱熹以"太极"挈领，引用邵雍"先天学，心法也。故图皆自中起万化万事生于心"④之语，想要表明《河图》《洛书》与卦画之间有着本质的区别，前者是天地自然呈现给人的，而后者是人心

---

① "太极无数与象。今以二仪之气，混而为一以画之，盖欲明二仪所从而生也。"刘牧：《易数钩隐图》卷上《太极第一》，第9页。
② "眹"字后世传钞多讹误为"朕"，失其喻义。
③ 朱熹：《易学启蒙·原卦画第二》，《朱子全书》第1册，第218页。
④ 朱熹：《易学启蒙·原卦画第二》，《朱子全书》第1册，第240页。

自造的。这样的理解与既往的易学史研究是有差别的，一般认为《周易》的八卦是对自然界八种基本事物的临摹，更多的事物再通过系象分别归入八个类别中，使六十四卦得以通过自然界的各种事物之际会寓意六十四种变化的类型。这样的理解显然是以经典所记为依据，暗含着经典的内容即自然界本身所是，人只要理解了经典就是在理解自然万物和演化，因此《周易》和自然界是同一的。而朱熹则将这个本来位于人类认识之依归变成人类自身产生出来的体系，不能不说是在根基处对易学提出重大挑战。《周易》的卦爻系统提示了人的智识在接物之前所具备的能力，这是人之为人的属性，朱熹命名为"先天学"，是人的"心法"，旨在与之前的易学分开，同时也为易学史奠基。后学魏了翁深得其旨。

> 众人以《易》观《易》而滞于《易》，邵子以《易》观心而得乎心。滞于《易》则象数文字然耳，得乎心则天地万物与我一本也。①

他点出了先天学不同于易学的主旨，易学是以《周易》为范围的，其宗旨只是经典的疏通与阐释，而先天学是关于人如何理解世界的学说，《周易》只是手段而已，最终要归于人心和世界的交互。但此"心"并不是指"人伪"或者"心思探索之巧"，而是能待物而动的基础，也就是"心"能够将天地万物的生成解读为程颐所谓的"加一倍法"，在《河图》《洛书》之前，人心已具备了"太极"，即所谓"画前之易"，见

---

① 魏了翁：《书潼川柳彦养墓碑阴》，《鹤山大全集》卷六十二，四部丛刊本。

《河图》《洛书》,则知"太极—两仪—四象—八卦"具于人心,而不是以卦画系统去套解自然之变,所以朱熹一再强调《周易》提供的是一个"空"的框架,没有真实的所见所闻,人的经验无法形成;反之,没有"易"的基础,人的经验只是朴素的各种无关联的繁多而已。这是"理"的显现,也就是"天地之前,毕竟有是理"的意思,也就是"先天学"所关注的领域。

《河图》《洛书》的重新发现,并不是一种以崇古争胜于后世易学,而是通过时间上的古来标记逻辑在先的新的认识基源的创建。"看易,须是看他卦爻未画以前是怎模样?"[1]"伏羲—文王—周公—孔子"四圣的顺序,并不是指向历史上真实的那个人物,而是借用他们本身的先后顺序寓意人的意识构建的过程,这个过程在思维到某物时就已终结,无法从直接感受上辨察,只有通过反思才能分析出来。由此在"先天学"的规定中,传统易学的理解体系必须重新排布。

> 若论先天,一卦亦无。既画之后,乾一兑二,离三震四,至坤居末,又安有乾坤变而为六子之理!凡今《易》中所言,皆是后天之易耳。以此见得康节先天、后天之说,最为有功。[2]

> 及至卦成之后,逆顺纵横,都成义理,千般万种,其妙无穷,却在人看得如何,而各因所见为说,虽若各不相资,而实未尝相悖也。[3]

---

① 黎靖德编:《朱子语类》卷六十七,《朱子全书》第 16 册,第 2228 页。
② 黎靖德编:《朱子语类》卷六十七,《朱子全书》第 16 册,第 2237 页。
③ 朱熹:《答袁机仲》,《晦庵先生朱文公文集》卷三十八,《朱子全书》第 21 册,第 1664 页。

　　《周易》是六十四卦"卦成之后"的作品，易学家疏通经文的种种可以称之为"智力"之举，即通过各种方法探索《周易》所阐述的天地之理，由于卦画系统本身的自洽性保证了易学研究的"殊途同归"，也就是借助卦中爻画的组合与卦爻辞的呼应来确认卦义，而朱熹通过邵雍的学说所构建的"自初未有画时说到六画满处者，邵子所谓先天之学"，是对"六十四卦"何以可能的一种理论构建，而不是卦之用的实践讨论的"后天之学"。因此，《周易》是以六十四个组合为纲，每个组合又由八个三爻卦中的两个组成，只有"八"和"六十四"两个环节，就能囊括天下之变，在逻辑上是不周延的，但在实践中又完全可以做到。而在邵雍的论说中有三爻加一爻变十六，十六加一爻变三十二的环节，并且可以加倍至无穷，但是"十六""三十二"以及"六十四"以上更大的数字是没有"名"的，只是逻辑中间环节的呈现。

　　　　今不复为图于此而畧见第四篇中，若自十二画上又各生一奇一偶，累至二十四画，则成千六百七十七万七千二百一十六变，以四千九十六自相乘，其数亦与此合，引而伸之，盖未知其所终极也。虽未见其用处，然亦足以见易道之无穷矣。[1]

　　"极仪象卦"的孳乳发生在每一次接物中，思维中的一分为二至无穷可以被设想，但现实中未必有其对应，也就是"未见其用处"。反之，以天下之物虽不可穷尽，但无不绳之以"极仪象卦"之则，因此朱

---

[1] 朱熹：《易学启蒙·原卦画第二》，《朱子全书》第1册，第228页。

熹说:"既谓之数,恐必有可穷之理。"[1]他要打破"自然"作为起源的终极原因,在方法领域构筑数之理,而易也是居于此一层次,而不是对自然之物的比拟和象征。汉代易学所做的是比类,尽可能穷尽天下之物,但朱熹已认识到天下之物不可穷尽,那么只有在方法上穷尽,而易学是在方法层面上,而不是在现实中对天地万物的统括。也就是"穷尽"是在人自身的认识方法的完善,而不是对外界事物的积累,积累的本身也是最后指向认识的基础,而不是经验。这一根本性的转换令朱熹自觉揭开了终极奥秘。从他的赋诗中可以窥见:

> 忽然半夜一雷声,万户千门次第开。
>
> 若识无心涵有象,许君亲见伏羲来。[2]

名称	先天学	后天学
作者	朱熹	一般易学研究
方法	太极—两仪—四象—八卦	《周易》六十四卦
宗旨	经验形成的基础	经验的研究

四、易学启蒙是哲学启蒙

朱熹说:"濂溪作《太极图》发明道化之原。"而在他的易学专著中

---

[1] 朱熹:《与郭冲晦》,《晦庵朱文公先生文集》卷三十七,《朱子全书》第 21 册,第 1636 页。

[2] 朱熹:《答袁机仲》,《晦庵朱文公先生文集》卷三十七,《朱子全书》第 21 册,第 1668 页。

并未收入此图，说明朱熹的建立先天易学的目的并不是要重申"道化之原"。但是《太极图说》"无极而太极"却给了朱熹一个非常重要的启示，他把这种激发投射在伏羲受启于《河图》画卦的故事上①，由卦爻符号构建出人认识世界的基础，解释人如何认识外在对象并为它们设定秩序，因此《周易》的符号并不指向实在对象，而是为了人们理解世界奠基。由此，他自信地断言《易》可以穷尽天下古今所有事物之理，如果不是从人心出发，没有溢出构造以外的事物，是无法给出这一判断的。因此，《易》相对于"五经"的其他经典而言，不是纲领，因为论域不同无法统领，而是奠基性的。朱熹不再是通过经典探索世界的本原，而是跨到经学的前面思考它们言说的基础。

"先天易"自北宋出现，据朱震《汉上易传表》记载由宋初道士陈抟三传至邵雍，并经过朱熹的发挥为后世熟知，然而朱熹在他的论述中只字未提陈抟的《易龙图》，因其内容对朱熹来说"无所用"②，对"先天易"的使用也明显不同于前人。另外，虽然在《周易本义》卷首有《先天图》四幅，并注明"皆出邵氏……所谓先天之学"，但已有学者指出朱熹并非照搬原书，而是自笔其图。③ 因而引起当时学者的种种质疑。

---

① 朱熹《斋居感兴》云："皇牺古神圣，妙契一俯仰。不待窥马图，人文已宣朗。浑然一理贯，昭晰非象罔。珍重无极翁，为我重指掌。"《晦庵先生朱文公文集》卷四，《朱子全书》第 20 册，第 360 页。
② "《易龙图》是假书，无所用。"黎靖德编：《朱子语类》卷六十七，《朱子全书》第 16 册，第 2253 页。
③ 参见刘仲宇《朱熹与先天学》，《道家文化研究》（第 9 辑），上海古籍出版社，1996 年版；陈岘《论朱子对先天学的改造及其影响》，《哲学动态》2020 年第 2 期。

六月一日,林黄中来相访,问日向时附去易解,其问恐有未是处,幸见谕一予应之日大凡解经,但令纲领是当,即一句一义之间虽有小失,亦无甚害。侍郎所著,却是大纲领处有可疑者。上林问,如何是大纲领处可疑。予曰:系辞所谓易有太极,是生两仪,两仪生四象,四象生八卦,此是圣人作易纲领次第,惟邵康节见得分明。今侍郎乃以六画之卦为太极,中含二体为两仪,又取二互体通为四象,又颠倒看二体及互体,通为八卦。若论大极,则一画亦未有,何处便有六画底卦来?如此恐倒说了。兼若如此,即是太极包两仪,两仪包四象,四象包八卦,与圣人所谓生者意思不同矣。上林曰:惟其包之,是以能生之。包之与生,实一义尔上。予曰:包如人之怀子,子在母中。生如人之生子,子在母外。恐不同也。一林曰:公言太极一画亦无,即是无极矣。圣人明言易有太极,而公言易无易无太极,何耶!予曰:太极乃两仪、四象、八卦之理,不可谓无,但未有形象之可言尔。故自此而生一阴一阳,乃为两仪,而四象、八卦又是从此生,皆有自然次第,不由人力安排。然自孔子以来,亦无一人见得。至邵康节然后明其说,极有条理意趣可玩,恐未可忽,更详之。①

朱熹在与林栗的论辩中反映出后者对人的意识之"有"与实在对象之"有"不做区分,因此不能接受朱熹据邵雍释"极仪象卦"的做法,

---

① 朱熹:《记林黄中辨易西铭》,《晦庵先生朱文公文集》卷七十一,《朱子全书》第24册,第3406—3407页。

从两人提出的论据中可以看到林栗使用的象数和方法是建立在《周易》经传和传统易学的基础上的，并自居正统，且不惮于批驳邵雍，连带朱熹也在内。同样的论辩还见于朱熹与袁枢的十一封书信，遭到的质疑同样是对方并没有领会朱熹虽然使用的是易学概念，但是在陈说一种完全不同的理论，只能感叹"至于卦画之论，反复来喻，于熹之说亦多未究其底蕴"。他自知要让同时代学者从厚重的易学史中走上他的另辟蹊径是很难的，必然与原来的易说纠缠甚至冲突，但是他始终相信他的新说位于最前沿，同时也是最根本的层次。

> 《易》中卦位义理层数甚多，自有次第，逐层各是一个体面，不可牵强合为一说。学者须是旋次理会，理会上层时，未要搅动下层，直待理会得上层都透彻了，又却轻轻揭起下层理会将去。当时虽似迟钝，不快人意，然积累之久，层层都了，却自见得许多条理千差万别，各有归著，岂不快哉！若不问浅深，不分前后，辊成一块，合成一说，则彼此相妨，令人分疏不下，徒自纷纷成卤莽矣。此是平生读书已试之效，不但读《易》为然也。①

可见，所谓易学的"象数"和"义理"的分野在朱熹看来都属于"下层"，以"下"犯"上"，只能"徒自纷纷成卤莽"。而理会了上层，下层所能容纳的就不仅仅是《易》。

---

① 朱熹：《答袁机仲别幅》，《晦庵朱文公先生文集》卷三十七，《朱子全书》第 21 册，第 1673—1674 页。

从历史上看,朱熹并没有说服他的同代人,而他的后学重申摆脱象数和义理的标识来看待朱熹的易学。《易学启蒙通释》的作者胡方平提出不应再以"象数"易学的眼光看待朱熹对邵雍的援引,先天易学以图为心法,依据的是"理"。

今历引其(指邵雍)言,而终之以图为心法,图皆从中起,且以为天地万物之理尽在其中。则其学之得于心,心之根于理者,又岂徒象数云乎哉。[1]

但是他在《原卦画》中试图找到图书与先天后天八卦图的关系,认为"天地之间河洛自然之数,其与圣人心意之所为,自有不期合而合者,此理之所必同也,不可不察焉"。[2] 显然并没有领会图书之于先天易学的作用,被他的同宗友人胡次焱在《易学启蒙通释》序中指出:

世之为《图》《书》说者,何纷纷乎! 彼惟于十数中求所谓八卦者,而见其夐不相干,于是创说以强通之。幸有一节偶合,矜以自喜,而于他节不合者,辄变例易辞,牵挽傅会,抑勒之俯就其说,虽穿凿支离不恤也。余尝以平易之说求之。窃谓《图》者奇耦数而已,天一为奇,地二为耦,三、五、七、九奇之积,四、六、八、

---

① 胡方平:《易学启蒙通释》,北京:中华书局,2019 年,第 99 页。
② 胡方平:《易学启蒙通释》,第 112 页。

十耦之积。故一、二为奇耦之始，五、六为奇耦之中，九、十为奇耦之成。一与二，三与四以至九与十，奇耦之相得也。一与六，二与七以至五与十，奇耦之有合也。天下之数，不出乎奇耦两者。圣人于极仪象卦之理，默会于心久矣，于是仰观俯察，近取远取，而有见于《图》之奇耦，与吾心极仪象卦之理契然有合。遂则其天一画奇，是为阳仪，而阳卦奇出焉；则其地二画耦，是为阴仪，而阴卦耦出焉。斯两仪也。于两仪上各加一奇一耦而为画者四，斯四象也。又於四象上各加一奇一耦而为画者八，斯八卦也。由是衍之为十六，为三十二，为六十四，以至千六百七十七万七千二百一十六，以至无有终穷，皆自一奇—耦衍之。所谓"即《图》画卦"者，如此而已矣。不特此也。七、八、九、六，易所谓四象。内之一、二、三、四也，四象之位；外之六、七、八、九者，四象之数。《图》之外，七南八东九西六北，此成数之四象；《图》之内，一合五为六居北，三合五为八居东，二合五为七居南，四合五为九居西，此生数之四象。筮用其全，故七、八常多；易取其变，故七、八不用。积生数之一、三、五为成数之—九，乾用之；积生数之二四为成数之六，坤用之。所谓"即《图》画卦"者，如此而已矣。何必执泥四方，强配八卦，而规规曰："此属乾坤坎离，此属震巽艮兑。"至其窒碍抵牾，则呕心断肠，巧辞牵合，弃坦途，行荆棘，何乃自苦如此！

胡次焱提示了朱熹学说的关键点。其一，《河图》很重要，但并不复杂。重要处在于没有它的启示，圣人无法发现自己心中的"先天"，但《河图》仅是一个引子,与"极仪象卦"不是因果或先后的关系,没有必要细究;其二,"极仪象卦之理"是"吾心"之理,不是对外物的描画,由《图》唤起,由符号承载,与《周易》记载的八纯卦并不是一个领域的语言,所以不用一一匹配。其针对的是将八卦按乾一、兑二、离三、震四、巽五、坎六、艮七、坤八匹配《河图》,但《河图》中的数字,是生数一、二、三、四和成数六、七、八、九按四方排布,这与八卦中的太阳为一、少阴为二、少阳为三、太阳为四和筮数六、七、八、九并不是数值相等的代换关系。因此,易的极仪象卦,即朱熹的先天学,是人心的构造,没有必要对应。"伏羲则图画卦"不是临摹《河图》画八卦,而是受其启发,画出人心之易,《河图》及《洛书》与太极至六十四卦是两个系统。胡次焱在序中说曾以此说与胡方平交流看法,而胡方平虽然知道"《启蒙》固为读《本义》设,而读《启蒙》者,又未可以易视之也"[1],但承认自己在疏通《易学启蒙》时并未深究这一点。而这恰是胡次焱"强配八卦"的观点,朱子后学中以先天合于后天为高明者,恐怕是颠倒了朱子之意,也是易学和哲学分道扬镳的叉点。

> 易有以理言者,有以书言者。以理言,即太极是也;以书言,即两仪、四象、八卦、六十四卦、三百八十四爻,与夫文王之卦辞、周公之爻辞,皆书名者也。[2]

---

[1] 胡方平:《易学启蒙通释》,第193—194页。
[2] 胡一桂:《周易本义启蒙翼传》,中华书局,2019年版,第388页。

胡方平之子胡一桂将"易"区分为"以理言者"和"以书言者"①表明理学中将易作为人的认识之能，而经学则将《周易》书中的概念作为研究的对象。如此截然分割人心构造和认识之物，以为物之"在我"和"在世"两个面向，从而主张"本末一体""体用一源"的思路在当时还不能为人接受。从后世《河图》《洛书》合先后天八卦的诸多造作来看，胡次焱的观点并未引发多少共鸣，后人虽然接受了《河图》《洛书》对极仪象卦的启示，但仍然在生成论的维度上继续探索。当然，深契者也不乏其人。明人来知德把"象"比喻为"镜"，认为"有镜则万物毕照"，已经区分了象与实在对象的关系。

> 象也者，像也。假象以寓理，乃事理仿佛近似而可想象者也，非造化之贞体也。②

由此，他推论出"理"是人心在照鉴实在对象后获得的结果，而不是造化本身。因此，由太极开启的识物之旅是人心的活动，"太极亦即易中之太极，不可泛指造化之理言，盖卦爻之理，即太极也"③。还有高攀龙、俞樾也明确了"易"的论域。

---

① 朱熹曾言："'易有太极'，则承上文而言，所以往来阖辟而无穷者，以其有是理耳。有是理则天地设位，而易行乎其中矣。两而生四，四而生八，至於八则三变相因而三才可见，故圣人因之书为八卦，以形变易之妙而定吉区，至此然后可以言书耳。前所谓'易有太极'者，恐未可以书言也。"朱熹：《答蔡季通》，《晦庵先生朱文公文集》卷四十四，《朱子全书》第22册，第1989页。
② 来知德：《周易集注·易经来注图解》，九州出版社，2004年版，第655页。
③ 张振渊：《周易说统》卷十《系辞上传》，明万历四十三年(1615)石镜山房刻本。

太极者,据易而言,天地间莫非易,易有太极,非易之外别有
所谓太极也。①

诸儒不求之易中而求之易外,是道家之太极,非儒家之太
极也。②

将"太极"限制在"易"中的提法表明两位学者都认同朱熹关于先
天易学的论述,那么在"先天易"之外来使用"太极"不但会牵涉到生
成论的起点问题,还会陷入到与道家的甄别中。道家把"易"当作世
界经验的总体,从历史的维度理解"极仪卦象",把起点设于恍惚窅
冥,以无法被人把捉为终极,将世界本原隐匿在不可言说中。

朱熹通过反思伏羲画卦事件,发现了人心造物的端倪,并依此思
路疏解理学问题。先天易和后天易的界限在于感性世界的加入,即
为"天下之故"所动,这与朱熹阐述心的"已发"与"未发"状态的思路
是一致的。他在"己丑之悟"(乾道五年,1169)后改变"心为已发"的
看法,将"心"分为"未发"和"已发"两段,"未发"指"思虑未萌,事物未
至","当此之时,即是此心寂然不动之体,而天命之性当体具焉。以
其无过不及,不偏不倚,故谓之中。及其感而遂通天下之故,则喜怒
哀乐之性发焉,而心之用可见"。③　心具备临事接物的基础,但在感性
触发之前是没有任何内容的,此为"心之体",在接触外物后,"天命之

---

① 高攀龙:《高子遗书》卷五《会语》,四库全书本。
② 俞樾:《陆诗城所著书序》,《春在堂杂文》六编卷七,赵一生主编《俞樾全集》第 12
册,浙江古籍出版社,2017 年版,第 1043 页。
③ 朱熹:《与湖南诸公论中和第一书》,《晦庵先生朱文公文集》卷六十四,第 3130—
3131 页。

性"构造感性内容成为人们可以认知的内容，并仿佛这就是外物之实在，其实是人心自身所致。这种"必然如是"的方式即"理"。

> 未画以前，便是寂然不动，喜怒哀乐未发之中，只是个至虚至静而已。忽然在这至虚至静之中有个象，方说出许多象数吉凶道理，所以礼记曰："洁静精微，易教也……此其所以灵。"①

易占灵验一般被归因于卦爻辞总能对应偶然性的境遇，但朱熹认为卦爻是"悬空"而作，"空"指无感性内容，所以《礼记》认为《易》教"洁静精微"。一旦即事充盈，便以"易"之"极仪象卦"的方式构造出具体事物，就"人心"而言，则因事物而生喜怒哀乐，那么看似偶然的事物其实是按"理"展开，"所以灵"。如果哲学是关于所知的知识的话，生成论和宇宙论还处于哲学的前夜，而朱熹的易学启蒙关注的是人之所知如何成立的哲学启蒙。

余 论

北宋邵雍作《皇极经世》，以数度史。司马光于《资治通鉴》之外又作《潜虚》，鉴史见质。学人们对天道的探索逐渐从经验到经验的或然联结转向必然性的取得。于是，经学的记载受到拷问，新的认知亟待新的方法。在此背景下，理学并不是一种取代原来经学所塑造的信仰的新本体论，而是一种仍然从经验开始，却基于人心（认知能

---

① 黎靖德编：《朱子语类》卷六十七，《朱子全书》第 16 册，第 2228 页。

力)的哲学体系,其终点仍然是"天道",因此,朱熹所说的"格物","是对道的体悟,绝不是通过经验推概所成立的科学知识"①。

哲学体系的构建需要合适的概念,《周易》无疑是首选,首先要澄清的是义理易学和象数易学与经验的紧密关系。于是朱熹要求回到伏羲画卦,在八卦取象前结束,以保证其纯粹性。继而,他牵出《河图》《洛书》,无疑又陷入历史公案,潘雨廷先生指出:"宋以后复行十数(河图)、九数(洛书)两结构图(今重视其实,不必纠缠于河图、洛书之名),正可推本于阴阳符号卦的来源。"②日月晦明是经验的知识,阴阳则是对经验进行反思所获得的知识。两种知识在不同层面上起作用,但不出人之视角,那么理学所说的"易"就不是之前作为经验对象总体的朴素观念。以此类推,理学中的"易"是在反思的层面讨论作为"知识"的构成,而不是讨论经验本身。经验是不可能穷尽的,因而不能给出全体的判断,但反思的知识是对世界整体的规划,因而可以做全然的判定。一旦区分了两者,明晰和必然的表述就可以达成。吕思勉指出:"理学家之所谓理,非普通人之所谓理也。普通人之所谓理,乃就彼所知之事,描绘得之,约略言之而已。至理学家之所谓理,则必贯通万事而无碍,乃足以当之。盖就知识言,必于万事万物,无所不晓,而其所知乃真;以行为言,必其所知既真,而所行始可薪其不缪也。"③这里的"真"并不是指思维与对象的符合,而是思维自身的逻辑终点。

①　刘述先:《朱子哲学思想的发展与完成》,吉林出版集团,2015 年版,第 594 页。
②　潘雨廷:《文王数字卦初探》,氏著《易学史发微》,上海古籍出版社,2017 年版,第 7 页。
③　吕思勉:《理学纲要》,第 75 页。

吾国三千年来重视易卦（今已得先周之数字卦），实为独特之数学语言，于筮占中融入哲理，渐以哲理为主。然《易》之哲理，始终不可忽视卦象所包含之数学语言。故自数字卦发展成阴阳符号卦后，九数、十数之组合图形，至迟在战国时早已流行。唯数学语言之所指，自然有天人之辨，亦势必因时代变化而变化。故宋起恢复九、十数之组合图形，并名之以"河图""洛书"，实为认识论之一大进步。先以《潜虚》拟议《太玄》，尚未及先天图之发展《太玄》。又陈抟之先天图，可谓之以二进制变化《太玄》之三进制，《潜虚》欲立七进制以承《太玄》，而其所指仍属一年之标准，故远不及《皇极经世》之作用。且先天图传及李之才，已合五经而深得《易》与《春秋》互为表里之旨，乃雍继而发挥之，实合孔孟老庄而一之。《庄子·秋水》有言："……五帝之所运，三王之所争，仁人之所忧，任士之所劳，尽此矣。伯夷辞之以为名，仲尼语之以为博，此其自多也。……"此于雍盖思之已久，观人类活动之时空区域仅此而已，何可知"善设"而不知"能齐"。《逍遥游》中所谓"大年""小年"，尤为不可不知之事实。由是大其时空周期而著此《皇极经世》，乃反映宋初时对世界之认识，且有"年"之客观标准，非空想可比。①

潘雨廷以数学之模式（无内容的形式推证）与历史事件来领会"天人"所指，一方面探索不变的"天道"（从数学语言，应该说是"数"

---

① 潘雨廷：《论邵雍与皇极经世的思想结构》，氏著《易学史发微》，第339页。

语言开始),一方面检验人事(以史为鉴,并不是指重复历史,因为个体事件不可能重复,重演的是发展逻辑),也就是希望在历史中提炼出逻辑语言,并推之后世。因此,宋人重提河洛,并不是崇古,或以伏羲来压倒文王、孔子,而是以回到"数"语言来重续必然性的思考(天),而不是继续沉溺于或然(人)。

"天人"都来自人心,并非人之所识之外复有一个实在之天,朱熹援引周敦颐,拈出"太极"建构认识论,为人认识世界和形成知识奠基。但是,这种求知的目的并不是指向物质效用的,因此不是一种对自然世界展开的"科学"式的考察,而是最终指向"行动",即成就更好的世事,包括人事和物用,也就是"开物成务"。

第四章　元人的思想世界

第一节　金末元初理学北传再思考

宋代理学始于北宋周敦颐，立于程颢、程颐兄弟，臻于南宋朱熹，宋理宗公开表彰"四书"，但科举取士仍尊古注疏句读。公元十三世纪，蒙古人自北而南，先后攻灭金、宋，统一南北，建立元朝。理学则自南而北，经过汉儒孜孜以求的传布，至元仁宗时颁定为科举的标准，儒学以新的面貌重新回到思想统治地位，直至清末长达五百年，因此，金末元初理学北传意义重大。前贤从政治、文化、教育等多个方面对这段历史展开深入研究①，皆称的论。然而，相较于儒学史上赵复携书北上讲学的浓墨重彩，同时段的政治史却很难找到理学的相关消息，直到忽必烈称帝，许衡等汉儒立于朝堂才开始两者的互

---

① 重要的研究有，安部健夫：《元代的知识人与科举》，《史林》第 42 卷第 6 期，1959 年；陈高华：《理学在元代的传播和元末红巾军对理学的冲击》，《文史哲》1976 年第 2 期；狄百瑞：《元代道学的兴起》，《道学与心学》，哥伦比亚大学出版社，1981 年版；姚大力：《金末元初理学在北方的传播》，《元史论丛》（第五辑），中国社会科学出版社，1982 年版；周良霄：《程朱理学在南宋、金、元时期的传播及其统治地位的确立》，《文史》（第 37 辑），中华书局，1993 年版等。

动。理学在此期间不仅在汉唐儒学占主流的北方生根发芽,还在如日中天的释道治下分得一席之地,仅以理学最终的胜利回溯其自身力量作为理由显然不够,其思想内容在北传之初的变化和取舍还有值得讨论的空间,在朝代更迭、民族融合、文化冲撞的背景下,儒学不可能保持一成不变,且变而通,都要求走出儒学本身来回看这段思想历程。

一、一般学术史的问题

关于理学北传,学术史一般以赵复被掳北上,携理学学说和书籍传播理学思想作为开端。《元史·儒学传》记载了赵复的生平:

> 赵复字仁甫,德安人也。太宗乙未岁,命太子阔出帅师伐宋,德安以尝逆战,其民数十万,皆俘戮无遗。时杨惟中行中书省军前,姚枢奉诏即军中求儒、道、释、医、卜士,凡儒生挂俘籍者,辄脱之以归,复在其中……先是,南北道绝,载籍不相通;至是,复以所记程、朱所著诸经传注,尽录以付枢。自复至燕,学子从者百余人。世祖在潜邸,尝召见……惟中闻复论议,始嗜其学,乃与枢谋建太极书院,立周子祠,以二程、张、杨、游、朱六君子配食,选取遗书八千余卷,请复讲授其中……枢既退隐苏门,乃即复传其学,由是许衡、郝经、刘因,皆得其书而尊信之。北方知有程、朱之学,自复始。[1]

---

[1]《元史》卷一八九《赵复传》,中华书局,1976 年版,第 4314 页。

姚枢于军中荐拔赵复一事并见于姚燧《序江汉先生事实》和《元史·姚枢传》，姚枢不仅以"儒同出者将千数，才得如先生一人"，还以"爱其全之，则上承千百年之统，而下垂千百世之绪者"①为由劝阻欲投水自尽的赵复，从而保其北上开理学之端绪。综合来看，赵复的贡献有二，一是"尽录"程朱所著诸经传注交予姚枢，成为日后元代大都太极书院藏书达八千余卷的基础典籍；二是编撰《道统图》，将孔、颜、孟、周、程、张、朱的道统谱系作为理学的重要内容介绍到北方，配以《师友图》《希贤录》一并传授。儒学道统由唐代韩愈提出，到朱熹完全形成，以"传人"取代"传经"，为理学绍续儒学正统提供了理论支持，也成为理学合法性的重要依据。赵复的风骨和学问为元初重要的儒士姚枢、许衡、郝经所推崇，所以后人评价"北方知有程、朱之学，自复始"。虽然北方在此之前并非不知程朱之学，但赵复传中使用"尊信"一词，显然是在说明理学在北方因赵复开始形成了正式的学派，与金代注重明经诗赋之学的儒学传统分道扬镳，而不仅仅是"知道"而已。学术史一般认为程朱理学自此通过对经典和心性的全新解释不断获得认同，最终被元代统治者认定为官方思想，"道学从一个起初不受人重视的学说到成为被普遍接受的官方正统学说，是道学家们个人努力奋斗的结果，他们重新占有了道"②。赵复北上的1235年也被认为是理学在北方传播的分界点③，之后理学得以在北方

---

① 姚燧：《序江汉先生事实》，《牧庵集》卷四，四部丛刊初编本。
② 〔美〕狄百瑞：《元代道学的兴起》。
③ "就理学在华北传播的规模而言，1235年前后，则确实有明显的不同。"姚大力：《金末元初理学在北方的传播》。

站稳根基主要依靠的是自身的力量。

仅就理学本身来看，赵复确实在金元之际的北方成为沟通南北学术的重要人物，因此这种解释可以成立。不过从史料来看，关于赵复北上的叙述过于单一，都源自姚枢从子姚燧的记述。作为理学在北方的第一门徒，姚枢于1241年辞官归隐辉门（今河南辉县），在家读理学书籍，践履理学家制作的儒家礼仪，姚燧则与赵复之子赵月卿情谊深厚，赵复的生平在姚燧笔下自然不同凡响。除此以外，赵复与元好问趣味不投，与郝经酬答频繁，而后者是元代理学的重要人物，因此可以佐证赵复北上事迹的材料并不多。那么姚枢于筹建太极书院的同时在燕京弃官，为何不直接进入太极书院秉执理学大旗，却离开燕京另立门户？赵复凭一介儒生，又持新学，如何可能甫至北方既已立足？这些疑问都要求对当时的历史和思想有一个更全面的理解。

二、执柄者杨惟中

《宋元学案》中《鲁斋学案》首列"隐君赵江汉先生复"，全祖望案："河北之学，传自江汉先生，曰姚枢，曰窦默，曰郝经，而鲁斋其大宗也，元时实赖之，述鲁斋学案。"[1]儒学史认为赵复之后有姚枢、窦默、郝经，元代儒学至许衡大开门庭。从身份来看，赵复、许衡是儒士，而姚、窦、郝三人都是官员而不是学者。

---

[1]《宋元学案》卷九〇，第2994页。

（姚枢）少力学，内翰宋九嘉识其有王佐略，杨惟中乃与之偕觐太宗。①

适中书杨惟中奉旨招集儒、道、释之士，（窦）默乃北归，与姚枢、许衡朝暮讲习，至忘寝食。②

（周子）祠既成，适（郝）经贰于公（杨惟中）而征铭焉，遂序其事而为之铭。③

此三人的生平都牵涉到了同一个人物杨惟中。他就是在俘获赵复战役中担任主事官的人，姚枢当时只是他的副手。赵复传中说杨惟中"闻复论议，始嗜其学，乃与（姚）枢谋建太极书院"④。郝经盛赞杨惟中是"吾道赖以不亡，天下复见中国之治"的关键人物。那么杨惟中在理学北传中起了什么作用？

杨惟中（1205—1259），"字彦诚，弘州人。金末，以孤童子事太宗，知读书，有胆略，太宗器之。皇子阔出伐宋，命惟中于军前行中书省事。克宋枣阳、光化等军，光、随、郢、复等州，及襄阳、德安府，凡得名士数十人，收伊、洛诸书运燕都，立宋大儒周敦颐祠，建太极书院，

---

① 《元史》卷一百五十八《姚枢传》，第 3711 页。
② 《元史》卷一百五十八《窦默传》，第 3730 页。
③ 郝经：《周子祠堂碑》，《郝文忠公陵川集》卷三四，山西人民出版社，2006 年版，第 471 页。
④ 太极书院建在太宗十二三年（1240、1241），《周子祠堂碑》言"适经贰于公"，不见于《元史·郝经传》。又，"（宪宗九年（1259），己未岁），乃以杨惟中为江淮荆湖南北等路宣抚使，（郝）经为副，将归德军，先至江上，宣布恩信，纳降附"。《元史》卷一五七《郝经传》，第 3699 页。

延儒士赵复、王粹等讲授其间，遂通圣贤学，慨然欲以道济天下"①。
他从小追随窝阔台，及长受赏识担任要职。虽然他"知读书"，但具体
是什么书记载不明。史载"有二道士争长，互立党与，其一诬其仇之
党二人为逃军，结中贵及通事杨惟忠，执而虐杀之。楚材按收惟忠。
中贵复诉楚材违制，帝怒，系楚材；既而自悔，命释之"②。这条记载表
明杨惟中曾经担任过通事，而且因为牵涉到道教内部争衅被耶律楚
材逮捕。耶律楚材正是蒙古灭金时保存中原儒学余脉的关键人物。

　　公元1233年，窝阔台南征至汴，金将崔立开城投降，耶律楚材领
中书省，"遣人入城，求孔子后，得第五十一代孙孔元措，奏袭封衍圣
公，付以林庙地。命收太常礼乐生，及召名儒梁陟、王万庆、赵著等，
使直释九经，进讲东宫。又率大臣子孙，执经解义，俾知圣人之道。
置编修所于燕京、经籍所于平阳，由是文治兴焉"③。此为金元文化史
上的重要事件，象征儒学道统的孔子后裔得到蒙古承认，耶律楚材也
因此留下扶续儒学传统的美名。然而，孔元措归顺蒙古统治者后，所
做的只是为国家典祀筹备礼乐，虽然是汉地的仪制，却是为蒙古族的
祭天仪式所准备的。"（太宗）十二年夏四月，始命制登歌乐，肄习于
曲阜宣圣庙。"④这是他在史册留下的最后记录，其后孔子嫡裔几无成

---

① 《元史》卷一百四十六《杨惟中传》，第3467页。
② 《元史》卷一百四十六《耶律楚材传》，第3462页。注（二）：通事杨惟中，《蒙史》改
　　"忠"为"中"，并注云："杨惟中旧《传》云奉命使西域三十余国，故当时有通事之目。"
　　第3468页。
③ "初汴京未下（1232年），奏遣使入城，索取孔子五十一代孙袭封，封衍圣公元措，令
　　收拾散亡礼乐人等。及取名儒梁陟等数辈，于燕京置编修所、平阳置经籍所，以开
　　文治。"《元史》卷一四六《耶律楚材传》，第3459页。
④ 《元史》卷六八《礼乐志二》，第1691页。

器者。

耶律楚材虽然扶持儒学，但本人却好佛，视道教为外道。公元1241 年窝阔台崩，皇后乃马真氏称制，不喜耶律楚材。1244 年，耶律楚材卒于任上，杨惟中继任，拜为中书令，而在此之前，他已经取得了实际的权力：

> 庚子、辛丑间，中令杨公当国，议所以传继道学之绪，必求人而为之师，聚书以求其学，如岳麓、白鹿建为书院，以为天下标准，使学者归往，相与讲明，庶乎其可，乃于燕都筑院，贮江淮书，立周子祠，刻《太极图》及《通书》《西铭》等于壁，请云梦赵复为师，右北平王粹佐之，选俊秀之有识者为道学生。推本谨始，以"太极"为名，于是伊洛之学遍天下矣。①

"庚子、辛丑间"是 1240 至 1241 年，"杨公"即杨惟中。他提出"传继道学之续"，显然置耶律楚材所保留的中原儒学正脉于罔闻，即使在孔元措已经获得了窝阔台汗认可的情况下，又另请南宋赵复讲学，还在燕京建立太极书院和周子祠，难道真的是为理学思想所倾倒吗？

回顾蒙古军至德安府，诏曰"即军中求儒、道、释、医、卜士"，其中"儒"列于道释之前，位居首位，仿佛在搜求中首要重视的是儒生。而公元 1237 年颁布《选试儒人免差》，蒙古统治者此时才意识到"民间应

---

① 郝经：《太极书院记》，《郝文忠公陵川集》卷二六，第 373 页。

有儒士"①,那么蒙古军队南下之时即重儒似乎为时尚早。又如《元典章》载至元十三年(1276)元统一南宋时所颁诏书内一款:"至元十三年二月丁未诏:前代圣贤之后,高尚僧、道、儒、医、卜筮,通晓天文历算并山林隐逸名士,仰所在官司具以闻。"②"儒"位于"僧道"之后,若按儒的地位来说,比之赵复当年已有巨大提升,为何位次反列于后?只能以蒙古统治者对待汉人身份的习惯性顺序来理解。再如延祐元年(1314)一通关于道旁栽树的官文,其顺序也是"僧、道、医、儒"。③ 可见,只有出自理学的记载,"儒"才会被置于首位。而杨惟中起初并无着意搜访儒生的企图,这与他本身的思想倾向有关,与他经历类似,还有因兵祸少孤,被成吉思汗收养的宣德人刘敏;为忽必烈讲授《大学衍义》的赵璧,他们共同的特点是通蒙古语,通过担任通事的职务涉入政坛,最后身居高位,跻身蒙古重臣之列,但他们的共同点是思想驳杂,并不亲近儒学。那么杨惟中建太极书院,立周子祠,请赵复宣讲程朱,"慨然欲以道济天下"之"道"似乎也并非是儒学之道④,而且在他看来此举与以宣圣祭祀为标志的孔子儒学并不重复,也不冲突。

---

① 《庙学典礼》卷一《选试儒人免差》:"儒人二十年间学问方成……今来文风不振,所据民间应有儒士。"王颋点校:《庙学典礼》,浙江古籍出版社,1992年版,第9页。
② 陈高华等点校:《元典章》,第45页。
③ 陈高华等点校:《元典章》,第1979页。
④ 郝经:《杨惟中神道碑》,《郝文忠公陵川集》卷三十五,第493页。孙克宽认为杨惟中是理学北传的"媒介人物"。见氏著《元代汉文化之活动》,台北中华书局,1968年版,第157页。

三、太极书院还是太极道院？

赵复北上至燕京后，杨惟中与姚枢谋划在国子学内建立太极书院。燕京国子学诏建于太宗五年（1233），以金代孔庙为基址建造。书院教授蒙古子弟汉语。次年又诏，委任杨惟中为提举，管理国子学，还任命陈时可、李志常为教授。据《析津志》载："是时国家草创，权就燕京文庙，以道士兼教汉儿文字。惟中讳彦诚，洪州人，时为中书令领省事，宪宗己未卒。时可，燕京人耶律中书所荐。志常，亦儒者避难为道家者流，濮州人。"[1]从国子学的管理者和教师的思想倾向来看，全真教占据主导，反映了"城新刳于兵，学官忾于老氏之徒"[2]的时局，再结合杨惟中先前与道士结党的事迹来看，可以推断他所理解的汉地之学主要还是全真道。

因此杨惟中以"太极"命名书院，旨在"推本谨始"，十分值得玩味。被尊为"道学宗主"的周敦颐提出"无极而太极"，为朱熹极力赞赏，认为"无极二字，乃是周子灼见道体"[3]。而"太极"则源于《庄子》，见于《周易·系辞上》，即《老子》"道生一"所指，与道家联系甚密。程朱一派，二程不言太极，朱子云"太极只是一个理字"[4]。以"太极"为名似乎并未切中理学要害。再看太极书院中"立周子祠，刻《太极图》

---

① 《析津志辑佚》，北京古籍出版社，1983 年版，第 199 页。
② 马祖常：《大兴府学孔子庙碑记》，《元文类》卷一九，商务印书馆，1936 年版，第 243 页。
③ 朱熹：《答陆子静》，《晦庵先生朱文公文集》卷三六，《朱子全书》第 21 册，第 1568 页。
④ 黎靖德编：《朱子语类》卷一《理气上》，《朱子全书》第 14 册，第 114 页。

及《通书》《西铭》等",其中《太极图》实为"邵子太极图"①,而不是周敦颐的《太极图》。这就牵涉到宋代易学中的易图问题。按照南宋初朱震呈给宋高宗的《进周易表》:"陈抟以《先天图传》种放,放传穆修,修传李之才,之才传邵雍,以《河图洛书》传李溉,溉传许坚,坚传范谔昌,谔昌传刘牧,修以《太极图》传周敦颐……故雍著《皇极经世》之书,牧陈天地五十五之数,敦颐作《通书》。"②这段公案引起很多纷争,但据此可知邵雍传的是《先天图》,而周敦颐传的是《太极图》,而且邵氏《先天图》、刘牧《河图洛书》和周氏《通书》最为重要,周氏《太极图》其次。这与太极书院所刻邵氏太极图和周氏《通书》相吻合,那么太极书院里刻的"邵子太极图"又是什么呢? 邵雍之子邵伯温说:"其(邵雍)学主于意、言、象、数,四者不可阙一,其理具见于圣人之经,不烦文字解说,止有一图以寓其阴阳消长之数与卦之生变,图亦非创,意以作孔子系辞述之明矣。呜呼,真穷理尽性之学也。先君之学虽有传授而微妙变通,盖其所自得也,能兼明意、言、象、数之蕴而知易之体用,成卦立爻之所自。"③所谓"虽有传授"指的是邵雍之学传自陈抟,明确其学的精华凝结在他的《先天图》里。朱熹也说:"(邵子)《先天图》传自希夷,希夷又自有所传。盖方士技术用以修炼,《参同契》所言是也。"④朱熹对邵雍先天易学十分推崇,列入《周易本义》卷首九

---

① 《畿辅通志》卷一三九《金石二》,华文书局,1968 年版,第 4596 页。

② 朱震:《汉上易传》,广文书局,1974 年版,第 8 页。

③ 邵伯温:《易学辨惑》,《邵雍全集》第 5 册,第 33 页。

④ 黎靖德编:《朱子语类》卷一〇〇,《朱子全书》第 17 册,第 3352 页。

幅易图之中，题名"伏羲八卦方位图"（见下）：[1]

图中正中心具有"太极"字样，若以此图刻于石上，立于全真道主持的国子学，殊为洽合。北方文士对陈抟并不陌生，赵秉文《希夷先生祠堂记》：

> （希夷）先生之道之行，载于史，杂见于传记。道士之说，昭昭也。独《易》道出于天。至周，《河图》《洛书》藏在王府。秦汉而下，失其传者千有余年。而得先天之学以授种微君，以数授李挺之，挺之传邵康节，康节著以为《皇极书》，周濂溪又以为《太极图》，而《易》道复兴。顾尝以谓书可亡，道不可亡。然道待书传，书待人传。微先生，吾谁与归！[2]

---

① 《周易本义》，宋咸淳元年（1265）吴革刻本。
② 赵秉文：《闲闲老人滏水文集附补遗》，丛书集成初编本，第186页。

　　赵秉文是金朝著名文臣，官至礼部尚书兼侍读，时称"斯文盟主"，是北方的文坛领袖。在他的记叙中，不仅称道士传教为"行道"，还认为邵雍之学在周敦颐之先，两人功绩在于复兴《周易》。而且《周易》是道教内丹学的重要典籍，邵雍《先天图》与之关系甚深。[①] "孔子赞《易》，以为《易》有太极。一再传至于孟子，后之人不得其传焉。至宋濂溪周子，创图立说，以为道学宗师，而传之河南二程子及横渠张子，继之以龟山杨氏、广平游氏，以至于晦庵朱氏。中间虽为京、桧、促肯诸人梗踏，而其学益盛，江、淮之间，粲然洙、泗之风矣。"[②] 理学的传承在郝经看来与道学传承高度重合，因此也可以说是传《易》的谱系。

　　再看杨惟中为赵复安排的副手王粹。

　　　　王粹，字子正，北平巨族也。才高而学赡……然与世疏阔，不事举业……甲午（1234），杨侯彦诚被命召集三教医卜等流……杨侯独迎先生至燕，遇真常大宗师（李志常），即北面事之，执弟子礼，居长春宫，真常遇之甚厚……年四十余，以癸卯九月无疾而逝。[③]

----

① 黄百家说："《先天卦图》传自方壶，谓创自伏皇。此即《云笈七签》中云某经创自玉皇，某符传自九天玄女，固道家术士托以高其说之常也。先生得之而不改其名，亦无足异，顾但可自成一说，听其或存或没于天地之间。乃朱子过于笃信。"（《宋元学案》卷一〇《百源学案下》，第413页）王夫之也说"考邵子之说，创于导引之黄冠"（王夫之：《周易外传》卷五《系辞上传第一章》，中华书局，1977年版，第166页）。
② 郝经：《太极书院记》，《郝文忠公陵川集》卷二六，第373页。
③ 李道谦：《恕斋王先生事迹》，《甘水仙源录》卷七，《道藏》第19册，上海书店出版社、文物出版社、天津古籍出版社，1988年版，第784页。

杨惟中对王粹非常看中，"独迎"至燕，与姚枢力保赵复北上应在同时。全真道道士李志常时任都道录兼领长春宫，于1238年嗣主道教事，被朝廷封为"玄门正派嗣法演教真常真人"，王粹拜入其门下，且李"遇之甚厚"，可见王粹是一个纯正的道士，且在他的生平中对"太极书院"只字未及。癸卯为1243年，距离太极书院建立仅年余，而郝经在《哀王子正》中写道："拟见斯文还太极，遽收浩气反元精。世无程邵知音少，云黯燕山恨不平。"原注：时方作太极书院未毕。王子正即王粹，可知他去世时不仅太极书院还未竣工，而且在郝经看来，他虽然是理学的知音，但却是作为道士的身份来认同，而不是服膺理学的传播者。元好问有《赠司天王子正二首》，其中小传写道王粹"主太极道院"。[①] 可知"太极书院"在元好问的眼中，以"道"瞩目，又以培养"道学生"为宗旨，是一个"道学"的传播机构。理学初传北方，其学理与全真道教旨的界限并不分明，这促成理学得以比较快地进入学人视野，而赵复此时的处境，更像是隶属于全真道管辖下的国家教育机构里的一个研究员。[②]

四、倚教传学：理学初传北方的身份

身处燕京的赵复很清楚，是时全真道正掌握着北方的教权，而在

---

① 元好问编：《中州集》庚集卷七《王元粹小传》，中华书局，1959年版，第381页。
② 周良霄指出："我怀疑杨惟中在燕京初兴理学时，特别把周敦颐抬出来，给予教主似的尊崇，对于当时气焰方张，把持学宫的全真道，多少含有企求取容的用意在内，以图减少阻力。因为在当时条件下，把宋人的一套堂而皇之地搬到燕京来宣扬，其惊世骇俗而引起反对是很自然的。"《程朱理学在南宋、金、元时期的传播及其统治地位的确立》，《文史》（第37辑），第21页。

朝廷中的汉人也主要是前金文士,三教合一是他们秉持的论调,他们认同"道"是为学的根本,同时自认继承北宋的文化传统,在儒学的经义、事功和心性上皆有胜于南来的"道学"。① 那么理学要想获得认可,必须展示其更为精湛的道论和道行,还有背后千年道统的支撑,理论和历史缺一不可。

姚枢的归隐和赵复的离去都说明太极书院并没有在理学北传之初实现当初筹建时的期许。不仅是因为再没有像杨惟中这样的高官鼎力扶持,即使在南宋得到理宗的公开表彰,理学在朝野仍被目为空谈不学、自以为是之流,并未获得普遍认可。朱熹故里后人方回说:"今之为士者一切不讲,惟诗词之学仅存。予朱子之乡晚出者也,仕而归老,去朱子之殁未百年,求所谓义理之学者不一见焉。"②北方儒士同样有此感受:"解《论语》者有三过焉:过于深也,过于高也,过于厚也。圣人之言,亦人情而已,是以明白而易知,中庸而可久。学者求之太过,则其论虽美,而要为失其实。"③元人周密也说:"尝闻吴兴老儒沈仲固先生云:道学之名,起于元祐,盛于淳熙。其徒有假其名以欺世者,真可以嘘枯吹生。凡治财赋者,则目为聚敛;开阃扞边者,则目为粗材;读书作文者,则目为玩物丧志;留心政事者,则目为俗吏;其所读者,止四书,《近思录》《通书》《太极图》《东西铭》《语录》之类,自诡其学为正心、修身、齐家、治国、平天下。"④汉唐儒学祖述尧

---

① 邱轶皓指出:"与'道学'不同,'心学'更多地成了金代儒学的自称。"参见氏著《吾道——三教背景下的金代儒学》,《新史学》二十卷四期,2009 年。

② 方回:《吴云龙诗集序》,《桐江续集》卷三二,文渊阁四库全书本。

③ 王若虚:《论语辨惑》,《滹南遗老集》卷三,中华书局,1985 年版,第 17—18 页。

④ 周密:《道学》,《癸辛杂识》续集卷下,上海古籍出版社,2012 年版,第 94 页。

舜，宪章文武，以得君行道为最高理想，追求经国事功，以此为天下大道。宋代理学以理义心性为纲目，注重个人修养，以内向自证为通达天道之本。理学高蹈的内向探索确实使儒学的理论更加精致，但是这与其自称接续的孔孟统绪的合法性却受到质疑，最显著的一点就是儒学作为治国理政的实学面向被轻视甚至取消。即使是郝经，虽然对赵复尊奉有加，但细读其文，依然表露出对"道学"的质疑。

> 自六世祖某，从明道程先生学，一再传至曾叔大父东轩老，又一再传及某。其学自《易》《诗》《春秋》《礼》《乐》之经，男女、夫妇、父子、君臣之伦，大而天地，细而虫鱼，迩而心性，远而事业，无非道也，然未尝以道学为名焉尔……周、邵、程、张之学，固几夫圣而造夫道矣，然皆出于大圣大贤，孔孟之书未有过夫尧、舜、禹、汤、文、武、周、孔之所传者，独谓之道学，则尧、舜、禹、汤、文、武、周、孔之学不谓之道学，皆非邪？孟、荀、扬、王、韩、欧、苏、司马之学，不谓之道学，又皆非邪？故儒家之名立，其祸学者犹未甚，道学之名立，祸天下后世深矣。岂伊洛诸先生之罪哉？伪妄小人私立名字之罪也。其学始盛，祸宋氏者百有余年。今其书自江、汉至中国，学者往往以道学自名，异日祸天下，必有甚于宋氏者。[1]

郝经六世祖亲炙于程颢，其父郝天挺为元好问师，自然有理由对

① 郝经：《与北平王子正论道学书》，《郝文忠公陵川集》卷二十三，第337—338页。

南来的理学发表看法，他指出北宋二程并没有自称道学，而南宋那些自称道学之辈却祸至亡国，若倡此学，必重蹈覆辙。其中隐含了对舍经学而尚理学的学风的批评，而这也是理学无法回避的不足。

有鉴于此，赵复一开始便对理学的形象做了修整，虽然同时已有杨惟中板刻颁行"四书"，田和卿刻《尚书》《诗折衷》《周易程氏传》《书蔡沈传》《春秋胡传》[①]，但是赵复并没有推广这些理学基本经典，为了减少传播的阻力，他避开理学空谈性理，把重点放在人物和事迹上。

> 以周、程而后，其书广博，学者未能贯通，乃原羲、农、尧、舜所以继天立极，孔子、颜、孟所以垂世立教，周、程、张、朱氏所以发明绍续者，作《传道图》，而以书目条列于后；别著《伊洛发挥》，以标其宗旨。朱子门人，散在四方，则以见诸登载与得诸传闻者，共五十有三人，作《师友图》，以寓私淑之志。又取伊尹、颜渊言行，作《希贤录》，使学者知所向慕，然后求端用力之方备矣。[②]

赵复在讲授中发现，北方学人并不能领会周敦颐和二程及之后理学著作的真正要旨，原因在于北人问学从"五经"入门，以历代经典注疏为主轴，有着近似于宗教信仰的学脉体系。而理学著作则自立为说，把"五经"的内容作为自证的材料，所以"学者未能贯通"。于是他作《传道图》，将周程之学上绍远古圣人，接以孔孟，将书目附载于

---

① 姚燧：《姚枢神道碑》，《元文类》卷五〇，第 873 页。
② 《元史》卷一百八十九《赵复传》，第 4314 页。

后，明确理学与传统儒学的一贯性。又将晚近的五十三位朱子门人收入《师友图》中，完善理学的传承谱系，还著《希贤录》汇集这些传道者的事迹，以丰满《传道图》和《师友图》。宣德人梁枢"徒步往从之，既见，得复所书《希贤录》读之，叹曰：伊尹、颜回，心同道同，希之在我也"①。赵复又"撰其所闻为书，刻之目曰《伊洛发挥》，印数百本载之南游，达其道于赵魏东平，遂达于四方"②。郝经说："（赵复）今也历汴、洛，睨关、陕、越晋、卫，观华夏之故墟，睹山川之形势，见唐、虞、三代建邦立极之制，齐鲁圣人礼义之风，接恒、岱之旷直，激燕、赵之雄劲"③，"《伊洛发挥》一书，布散天下"④。可见《伊洛发挥》是赵复传播理学最重要的书籍，此书在赵复传中提及时属为"别著"一词，此"别"字让人立即联想到朱熹所著《伊洛渊源录》⑤，《宋史·艺文志》有"《伊洛渊源》十三卷"⑥，书名无"录"字，与赵复此书恰好呼应，就不得不产生这样的疑问：赵复为何不直接印行《伊洛渊源录》，而要"发挥"朱熹道统之作？是否此书于理学在北方的传播并无益处，但为了不违背程朱宗旨，才另著一书以为变通？

从赵复的行迹和至燕后慕名拜门的弟子来看，赵复具有雄辩才

---

① 《畿辅通志》卷二百十五《元五·梁枢》，第6826页。

② 杨宏道：《送赵仁甫序》，《小亨集》卷六，四库全书本。

③ 郝经：《送汉上赵先生序》，《郝文忠公陵川集》卷三〇，第412页。

④ 郝经：《与汉上赵先生论性书》，《郝文忠公陵川集》卷二十四，第342页。

⑤ 《伊洛渊源录》成于南宋乾道九年（1173），收录周敦颐、二程、张载、邵雍等人的行状、墓志铭、遗事等资料，是朱熹构建理学道统的重要著作。

⑥ 《宋史》卷二百二《艺文志》，第65页。元鄂刻本黄清老和苏天爵两序都称《伊洛渊源录》，元吴刻本李世安序称《伊洛渊源》，明成化刻本张瓒序称《伊洛渊源》。《朱子全书》第12册，第1114—1117页。

能和学者魅力,确实吸引众多学人,然而《希贤录》和《伊洛发挥》似乎更像是布道的书籍,旨在引导学人放弃世俗归于内向的精神追求,以显示理学的独特之处,严格说来偏离了程朱理学最核心的思想。另一方面,理学家的经学著述,赵复仅"尝手出一二经传集、《春秋胡氏传》"①,至于"一二经传"为何,语焉不详。赵复的这些著作都已不存,以及他的学术观点几乎未被之后元儒提及,从而勾勒出赵复在北上之初,倚借全真道传播理学的印象。

> 孔老之教,并行乎中国,相源乎至道……天下无二道,圣人无二心……凡接人初机,必先使读《孝经》《道德经》。又教之以孝谨纯一,及其立说多引六经为证据……皆所以明正心诚意,少私寡欲之理,不主一相,不居一教也。②

全真道立教以孔老并重,既读儒家经典,也参老子之说,既通晓"六经",更重视修养,从理论的内容来说与前金士人所知的北宋诸子的思想并无根本矛盾,且赵复拒绝忽必烈诏安,隐逸意愿强烈③,与"不苟禄士,常喜诗酒,陶陶自乐,而不屑世务"④的道士气质相去不远,这也是他能够在短时间内为人注意,在北方游历而不被视为异类的原因。

---

① 吴莱:《春秋通旨后题》,《渊颖集》卷十二,四部丛刊景元至正本。
② 李道谦:《终南山重阳祖师仙迹记》,《甘水仙源录》卷一,《道藏》第 19 册,第 725 页。
③ 据周凌霄《赵复小考》,赵复最后终老之所史书无明确记载,无法确定。《元史论丛》(第五辑),中国社会科学出版社,1993 年版,第 197 页。
④ 李道谦:《丹阳真人马公登真记》,《甘水仙源录》卷一,《道藏》第 19 册,第 727 页。

淳祐元年（1241），宋理宗颁诏"我朝周敦颐、张载、程颢、程颐，真见实践，深探圣域，千载绝学，始有指归"①。北宋五子取代被罢黜的王安石，获得从祀孔庙的资格。几乎与此同时，蒙古汉臣杨惟中将南征中俘虏的儒生赵复安置在国子学中，以太极书院作为聚藏理学书籍和讲学的场所，他对理学的扶持并非出于对程朱之学的倾心，而是意在充实全真教权，这种带有强烈政治目的的操作，旨在迎合蒙古统治者不分教与学，只"在意告天"的文化取向。赵复也因此得以倚借全真教的势力，着力凸显理学的宗教面向，通过对天道的阐发和道行的展示来吸引信众，因此理学在北传初期特别强调道统和圣徒，这与唐韩愈提出道统时强调学术的方面殊为迥异。其中，燕京周子祠作为这一历史背景的产物成为一个独特的存在，它是南宋绍兴初首次建立濂溪祠后唯一不在南宋境内的周敦颐祠，其意义与南宋诸濂溪祠也很不相同，理学因为周敦颐学说与道教的特殊关系获得了深入北方的机会。

另一方面，官场失意的姚枢于1241年归隐辉州苏门，与许衡、窦默相与问学，"自版小学、书、语、孟、或问、家礼"②。与赵复着重道统和圣贤不同，他对朱熹的著述更为重视，其中小学、家礼为践履，为日后许衡主国子监所用，可见北上理学在赵、姚之间已有不同，姚枢、许衡和窦默继承的是理学中尚实的一面，也就是治国理政的学问，虽然不为蒙古统治者所喜，但又使理学中学理的面向成为主干。可以说，

---

① 《宋史》卷四十二《理宗纪二》，第821页。
② 姚燧：《姚枢神道碑》，《元文类》卷五〇，第873页。

金末元初理学北传中赵复与姚、许并非先后接续的关系,而是理学的不同面向在历史际遇中各自发展的结果。

第二节 玄教帷幕下的合会朱陆

创作于元末的《元四学士图》记录了当时最具影响力的江南儒士形象,他们分别是吴澄、虞集、欧阳玄、揭傒斯。对照《宋元学案》及之后学术史的书写,元代的经学和儒学除了对吴澄有较多的研究外,其余三人的成就并没有太多关注。而吴澄思想中出现的"合会朱陆"的取向也被理解为折衷朱陆之辩的自然趋势。但是,如果考虑到至顺二年(1331)玄教二代宗师吴全节以"世罕知陆氏之学,是以进之"[①],向元文宗进献陆九渊《语录》,这位备受元帝青睐的玄教宗师早年曾师从道士雷思齐学《周易》和《老子》,吴澄盛赞他"游意儒术,明粹开豁,超出俗流"。其后三代宗师夏文泳于"三教九流之书无所不读,而深明于先儒理学之旨"[②]。这些史实无不要求改变仅从儒学内部和思想史来解读儒家思想自南宋末至明之间发生的变化。

与乏善可陈或可被忽略的元代思想相比,无论是基于蒙古帝国多元文化的历史研究还是现存的辉煌绚烂的元代物质遗产,两者强烈的反差都让人怀疑即使仅限于原南宋统治地区的思想也不可能只是经历了时间的流逝,尽量保鲜宋人的学说以便传递给未知的下一

① 虞集:《河图仙坛之碑》《道园学古录》卷二十五,四库全书本。
② 黄溍:《夏公神道碑》,收入陈垣《道家金石略》,文物出版社,1988年版,第196页。

个王朝的汉族人。原本作为仕进之途的儒学在科举停摆后，绝不甘于仅仅屈于人下，何况其学术的特色即在于与官方的联合。在北方与蒙古人信仰的藏传佛教和创立于金代的全真教共存，传自南方的程朱之学在许衡、姚枢等不断努力下，理学的基本思想获得了相当的认知度。然而，其学术的精微部分，特别是相比于释道两家对世俗和人心的探索，必须自证高明，而这一目标在元代是通过自南方北上元廷的道教正一派的嗣脉来完成的。从西晋开始发源于龙虎山的天师道发展到元代，因御赐"玄教"而得名，受到自世祖之后五代元帝异乎寻常的垂青，一骑绝尘于当时其他汉文化学派，其周围紧密地围绕了一大批南方的精英儒士，这就不得不让人猜想已去朱子百年的南方是否在与玄教的互动中悄悄改变着自己的轨迹。

与《四学士图》的一图绘制四人肖像相比，以玄教二代教主吴全节为像主的《吴全节十四像》[①]用十四幅图像描摹吴全节单独处于十四个不同的场景，且人物表情和位相始终如一，需要依靠场景和服饰的变化来解读其中的寓意，可见这并不仅仅是一部绘画作品，而是富于象征意义的理图。[②] 如果这仅仅是作为道教的一种宣教手段的话，再看看十四幅像之间留下的著名儒士的题赞，就可以反观儒学在当

① 此画为明人根据十四幅独立的吴全节肖像摹写而成，据吴全节的侄孙吴颢汇录《吴公画像赞》，吴全节画像共有十九幅。洪再新《儒仙新像——元代玄教画像创作的文化情境和视象涵义》在美术史方面有非常全面的研究，收入范景中、曹意强主编：《美术史与观念史》，南京师范大学出版社，2003 年版。

② 唐人张彦远《历代名画记》卷一《叙画之源流》引用颜光禄之说："论图载三意：一曰图理，卦象是也；二曰图识，字学是也；三曰图形，绘画是也。"中华书局，1986 年版，第 28 页。

时所崇尚的品味。兹列像赞如下：

> 公自至元中入朝，累奉命代祀岳渎及江南名山，每竣事必顾瞻修林，留憩吟啸。至大庚戌，在龙虎山作松下像。① 上党李孟赞。

> 诗书之泽，道德之容。泰山北斗，甘雨祥风。一襟秋霁，万象春融。克仁克义，惟孝惟忠。黼黻皇猷，柱石玄宗。千二百岁，今方小住，于空峒也。

> 至大四年辛亥还朝，燕居环枢堂，作内观像。清和元明善赞。

> 俨然服儒，邈矣宗聃。阳耀乔林，霜洁重潭。溥兮春温，愀兮秋严。夷尔岩崖，中自隔廉。斯则画史，笔所形似。渊然其存，我善模拟。寓迹高玄，道裕孝忠。惟直惟诚，克溥而公。恬于用世，器也何宏。将高天放，材也何英。缅怀古人，若李长源。吁嗟名臣，终惭绮园。

> 皇庆二年癸丑，大醮长春官，奉命致玉简于嵩山济渎，作存思像。吴兴赵孟頫赞。

> 天门开兮真人出，颜渥丹兮发如漆。被宝衣兮耀朝日，冠切云兮戴明月。体道德兮用儒术，祠竹宫兮荐芳苾。辅有道兮皇建极，敛五福兮以敷锡。皇情凝兮沛恩泽，亲康宁兮百祥集。功名遂兮仙道逸，驭云精兮使橘术，肩洪崖兮寿金石。

> 延佑元年甲寅，公父饶国公、母饶国夫人皆年八十，天子赐

---

① 《松下像》仅见题赞，其像未收入《吴全节十四像》。

上尊对衣，使归为寿。是岁留云锦山，郡守以旱请祷得雨，作飞步像。蜀郡虞集赞。

　　列仙之像，身为道枢。卷舒经纶，绰乎有余。宇宙名言，河海伟量。冠服高明，河汉之上。

　　延祐二年乙卯，扈从上京游南屏山，见白云东归，悠然思亲，作咏归像。亳郡李源道赞。

　　风度之渊如，天和之粹如。野服葛巾，闲雅甚都。我闻大方之家，以身为患。胡为见身外之身，而为犹龙氏之徒与？玄德之风，夐与众殊。以儒为宗，而有道义之腴。以玄为学，而无山泽之癯。止水泓淳，光风舒徐。芥视千金，杯观五湖。藏之名山，千载而下，可肃鄙夫，友松鹤而道不孤，不然将御风，骑气而游于物之初耶？

　　延祐间，公日侍禁廷，进则论道，退而燕居，作燕居像，吴兴赵公为作《松石竹鹤图》成，时称精妙。仁宗皇帝闻之，敕令进入，御览之余，再三嘉奖，仍以还赐。蜀郡虞集又赞。

　　于惟明时，道艺臻极。象德之容，存神之迹。乔松如云，舞鹤在侧。天鉴所临，千载一日。

　　延祐三年丙辰，公静息林下，见晴空飞云变化无迹，作看云像。四明袁桷赞。

　　德不形，礼为翼。熙熙冲静之神，侃侃孝友之色。笼古络今，其舞如云。佐理以无为，智深而若遗。朝承衮龙，暮抚松鹤。心彻九九，太虚盘礴。是所谓养其尺宅，嗣玄而白者耶。

　　延祐四年丁巳，公修大洞法毕，作泥丸像。吴兴赵孟頫赞。

大冠如星，执玉如盈。吁天之休，报国以诚。出人帝阍，翱翔玉京。施于有政，可使簪缨。谁言道家，隐儒其间。众人皆忙，我独闲闲。混迹在朝，何异在山。不矫不污，其馨如兰。缁衣好贤，白驹是絷。游心玄圃，凝情云笈。珮声锵洋，瑶坛拾级。神明焕然，快睹山立。

延佑五年戊午夏，奉旨建大醮于上京，作朝元像。浚仪马祖常赞。

有罜罜之思而弗施，有肃肃之容而自仪。冠裳孔都，登降拜趋。载以德舆，丰以道枢。俾同我尚，世之儒相。实民之望，岂囿于象者耶？

延佑五年戊午秋日，登西山听松风，作听松风像。巴西邓文原赞。

敦礼度，延陵裔。法清净，犹龙氏。德充符，经在笥。中秉直，佐元治。亲受祉，湛恩沛。上温如，鸣佩琚。驭埃风，游清都。俨岩廊，际都俞。宇泰定，存若虚。神得一，化万殊。应环中，合道枢。

大德元年丁酉，代祀江渎，至于青城之山，流观乎清湍巨壑，终日忘去，作青城像。豫章揭傒斯赞。

有番君之子孙，爰应运而挺生。擢华岳以为质，振黄钟以为声。雷风出其呼吸，龙虎为之服乘。或翱翔于魏阙，或超播乎太清。扼函关以朝鸶，夕已戾乎青城。合玄元于一体，抚玉石于千龄。哂方士于碧鸡，追神飙于鹤鸣。临飞泉而解带，拂高霞而抗旌。雪山避其高洁，锦水让其泓淳。盖其为道也有要，虽欲极而难名。语祷祀则以修德为本，论冲举则以忠孝为经。齐庄惠于物我，会孔李之粹精。加以卿相而不易，宠以恩数而不惊。宜然每别席于宣室，永扬风于八纮。人徒见其寓形于青城也，庸讵知即前日崆峒之广成。

至元中，世祖皇帝尝命公主祠衡岳。后留朝娄变，过之必蹑飞景于层颠，览洛曦于远海。作衡岳像。庐陵欧阳玄赞。

江汉兮扬黔，洞庭兮饮马。逍遥乎天柱之上，游宴乎紫盖之下。坐碧万以忘年，荫长松以清夏。朱草产乎离明，寿星见乎轸野。为世治之祯祥，宜天锡之纯嘏。接飞霞于十洲，宾出日于半夜。公侯造膝，猿鹤不避。王人荐璧，云月为藉。以予观是翁，识鉴邈者凝于神，光尘同者邻于化。使之端委庙堂，则范长生之风轨。若夫山中宰相，固陶弘景之流亚也。

泰定四年丁卯，代祀江南三山，还朝，醮于崇真宫，作上清像。云中赵世延赞。

冠芙蓉兮玉比德，衣云霞兮绚五色。谈大道兮坐瑱席，流琼音兮达宣室。贯羲文兮妙得一，相箕畴兮广敷锡。论天人兮天咫尺，言谔谔兮帝心格。进崇阶兮总仙籍，著赞书兮表清直。事孔圣兮如一日，显祖父兮饶封国。信行藏兮古是式，从赤松兮师黄石。玄中之玄兮，太虚无迹。洞烛万变兮，凌厉八极。

至顺二年辛未夏，有旨大醮长春宫，公专主斋法，作说法象。虞集赞。

游乎万物之表，而能约己于名教。老乎朝廷之间，而不濡迹于公卿。粲若华星之丽乎河汉，浩然云气之出乎嵩衡。其凝也止水善鉴，其动也祥风时行。祠黄石者，盖有遗书之托。衣白衣者，宁辞当世之名？导冲和以辅玄化，非嘘吸而致长生。伊耆有巢父，轩辕有广成。则所谓宏衍博大真人者，安得不后天地，高日月，以赞于休明者乎。

　　特进大宗师吴公，事上接下，留中出外，泛应百端，而大知闲闲，一皆行其所无事。作闲闲像。临川吴澄赞。

　　日月之旁，衣冠庙廊，巍巍堂堂。烟霞之上，金玉貌状，融融盎盎。云行悠悠，卷舒自由，自春自秋。山立嶷嶷，生遂自殖，自朝自夕。俛仰而殊，畴不忧虞，此独雍于倏忽所过，畴不惊惧，此独容与。彼哉劳劳，此无屑骚，解其袭褏。彼也忙忙，此无劻勷，平其畛防。彼焉闲闲，此无棘难撤其键关。小知关。小知芋狙，大知渊鱼，斯其谓之闲闲者欤？

　　大德间，奉诏求贤江南，过匡庐观飞瀑，山中人作观泉像。济南张岩赞。

　　荫长松兮坐盘石，观流泉兮聊以永日。逝如斯而来无穷兮，犹道体之不息。相天元之真一兮，沛为浸而为泽。周流太虚兮，雨露乎九域。混混不舍昼夜兮，由其本而真实。合一原之自然兮，兹逍适以独得。我闻至人，应物无迹。渊然浩然，请以比德。

　　至元四年，岁次戊寅，夏四月，圣天子以特进上卿玄教大宗师臣全节年七十，诏艺文监广成局长臣绍先肖其象，中书参知政事知经筵事臣有壬为之赞，集贤直学士臣偰斯书其赞之辞，一如其师开府大宗师留孙故事。臣有壬谨赞之曰：大圆无倪，大方无隅。纯和内融，光华四敷。挹之其渊，持之若虚。执道纪以御众有,世不能喙其心,而但迹其肤。学研古今,业丰诗书。密勿帝侧,翱翔天衢。为仙为儒,以身为枢。五十载扶正谊,引善类,阴庇于众庶,有当轴之所不知。众庶不知而天子知之,是以重恩累庆,眷愈近而不疏。览七袠之甫及,复俾肖像于绘图。望之堂堂,白鬓两颊,若伯阳氏之在周室,貌古而神腴。就之温温,方瞳玉色,又若广成子之遇轩辕,不言而意已孚。则知可以长生久视,明道德以赞治化。和神人,奉天子于万年者,非斯人而谁与?臣拜手稽首,祇奉明诏,爰作是赞,式昭圣谟。[1]

从后世收录的题赞来看,以吴全节为像主的肖像画不止十四幅,以上题录中由李孟题赞的《松下像》、吴澄题赞的《闲闲像》和朝廷为玄教宗师贺辰制度的肖像没有被摹入《十四像》中,而这三幅像隆重的程度似乎更甚。

首先是在至大三年(1310)被元武宗任命为中书平章政事、集贤大学士、同知徽政院事的李孟,他布衣出身,同时又是仁宗的老师,非常"长于观人"[2],在仁宗继位后深受信任。他与玄教道士过往密切。当时,玄教道徒代天子祭祀名山大川,实际上肩负着审查各地官风、了解舆情和勘察地理的任务。担任吴全节助手的朱思本在代祀的过

---

① 《特进上卿玄教大宗师吴公像赞》,朱存理纂辑《珊瑚木难》卷三,浙江人民美术出版社,2019年版,第232—238页。

② 许有壬《朱本初北行稿序》:"夫昔秋谷李公当国,一见本初,即劝其返初服,本初以早奉父母,父殁而不忍改也。使本初用世必烨烨可观,不独诗岩文而已。秋谷长于观人,当益信于世也。"《至正集》卷三十二,《元人文集珍本丛刊》第7册,新文丰出版公司,1985年版,第168页。

程中显示出过人的行政能力,被李孟劝返儒服,但遭到拒绝,可见李孟对汉地宗教事务具有相当的涉入和发言权。从题赞的内容来看,李孟印象中玄教宗主最重要的特征一是"奉命代祀岳渎及江南名山",这里可以发现北方和南方的山川是被分开考虑的,此时的江南对朝廷来说还是一块陌生的领土,其祭奠意义的解释则归于本来就掌握着成熟仪式的道教;特征二是玄教教主既腹有诗书气自华,又吟啸山林道德容;最后也是最重要的是,"克仁克义,惟孝惟忠",以道教之力襄助元朝政权,这不仅是对玄教的评价,更是对它的要求。如果对比一下后面的题赞,李孟的笔墨既精简,又平和,仿佛是观看栏中之物,没有丝毫"赞"意,映衬他自己高高在上的身份,却又说明了即使如此题笔对玄教和吴全节来说也已经是戴上荣耀的光环,寓示出玄教与政治的深刻关联。

如果说李孟的题赞还不足以说明玄教在元代汉地文化中的重要性的话,那么在接下来的十几篇题赞中,可以明显地感受到自仁宗开始吴全节以及通过他所展示的为朝廷所赞赏的道儒合一的读书人的成功形象。从外表上看,他们平时并不总是身披道袍,除了在祭祀等重要仪式中需要穿着专门的服装外,外表与一般儒士并没有太大区别,在气象上也十分类似。而且他们不仅深谙儒家君臣之礼,又胸怀老君高玄之道,这使玄教道士比一般儒士更具有内在的修养。这样的双重特征是几乎所有题赞都提到的。如元明善《内观像赞》云"寓迹高玄,道裕孝忠。惟直惟诚,克溥而公";袁桷《看云像赞》云"熙熙冲静之神,侃侃孝友之色";赵孟頫《泥丸像赞》云"吁天之休,报国以诚","谁言道家,隐儒其间";马祖常《朝元像赞》云"载以德舆,丰以道枢。俾同我尚，世之儒相。实民之望，岂囿于象者耶?"揭傒斯《青城像赞》云"语祷祀则以修德为本，论冲举则以忠孝为经"，绝非沿袭之语。这些赞辞中几乎都将道教修真与儒家修德并置，出世和入世圆满地结合在吴全节的身上，他亦仙亦儒，对生命本真的追求与孝亲忠君得以两全，非一般道人或儒士可比。马祖常直接冠之以"世之儒相"的名号，认为这样的人物才是"实民之望"，要求人们突破道长只在宫观中修仙的印象，适应一位具有高尚道行的儒者居于朝堂的形象。

在这些政学名流中，吴澄是元代儒学的巨擘，他自布衣被拜为翰林应奉，不就。又于仁宗皇庆元年（1312）入京担任国子司业，尝试提出方案改革国学。他说："朱子于道问学之功居多，而陆子静以尊德性为主。问学不本于德性，则其敝必偏于言语训释之末。故学必以尊德性为本，庶几得之。"这样的想法公然挑战了国子监专主朱子的传统，因而被时人视为陆学之徒①，违背许衡早先立下的办学宗旨。吴澄在重大的压力下辞去职务。之后，玄教宗师吴全节再次向集贤贵人推荐吴澄称道："吴先生大儒，天下士听其去，非朝廷美事。"吴澄

---

① 虞集《送李扩序》曰："仆之为学官，与先生先后而至。学者天资通塞不齐，闻先生言，或略解，或不能尽解，或暂解而旋失之，或解而推去渐远，退而论集于仆，仆皆得因其材而达先生之说焉。先生虽归，祭酒刘公以端重正大临其上，监丞齐君严条约以身先之，故仆得以致其力焉。未几，二公有他除，近臣以先生荐于上，而议者曰吴幼清陆氏之学也，非朱子之学也，不合于许氏之学，不得为国子师，是将率天下而为陆子静矣，遂罢其事。呜呼！陆子岂易言哉? 彼又安知朱陆异同之所以然，直妄言以欺世拒人耳。是时仆亦孤立不可留，未数月，移病自免去。"虞集：《道园学古录》卷五，文渊阁四库全书本。

因此被任命为集贤院直学士。[①] 可以看到，吴澄把在原南宋辖域内所形成的思想带到北方并非易事。直到吴全节于英宗至治二年（1322）继任"玄教大宗师"之后的第十年，他才向元文宗正式引介了曾与朱子学对峙的陆九渊心学。

在外部，我们看到的是儒学为争取自身的位置在蒙古人执政的北方与佛道共存。而在内部，由于成熟于南宋的理学与辽金的学术旨趣并不一样，朱陆二学在元代，尤其是北方，已经与其初始时的面貌有了不小的变化。

> 晦庵殁，其徒大盛，其学大明，士大夫皆宗其说，片言只字，苟合时好，则可以掇科取士。而象山之学，反郁而不彰。然当是时虽好尚一致，而英伟魁特之士，未尝不私相语曰：时好虽若此，要之陆学终非朱所及也。盖二先生之学不同，亦由其资禀之异。晦庵则宏毅笃实，象山则颖悟超卓。是以象山之文亦皆劲健斩截，不为缠绕。至其游戏翰墨，状物写景，信笔成文，往往亦光晶华丽，有文人才士所不能工者，诚一世之天才也。[②]

宋末元初的刘埙（1240—1319）任延平路（今福建南平）儒学教授，从他的议论中可以看到，朱子之学为科举和时好所尚，研习的人数和学说的影响力与日俱增。相较之下，陆九渊的思想显得沉寂。

---

① 虞集：《河图仙坛之碑》，《道园学古录》卷二十五。
② 刘埙：《隐居通议》卷一，商务印书馆，1937年版，第3页。

但是，象山之学的魅力却始终不减，甚至产生了与世好相反的品评，为许多学人私淑。他本人就认为陆九渊的文章和思想在一般人之上，超尘绝逸，惜墨如金，令人望尘莫及。而朱熹著述立说则是为下学上达之士所准备，循循善诱，卷帙浩繁，以至于他自己晚年有"书册埋头无了日，不如抛却去寻春"的感叹。① 可见，朱陆之辨在放大学派门户之争的焦点的同时，既偏离了原来思想的本旨，也旋即走到了逻辑的终点。虽然朱熹的再传和三传弟子，如鄱阳汤氏、真德秀、王应麟等对朱陆异同的辩论掀起了宋元之际的研究高潮②，但陆学在其门人一味蹈空求禅的学行中迅速走向衰亡③，至元代其势已熄。

然而，朱陆之学的意义并不在于分出彼此的胜负，而是在对方的质疑中寻求完善自身的突破口。朱熹的再传弟子、黄榦门人饶鲁（1194—1264）的学说显示出与朱熹有所不同，融入了一些陆学的观点。吴澄的先师从饶鲁门人程若庸，饶鲁师事黄榦，从谱系上可以说是朱熹四传，但其思想已有变化。吴澄还师从程绍开（1212—1280），有着更加明显的"思合会（朱陆）两家"的倾向。④ 可以说，吴澄求学之时接触到的就是两家并存的学问。从他的叙述中可以大致了解朱陆

---

① 朱熹：《出山道中口占》，《晦庵朱文公先生集》卷九，《朱子全书》第 20 册，第 525 页。

② 据严佐之的研究，涉及朱陆异同论辩的文献包括：真德秀《西山读书记》、黄震《黄氏日抄》、罗大经《鹤林玉露》、史绳祖《学斋占毕》、俞文豹《吹剑录》、王应麟《困学纪闻》、詹初《寒松阁集》之《日录》等。参见氏著："朱陆异同"历史文献与"朱陆异同之辨"历史衍变，《中华文史论丛》2018 年第 2 期。

③ 黄百家云："慈湖之下，大抵尽入于禅，士以不读书为学。"（《宋元学案》卷八十七《静清学案》，第 2914 页）全祖望云："径畈（汤氏门人徐霖）殁而陆学衰。"（《宋元学案》卷九十三《静明宝峰学案》，第 3096 页）

④ 《宋元学案》卷八十四《存斋晦静息庵学案》，第 2841 页。

二学的情况。

首先，吴澄认为朱陆二学最大的区别不在于朱陆两位本身的学问如何，而是后学者如想入门，其入手的方式截然不同。

> 朱子之教人也，必先之读书讲学；陆子之教人也，必使之真知实践。读书讲学者，固以为真知实践之地；真知实践者，亦必自读书讲学而入。二师之为教，一也。[①]

朱熹教人从读书入手，陆九渊教人从实践入手，吴澄认为两人最终都是为了达到"真知"，没有本质的区别。造成今之学者惑于朱陆之异的原因在于"二家庸劣之门人，各立标榜，互相诋訾"。如果不去理会朱陆后学的攻讦，朱子未尝不指向人心，陆子未尝教人弃书。

> 为子之计，当以朱子所训释之《四书》，朝暮昼夜，不懈不辍，玩绎其文，探索其义。文义既通，反求诸我。书之所言，我之所固有，实用其力，明之于心，诚之于身，非但读诵讲说其文辞义理而已，此朱子所以教，亦陆子之所以教也。然则其要安在？外貌必庄，中心必一。不如是不可以读书讲学，又岂能真知实践也哉。[②]

[①] 吴澄：《送陈洪范序》，《吴文正文集》卷十六。
[②] 吴澄：《送陈洪范序》，《吴文正文集》卷十六。

朱熹是两宋之学的"集大成者",然而在吴澄看来,其学说的精华在于"四书",可是即使熟读"四书"似乎仍然无法达到"明之于心,诚之于身"的目标,而如果没有这种领悟,读书讲学也只是无根之木。这里从侧面反映出当时的学者对于朱熹的理解止于他的普及教育,导致朱学的权威性不在话下,但是对他精深的心性学说并不认同,转而为陆九渊的简达之说所倾倒。

> 陆先生之学,不在乎言语文字也。故朱之语录累百余卷,奚啻千万亿言。而陆之语录仅仅一袠;其一袠者,亦可无也。盖先生平日教人,专于心身上切实用功,一时精神之感发,旨意之悬到,如良工听轮,大冶铸金,巧妙莫可仿佛也,而可笔录乎?朱语谆详而所录多冗复。陆语峻洁而所录或暗劣,此语录之病也。故曰可无。①

朱子学不但于"五经"皆有著述,语录文字更是回环曲复,与诸友多有辩论,更添枝节,后人读之虽遇良师又不免为文所缚,不知出路。相比之下,陆子之学不但文辞简易,其宗旨更是一言道尽,后人执此一言,精神备受鼓舞,如获利器,更觉妙不可言。可见,朱熹勤勉于著书立说,在吴澄眼中反而成为他不高明的证据,陆九渊虽不为主流所尊,却又似乎成了儒家精微之学的守护者。同时,吴澄还意识到语录

---

① 吴澄:《金溪传先生语录序》,《吴文正文集》卷十一。

体的著述与朱陆之学本身的差别，自觉接续朱陆，而非徒绍其后学。

> 鸣呼！道在天地间，今古如一，人人同得。智愚贤不肖无丰啬焉。能反之于身，则知天之与我者，我固有之，不待外求也。扩而充之，不待增益也。先生之教人盖以是，岂不至简至易而切实哉。不求诸我之身，而求诸人之言，此先生所深悯也。今之口谈先生、心慕先生者比比也，果有一人能知先生之学者乎？果有一人能为先生之学者乎？[1]

吴澄在《序象山语录》中所表达的对陆九渊的尊崇之情溢于言表。不仅如此，在同时代学者中，他自诩为唯一能透彻理解陆九渊，并能付诸于实践的人。他区分"词章记诵，华学也，非实学也。政事功业，外学，非内学也"[2]，如此则一般读书人举业进仕，都无法接近学问的核心，而他所谓的"实学"和"内学"是指"知必真知，行必力行，实矣，内矣"[3]。堪当此任的只有"本心之学"。

> 今人谈陆之学，往往曰以本心为学。而问其所以，则莫能知。陆子之所以为学者何如？是"本心"二字，徒习闻其名而未究竟其实也。夫陆子之学，非可以言传也，况可以名求之哉！然此心也，人人所同有，反求诸身，即此而是。以心而学，非特陆子

---

① 吴澄：《序象山语录》，《吴文正文集》卷十。
② 吴澄：《王学心字说》，《吴文正文集》卷五。
③ 吴澄：《王学心字说》，《吴文正文集》卷五。

为然，尧、舜、禹、汤、文、武、周、孔、颜、曾、思、孟，以逮邵、周、张、程诸子，盖莫不然。故独指陆子之学为本心之学者，非知圣人之道者也。①

这一段文字被后世用来说明吴澄对于儒家"心学"统绪的认同②，从入选者来看，迄至北宋的人物与道学之"道统"并无多大区别，而南宋仅陆九渊一人，将朱熹排除在外，言下之意，吴澄认为朱子学对"本心"没有关切。而"先反之本心，而后求之五经"③也是针对世人为学以"五经"为本，不知本心的状况。吴澄所表现的对于"心"以及陆九渊的推崇已经超出了学术研究的范围，记载这一"传心"谱系的《仙城本心楼记》原本是为一位上清道士的读书藏书之地而作。

> 上清道士刘立中致和，生长儒家，寄迹老氏法，好尚迥与众异。得地于龙虎山之仙城，筑宫以祀老子。

陆九渊曾经讲学的象山与龙虎山毗邻，这位道长于是面朝象山作楼三间，命名为"本心楼"，"焚香读书其间，俨然如瞻文安在前也"。吴澄赞赏刘氏之举，称他"一日豁然有悟，超然有得，此心即陆子之心也，此道即圣人之道"。从刘立中身为道士却心向陆九渊，还特意邀

---

① 吴澄：《仙城本心楼记》，《吴文正文集》卷十六。
② 如吴立群《吴澄理学思想研究》（上海大学出版社，2011 年版）、方旭东《吴澄哲学思想研究》（广西师范大学出版社，2015 年版）等。
③ 吴澄：《答田副使第三书》，《吴文正文集》卷三，文渊阁四库全书本。

请吴澄为其楼题记，而吴澄借此拈出心学之统，上溯孟子之"人同此心"，下接陆九渊之"宇宙便是吾心"，更将识得此"心"之人目为同道的所作所为来看，"心"作为与外在世界之"理"相区分的领域，并不能通过体认物之理而洞达，而是指代一种精神的修炼，从而呈现出宗教的气质。这就不得不让人环顾此时已臻成熟的内丹之术。

内丹可以看作道教在心性问题上的研修体系。[①] 宋元之交的李道纯曾说："释氏曰○，此者真如也；儒曰○，此者太极也；吾道曰○，此乃金丹也"，"金者坚也，丹者圆也。释氏喻之为圆觉，儒家喻之为太极。初非别物，只是本来一灵而已。"[②] 道教对三教一源的认知表明对儒释二家的理论的吸收和融和毫无芥蒂，他以《礼记》"喜怒哀乐之未发谓之中，发而皆中节谓之和"之"中和"命名自己的著作为《中和集》，认为"引儒释之理证道，使学者知三教本一，不生二见"[③]。其会通诸说的目的也是为了修炼工夫。

从南方龙虎山分出的玄教一派长期居于元大都，自至元十五年（1278）第三十六代天师道宗师张宗演（1244—1292）获世祖忽必烈钦命创立玄教并出任第一代玄教宗师开始，其活动领域不再是以道教宫观为主，即使他们在京的道场由崇真宫升为崇真万寿宫，但玄教的活力主要体现在受到蒙古王廷的倚重，为权贵所亲近，为士大夫所激

---

① 任继愈认为："内丹说，实际上是心性之学在道教理论上的表现，它适应时代思潮而生……内丹说在道教，佛性说在佛教，心性说在儒教，三教的说法有差异，而他们所探讨的实际上是同样的问题。"任继愈主编：《中国道教史》，上海人民出版社，1990年版，第6页。
② 李道纯：《中和集》卷三，《道藏》第4册，第497页。
③ 李道纯：《三天易髓》，《道藏》第4册，第527页。

赏，更在第二代嗣教大宗师吴全节时期达到了顶峰。

吴全节少时曾拜雷思齐为师。雷思齐本为临川高士，宋亡后去儒服，称黄冠师，以善《易》《老》闻名，人称"空山先生"，著有《易图通变》《易筮通变》《老子本义》《庄子本义》等。其中《易图通变》五卷对宋以来易学图书中的问题提出了自己的看法。在这部收于《道藏》的著作的最前面，先后列有张宗演、揭傒斯、吴全节的序，之后是雷思齐的自序。其中吴全节的序言还记载了张宗演在受诏北上觐见忽必烈后，回到龙虎山延请雷思齐担任"玄学讲师"，训迪玄教子弟的事迹。除了以上几位，为该书作序的还有黄震、曾子良、吴澄。黄震是南宋末著名学者，著有《读易日钞》，收入《黄氏日钞》。曾子良是南宋咸淳四年（1268）进士，入元不仕，著有《易杂说》，和吴澄同与雷思齐相友善。可见，为该书作序者皆为易学名家，道教学者与一般学者在思想和学术研究的交流上并没有隔阂，玄教作为与儒学最接近的道教学派，其对整个社会知识分子的凝聚力也非同小可。

> 雷思齐嗜学有要，精研是书，探覈本旨，为之传释，合儒老之所同，历诋其所异，条分绪别，终始一贯，不翘入老氏之室，避之席以相授受也。其将学是终者，究其说，知其玄之玄，而不昧其所响，传之将来，庶几于吾教非小补也。①

张宗演以前辈的身份直呼雷思齐名讳，指出此书的最大特点是

---

① 张宗演：《易图通变序》，《易学象数图说四种》，华龄出版社，2015年版，第252页。

将儒老相同之处条分缕析地一一阐明，认为这种解易的方法于道教大有裨益。其中会通儒道的立场应该是指宋以来，儒道以两家之异为研究前提，十分避讳使用非本家术语和方法，即使非常有价值的理论，也会因借用非本家思想而一概否定。如《老子》是道教经典，魏晋以玄解易经唐代《五经正义》后成为正宗。周敦颐撰作《太极图》被认为借用道教外丹的《水火匡郭图》，为儒家所深忌，实乃不可阻挡之势。而此时道教已启融汇儒释之路，尤重儒家学说，至宋末元初，终于由更接近政治中心的道教领袖揭出，其实也指明了儒学的出路。

揭傒斯是元代中后期著名文士，《经世大典》及《辽》《金》《宋》三史等朝廷重典他都参与编纂，最后病卒于国史院，元顺帝为悼念他还停止朝会，赐谥号"文安"，可见其文史堪称当世之首。他在序中称引已故翰林侍讲学士袁桷和"天下斯文宗主"吴澄对雷思齐的赞赏，并为之附和，认为雷思齐之书与世俗之学绝然不同，连呼"遑与世俗道哉！"[①]

吴全节于雷思齐有短暂的师生之谊，仰慕追思之情溢于言表。作序的时间为至顺三年(1332)，此时吴全节已接任玄教大宗师十年，在朝廷中声望正隆，于先代玄教大宗师后"续之为序"，巩固了雷思齐思想在玄教中的地位。

然而，这三篇序言仅张宗演稍稍谈及书中内容，但也十分笼统，揭傒斯和吴全节之序更似纪念之作，不涉及学术评价。雷思齐的自序则开门见山，直抒己见，提出"河图之数四十"被后世增添十五后妄计为"天地之数五十有五"的问题。

---

① 揭傒斯:《易图通变序》,《易学象数图说四种》,第252页。

　　余因潜心有年，备讨众说，独识先圣之指归，遂作《通变》，传以与四方千载学易者，同究于真是焉。

　　雷思齐覆核前人关于《系辞》中"河图""八卦""天地之数"之间关系的解释，认为"愈说愈迷，纷纷迄今"，唯有他能"独识先圣之指归"，且足以经受历代和同时代的易学家的考验。可以看到，雷思齐写作的目的是"究于真"，"修真"是道教保养性命的方法，而对于"真"的认识无疑决定了修养的方法。雷思齐认为河图、八卦是圣人指示"真"的法门，为后世学者淆乱，有必要重新厘清。而此"真"也不是关于内在精神的个体体验，而是天地之真，包含了一种客观的逻辑演绎，虽然牵涉《周易》，但并不是一部经学著作。

　　这种以"究于真"为目的的治学和处事的方式使玄教徒摆脱儒释道的门户，更加自由地游艺于内心与世界。在士大夫的眼中，他们是融合了儒道理想人物的结合体。

　　公（吴全节）博览群书，遍察群艺，而于道德性命之要粹如也。尝作环枢之堂，画先天诸图于壁，以玩心神明。有诗曰："要知颜子如愚处，正是羲皇未画前。"其所造盖如此。①

　　虞集笔下的吴全节在崇真万寿宫的环枢堂中观先天图而修养心性，思索颜渊的大智若愚是人智未启之前的天德，而伏羲画卦意在启

_____

① 虞集：《河图仙坛之碑》，《道园学古录》卷二十五。

迪人心，因此以画卦之前为心之虚空灵至，先天图所画即此。虞集是吴澄的弟子，他与道教的交涉更深，在他看来，朱熹也悟到了为学应在己身上用工，而不是攀援文字的道理。

> 朱子《答叶公谨书》云："近日亦觉向来说话大有支离处，反身以求，正坐自己用功亦未切尔。因此减去文字工夫，觉得气象甚适。"又《与胡季随书》云："衰病如昔，但觉日前用工泛滥，不甚切己，方与一二学者，力加鞭约，为克己求仁之功，亦粗有得力处。"此两书皆同时所书，正与书中所谓"病中绝学捐书，却觉得身心颇相收管，似有少进步处，向来泛滥真是不济事"之语合。盖其所谓泛滥，正坐文字太多，所以此时进学用功，实至于此也。然窃观其反身以求之说，克己求仁之功，今学者且看孟子道性善、求放心之说，直截如此用功。盖其平日问辨讲明之说极详，至此而切己反求之功愈切，是以于此稍却其文字之支离，深忧夫词说之泛滥，一旦用力而其效之至速如此，故乐为朋友言之也。病中绝学捐书，岂是槁木死灰，心如墙壁，以为功者，朱子尝叹道学问之功多，尊德性之意少，正谓此也。噫！陆先生之问传之未久，当时得力者已尽，而后来失其宗。而后知朱子之说先传后倦之有次第也。因见揭集贤"无客气"之语，有然于予心者，故为申其说如此云。①

---

① 虞集：《跋朱先生答陆先生書》，《道园学古录》卷四十。

虞集在《跋朱先生答陆先生书》中举出朱熹与叶公谨、胡季随书和陆九渊书的书信，内容都是检讨自己"用工泛滥，不甚切己"，一旦转为反身求己之工，"其效之速如此"。其中向陆九渊表达认同之意的书信未被收入存世的《晦庵集》，被保存于元明学人的撰著中。① 而虞集还对初次登门求教的赵汸设以"朱陆之异同为问"，表明这个问题在当时学界已是一个颇受关注的问题。② 赵汸在这篇对策中不但阐明了朱陆二人因"气禀"不同，且因一出于颜子之学，一出于孟子之学，导致两者差异的观点，还透露出当时学界的主流观点。

> 先生初游虞公之门，乃试《江右六君子策》，篇末拳拳朱、陆之异同为问。先生素熟于胸中，剖决精当，明言始异而终同焉，万世之公论也。③

---

① 程敏政《书虞道园所跋朱陆帖》曰："按朱子此书与陆子有'病中绝学捐书，觉得身心颇相收管，向来泛滥，真不济事'之语，然不见于《大全集》中，始门人去之也。明道尝为新法条例司官，而伊川作《行状》略之；欧阳公记吕、范解仇事，而忠宣公于碑文删之。况学识之下先正者，宜其不能释然于此也。"程敏政、程瞳辑《道一编·闲辟录》，安徽人民出版社，2007年版，第75页。

② 全祖望《奉临川先生帖子一》曰："愚考会同朱陆之说，今世皆以为发源于东山赵氏，然不自东山始也。袁清容云：'陆子与朱子生同时，仕同朝，其辩争者，朋友丽泽之益，书牍具在。不百余年，异党之说，深文巧辟。淳祐中，鄱阳汤中氏合朱陆之说，至其犹子端明文清公汉，益阐同之，足以补两家之未备。'是会同朱陆之最先者一也。清容又云：'广信龚君霆松，发愤为《朱陆异同举要》，于《四书》集陆子及其学者所讲授，俾来者有考。'是元人之会同朱陆者，然亦在东山之前。二汤为淳祐间巨子，使其书存，必有可观。龚氏之书不知何等，今皆无矣。"全祖望：《鲒埼亭集外编》卷四十四，《续修四库全书》第1429册，第207页。

③ 赵汸：《对问江右六君子策小序》，《东山存稿》卷二，四库全书本。

赵汸评价虞集对朱陆异同的观点为"万世之公论"有过誉之嫌，但从一个侧面反映出此时学人以辨析朱陆异同支持归于身心内省的诉求，并不致力于还原朱陆二位先贤的学问，所谓"始异终同"之"同"并不是对两位南宋学者的学术定案，而是元代学人借以进入新论域的起点。① 上文所引《吴全节十四像题赞》中三次出现了虞集的手笔，作为元代后期的文坛领袖，他在文字中不断强调的是吴全节的道骨仙风②，而这与他自己的理想形象描述也如出一辙。

> 世家岷山之阳，生身衡岳之舍，咏神经之遗言，攀仙真之轶驾，白云晴空，春风秀野，雨云露雷，不可绘画，聊采灵芝，以遗远者。③

如果说虞集代表的是服膺道教的士大夫在朝廷中以儒仙合相为高尚的话，那么在精研经史后试图公正地评价朱陆的郑玉则代表了南方学者中与政治较为疏远的学者的看法。④

> 陆子之质高明，故好简易；朱子之质笃实，故好邃密。盖各

---

① 钱穆认为"元儒好为调和朱陆"，"已是朱陆并行"。参见氏著《朱子新学案》第3册，三民书局，1971年版，第458、517页。
② 孙克宽《元虞集与南方道教》曰："（虞集）利用道士打通宫廷，成为皇帝左右的儒生集团——奎章阁侍从领班。"参见氏著《寒源道论》，联经出版事业公司，1977年版，第256页。
③ 虞集：《归田稿》，《道园学古录》卷三十。
④ 郑玉（1298—1358），字子美，人称"师山先生"，元徽州歙县人。通"六经"，尤长于《春秋》，为当时文人所重。至正十四年（1354），朝廷诏为翰林待制、奉议大夫，辞不赴，教授著书于师山书院，至正十七年殉元。

因其质之所近而为学，故所入之途有不同尔。及其至也，三纲五常，仁义道德，岂有不同者哉！况同是尧舜，同非桀纣，同尊周孔，同排释老，同以天理为公，同以人欲为私，大本达道，无有不同者乎。后之学者，不求其所以同，惟求其所以异。江东之指江西则曰：此怪诞之行也；江西之指江东则曰：此支离之说也。而其异益甚矣！此岂善学圣贤者哉？朱子之说，教人为学之常也；陆子之说，高才独得之妙也。二家之学，亦各不能无弊焉。陆氏之学，其流弊也如释子之谈空说妙，至于卤莽灭裂而不能尽夫致知之功。朱氏之学，其流弊也如俗儒之寻行数墨，至于颓惰委靡而无以收其力行之效。然岂二先生立言垂教之罪哉！盖后之学者之流弊云尔。"①

郑玉此论被认为与吴澄调和朱陆而右陆的意见相左，意在为朱学辩护。②但通篇来看，朱陆二人之学在郑玉看来不分轩轾，而是"陆学之流"和"朱学之流"则"未知本领所在，先立异同。宗朱子则毁肆象山，党陆氏则非议朱子"③，早就失去了朱陆二人的治学本色。

陆子静高明不及明道，缜密不及晦庵，然其简易光明之说，亦未始为无见之言也。故其徒传之久远，施于政事，卓然可观，

---

① 郑玉：《送葛子熙之武昌学录序》，《师山先生文集》卷三，四库全书本。
② 全祖望《师山学案序录》云："继草庐而和会朱、陆之学者，郑师山也。草庐多右陆，而师山则右朱，斯其所以不同。"后世遂以此为元代合会朱陆之两翼。
③ 郑玉：《与汪真卿书》，《师山先生文集》卷三。

而无颓堕不振之习，但其教尽是略下工夫，而无先后之序，而其所见又不免有知者过之之失。故以之自修虽有余，而学之者有弊。学者自当学朱子之学，然亦不必谤象山也。[①]

从教习的角度来看，朱子之学先后有序，工夫明确，不至于使学者茫然不知，胜于陆学无疑，但陆学并不因后学难入门而有所贬损，因此郑玉仅述为学工夫的择从，还谈不上"右朱"。而且从朱陆合会的角度分析，郑玉学说的独特之处就会被忽视。

自孟子没，《诗》《书》出秦火中，残坏断缺，无一完备，重以汉儒章句之习，破碎支离，唐人文章之弊，浮夸委靡，虽有董仲舒、韩愈之徒，或知理之当然，而终莫知道之所以然，故二氏之学，得以乘隙出入其间，以似是而实非之言，饰空虚无为之说诱吾民，上焉者落明心见性之场，下焉者落祸福报应之末，而吾儒无复古人为己之学，徒以口舌辩给，卒不能胜，使天下如饮而醉、病而狂者，千四百年。贞元会合之气，散而复聚，于是汝南周夫子出焉。河南两程夫子接迹而起，相与昌明之而益大。至吾新安朱子，尽取群贤之书，析其异同，归之至当，集其大成，使吾道如青天白日，康衢砥道，千门万户，无不可见，而天地之秘，圣贤之妙，发挥无余蕴矣。然自是以来，三尺之童，即谈忠恕，目未识丁，亦闻性与天道，一变而为口耳之弊。盖古人之学，是以所到之浅深，为

所见之高下，所言皆实事；今人之学，是游心千里之外，而此身原
不离家，所见虽远，而皆空言，此岂朱子教世之意？其得罪于圣
门而负朱子也深矣！[①]

郑玉之所以重视"六经"在于经典中完整地记载了"理之当然"和
"道之所以然"，但孟子是最后一位精通者，在他之后，汉人就开始逞
臆破碎之说，至六朝、隋唐更陷溺于华藻辞章而不得要领。于是给了
释老二教占领人心的机会，天下言道者皆以二氏为归。直到北宋周、
二程，南宋朱子，重疏经典，挽回颓势。然而朱子之教，又败于后世之
空言，实在令人痛惜。郑玉极其简洁且精要地勾勒出经学的意义和
历史，而这些在他所处的元代中后期已经失去其本来面貌，经学的内
容限于实事，而学人的内心却向往更高远的精神境界。有鉴于此，郑
玉才推崇朱子学。在这个谱系中，孟子居首位，其后为周敦颐、二程，
朱熹集大成居最后。在上文已引的《送葛子熙之武昌学录序》中，郑
玉又重申了这一谱系。

呜呼！孟子殁千四百年而后周子生焉，周子之学，亲传之于
二程夫子！无不同也。及二先生出，而后道学之传始有不同者
焉。周、程之同，以太极图也；朱、陆之异，亦以太极图也。一图
异同之间，二先生之学从可知矣。[②]

① 郑玉：《周易大传附注序》，《师山先生文集》卷三。
② 郑玉：《送葛子熙之武昌学录序》，《师山先生文集》卷三。

两次几乎相同的表述呈现出郑玉与众不同的观点。其一是将孟子定位为宋代道学的源头，而不是孔孟并称。孔子在《师山集》中多以"夫子"出现，且主要论说其翼易之功。而孟子作为完整继承上古智慧的最后一位大师，在北宋才获得继承。郑玉还将自己筑于师山之上的讲习之所命名为"三乐堂"，即取自《孟子·尽心上》"君子有三乐"。① 其二则是提出周、程、朱、陆之学的线索——《太极图》。如果考虑祖祧孟子的格局，郑玉所要表达的意思就十分值得玩味了。

> 从友人胡伯仁氏假得程朱传义，归来山中，日诵一卦，似若有所得者，折中二先生之说，合为一书，名曰《程朱易契》，间有一二己见，不敢附入，始有僭越论著之意。又以无书考据而止。丁酉之秋，复避乱淳安之梓桐源，出入洞谷，上下林壑，寂寥无事，心地湛然，因思天地一易也，古今一易也，人物一易也，而吾身亦一易也。自天地而敛之，以至于吾身，易之体无不备，自吾身而推之，以至于天地易之用无不周。又以吾身而论之，心者易之太极也；血气者，易之阴阳也；四体者，易之四象也。进退出处之正与不正，吉凶存亡之所由应者，易之用也。如此则近取诸身，而易无不尽矣。虽无书可也，无画可也，又何有于传注乎？又何事于考据乎？……呜呼！四圣人之心，天地之心也。三圣人之书，所以发明天地之精微，乾坤之蕴奥。②

---

① 郑玉：《三乐堂记》，《师山先生文集》卷四。
② 郑玉：《周易大传附注序》，《师山先生文集》卷三。

郑玉在避乱期间钻研《程朱易传》，此书应为当时常见之《周易》版本，由于手边缺少其他注本，只能以己意解之。他发现程朱二人之说有不少意见不合的地方，说明当世人以为程朱二人易说比较一致，而郑玉也试图"折中二先生之说"，起先对自己的理解颇有不安，但渐渐觉得可以言之成理，于是产生"僭越论著之意"，继而撰作《周易大传附注》。此为经学研究之事，但又不事考据，不看诸家，显然也不是完全取法于朱熹。再看他诵卦之后，居涧谷林壑之间，悟"天地一易也，古今一易也，人物一易也，而吾身亦一易"，又以吾身之心为易之太极，进而得出"四圣人之心，天地之心"的结论，整个推理过程呈现为一种身心体验，可见其研读《周易》并不以理解世界为务，而是以反观人心、探索生命意义为目的，早已不属意朱陆异同的问题。因此，他把周、二程、朱、陆的区别都归结于摹画生命本原的"太极图"，也是一种"体悟"，并不是"论证"。易图作为宋元时期儒道教共享的资源推动了各自理论的发展，而他们追求的目标却越来越趋同。

如此再去理解以吴全节为代表的南方知识分子向以许衡理学为大宗的北方儒学介绍陆九渊的心学时，想要表达的意义，已不是朱陆之辨原初的胶着点。朱陆之学更像是显密二教，如车之两轮承载汉人之学推向北方，像郑玉这样被后世认为是"尊朱"的学者，对于心的体会已经超出了陆学的范畴，表现得更加自然和当然。

陆氏学说由吴全节向北人推介，是希望起到怎样的作用？恐怕仅仅以学术的交流和传播考量，就太低估玄教宗师的用意了。一是北人中儒士所习儒学在许衡的努力下，普及了程朱理学的基本思想，但是在心性和本体论方面显然不及佛道两家，导致其吸引力有所欠缺。二是玄教在道教符箓仪式之外,需要能够证明自己高明的理论,于是陆氏之学作为拿得出手的著作进献朝廷。朱熹曾批评陆氏为"禅"[1],这一在儒学看来是缺陷的特点反而为玄教所用,一方面可以说明蒙古人对于汉地的三教之别并不清楚,另一方面也说明,三教间理论的融合此时已不分彼此,只有在人之所思所行的各个领域提供相应的论述,才能体现文化的竞争力。

在元代,道教流派纷呈,高峰迭现,这其实是基于道教仅仅是社会文化一个支流的思考,亦道亦儒可能就是元代读书人的自我身份意识,既在精神上追求高蹈的优越感,又在践履中掌握细腻的分寸感,汉文化经过三教的融合已经足以在两方面都提供丰厚的土壤,玄教的成功本身也是一种入世姿态的展现,如果是真正的修道之人,是不会如此积极于尘世名禄的。而知识分子倚靠与玄教的密切关系取得与蒙古内廷的交流,无疑超过了自身所能够展示的学术魅力,从而获得元帝的青睐,玄教中的道与术都是彼时儒学所欠缺却又最能打动蒙古人的东西,可以说在元代一位汉族的道士可能比一位习经研史的儒生能获得更高的社会地位,而南宋以来的朋党之祸早已失去了基础,化为玄儒互相奖掖的美事。[2]

---

[1] 朱子曾经批评"了悟"的为学态度:"夫学者既学圣人,则当以圣人之教为主。今六经、《语》、《孟》、《中庸》、《大学》之书具在,彼以了悟为高者,既病其障碍而以为不可读,此以记览为重者又病其狭小而以为不足观。如是则是圣人所以立言垂训者,徒足以惧人而不足以开人,孔子不贤于尧、舜,而达摩、迁、固贤于仲尼矣,无乃悖之甚邪!"朱熹《答吕子约》,《晦庵朱文公先生集》卷四十七,《朱子全书》第22册,第2196页。

[2] "是时文章耆宿不过此数人,而数人无不酬答,似权亦声气干谒之流。然孟頫等并以儒雅风流,照映一世,其宏奖后进,迥异于南宋末叶分朋标榜之私。故终元之世,士大夫无钩党之祸。权与诸人款契,盖文字之相知,固未可以依门傍户论也。"周权:《此山集》提要,《钦定四库全书总目》,第2209页。

"以心为学"至少在两个方面更符合时代的主题。其一,更直接地表明汉文化对于生命价值的认知,为读书人遵循礼制、研读《五经》、修持身心找到一个终极的理由,表明汉人对于传统和上天的敬畏,从而获得与异文化信仰的沟通和理解。其二,更明确地表达汉人对于天下混一的认同,较之于《春秋》的"夷夏之辨",只要能够认同汉人对于人心顺应天命,积极向善的认知,不论种族,都可以安身于此。

第三节　一个案例:"一贯"的转义

经过宋人的洗礼,对世界的理解已经不仅仅来源于"五经"的表述,人们还可以通过一般的经验和智识构建知识的体系,由此对经典产生历史的和意义的理解,它们彼此之间并不冲突,甚至很好地成为一种积淀和当下交融的格局,其背后是慢慢代谢中的世界观。以下通过出自《论语》的"一以贯之"来呈现这种宋明之间的转换。

"一以贯之",简称"一贯",是孔子论道的重要命题之一。前贤对"一贯"的研究主要分为两种,一是在经学的视角下分析"一贯"在《论语》中的确切含义,诠释其在先秦儒学中的意义;二是在宋代理学的视角下通过阐明自然之理与万物"一贯"的关系,佐证理学的义理。"一贯"从先秦道德践履的方法向宋代认知世界的方法的转变,并不仅仅是诠释视角和内容的不同,古人对经典解释的择从恐怕有更深层的原因。当经典的命题被置于新的语境时,借由转换意义获得新的生命,显示出非常高的契合度和解释力,并再次进入人们的视野,从而呈现出深远的历史"流动感"。这种意义的转换反映出古人认识世界方式的变化,认知结构从天人一体转变为天人相分,"一贯"通过重新诠释成为这种认知框架中重要的哲学方法。

一、"一贯"的"行事"义与"统"义

《论语》中两次出现"一以贯之"[①],其一,曾子以"忠恕"解释孔子的"一贯"之道;其二,孔子告诫子贡"一以贯之"比"多学而识"更重要。据此清代学者考定"一贯"应理解为"行事"。[②] 无论是"忠恕"还是对比"多学而识","一贯"始终围绕着人的道德知见展开,所以,学者多赞同训"贯"为"行事",符合儒家注重践履之义。孔子所言"一贯"隐含了这样一个前提,人自觉地保持德行就是一种顺应天道的体现。"道"是形而上的,不可见,需要通过"天道"示人,天象的变化昭示"天道",人由此感知"道"。

> 公曰:"敢问君子何贵乎天道也?"孔子对曰:"贵其不已。如日月东西相从而不已也,是天道也。不闭其久,是天道也;无为而物成,是天道也。已成而明,是天道也。"[③]

---

① 两处分别为:子曰:"参乎! 吾道一以贯之。"曾子曰:"唯。"子出。门人问曰:"何谓也?"曾子曰:"夫子之道,忠恕而已矣。"(《里仁》)子曰:"赐也,女以予为多学而识之者与?"对曰:"然,非与?"曰:"非也,予一以贯之。"(《卫灵公》)刘宝楠:《论语正义》,第153、612页。

② 清代焦循、王念孙、阮元三人之说,训"贯"为"行""事"。刘宝楠:《论语正义》,152—153页。

③ 《礼记正义》卷五〇《哀公问》,第412页。

人观天象不仅仅看日月星辰的变化，还要在其中汲取意义，并将此看作道对人的要求，顺应这些要求就是行道，所谓"天之历数在尔躬，允执其中"①。因此，由天道之行感悟人之德性，在德行中获得道之体验，使不可闻、不可诘的道得以知晓和遵循。孟子说：

尽其心者，知其性也。知其性，则知天矣。存其心，养其性，所以事天也。②

天道成为寄寓"道"的可见之象，担当着意义之源，以事天来譬喻行道，从而可以"一以贯之"。虽然孔子只言人伦，但因为有"道—天—人"的一体性，所以他就是在言"道"。

《论语》之外，"一贯"又见于《庄子》《荀子》和《吕氏春秋》等典籍：

以可不可为一贯。③

以类行杂，以一行万……为之、贯之、积重之、致好之者，君子之始也。④

亡国之主一贯，天时虽异，其事虽殊，所以亡同者，乐不适也。⑤

---

① 刘宝楠：《论语正义》，第 756 页。
② 《孟子注疏》卷十三上，第 1611 页。
③ 郭庆藩：《庄子集释·德充符》，中华书局，1959 年版，第 205 页。
④ 王先谦：《荀子集解》卷五《王制》，中华书局，1988 年版，第 163 页。
⑤ 许维遹：《吕氏春秋集释》卷二十三《贵直论·过理》，中国书店出版社，1985 年版，第 8 页。

以上"一贯"都含有前后一致的连贯义,与道德践履明显不同,可见汉以前"一贯"并非《论语》独有,而且有比较统一的用法,此"贯"义为两汉沿用。如《史记·乐书》"礼乐之说贯乎人情矣"①。《汉书·谷永传》"以次贯形,固执无为。颜师古注:贯,联续也"②。王弼《论语释疑》释"贯"为"统",而不用行事义:

> 贯,犹统也。夫事有归,理有会。故得其归,事虽殷大,可以一名举;总其会,理虽博,可以至约穷也。譬犹以君御民,执一统众之道也。③

皇侃《论语义疏》承王弼之说,明确了孔子"一贯之道"就是指以"一道"贯通"天下万理":"道者,孔子之道也。贯,犹统也,譬如以绳穿物,有贯统也。孔子语曾子曰:吾教化之道,唯用一道以贯统天下万理也。"④经过王、皇二人的诠释,将此章的重点从通过"忠恕"阐明"一贯之道"的内涵变为通过点明"贯"义凸显孔子之道的普遍性。宋儒循此思路进而探索本体与末用的关系,邢昺疏云:"贯,统也。"⑤朱熹释"贯"为"通"。⑥ 后学遂

---

① 《史记》卷二十四,中华书局,1959 年版,第 1202 页。
② 《汉书》卷八十五,中华书局,1962 年版,第 3464 页。又金鹗《释贯》:"《论语》'吾道一以贯之','贯'字当作'毌',今本作贯,假借通用也。"(《求古录礼说》卷六,《皇清经解》本)
③ 皇侃:《论语义疏》卷四引王弼语,知不足斋丛本。
④ 皇侃:《论语义疏》卷四。
⑤ 《论语注疏》卷四,北京大学出版社,2000 年版,第 56 页。
⑥ 朱熹:《四书章句集注》,《朱子全书》第 6 册,第 96 页。

成聚讼，清人刘宝楠有"一贯之义，自汉以后，不得其解"之叹。[1]

二、天人关系重构与认知结构变化

《论语》"一贯"章隐含了人行德与行道的一体性，而这个道是人通过体悟天道变化而获得的意义本原。这种一体性是古代最早认知世界的前提，《易传》云"仰以观于天文，俯以察于地理"，看似在描述古人忠实地记录下自然现象，但其实在积累经验的同时，也产生出处理经验的知识体系。

> 维天之命，于穆不已。于乎不显，文王之德之纯！[2]
> 为政以德，譬如北辰，居其所而众星共之。[3]
> 所谓天者，非谓苍苍莽莽之天也。君人者，以百姓为天。[4]

天道的变化不仅仅只是自然现象而已，其所显现的"德性"才是人们观察的旨趣所在，它被转化为价值判断的标准。不仅天下国家的版图模拟天穹的分野，个人的行为也以顺应天道为"得道"，即"道德"，"德"训为"得"。由观天获得的节律性还反过来要求天必须始终遵循规律地运动。

---

[1] 刘宝楠：《论语正义》，第 153 页。
[2] 《毛诗正义》，北京大学出版社，2000 年，第 1509—1510 页。
[3] 刘宝楠：《论语正义》，第 37 页。
[4] 刘向撰，赵善诒疏证：《说苑疏证》卷三《建本》，华东师范大学出版社，1985 年版，第 78 页。

夫大人者,与天地合其德,与日月合其明,与四时合其序,与
鬼神合其吉凶。先天而天弗违,后天而奉天时。天且弗违,而况
于人乎,况于鬼神乎?[1]

人的行为若能合于天地、日月、四时、鬼神,则称为"大人",也就
是道德高尚的人。然而"先天而天弗违"揭示了其中的评判标准首先
是由人颁布给天的,于是"天且弗违",也就是借天道来规范人道。因
此,人对待天道的方式是"法天之用,不法天之体","天之体"看似来
自对天象的观测,而其实是人的自我要求,所以是自明的,无须效法。
而"法天之用"是指"因天象以教人事"[2],根据天象的变化体现天道意
志决策人事行为。因此,天象的记录反映的是人对天道的理解,制定
律历是观测天象和阐释天道的大事。

古者,帝王之治天下,以律历为先;儒者之通天人,至律历
而止。[3]

律历的颁行既昭告统治者的合法性,也是施政于民的重要依据。
历法本身需要通过天文观测来制定,衡量历法高明与否必须比对实
际发生的天象。可是制定历法的"设准"却并非归纳观测记录的数据

---

① 《周易正义》,第27页。
② 《周易正义》,第1页。
③ 《宋史》卷六十八《律历志》,第1491页。

所得，而是依据能"通天人"的儒者之说。

> 王者易姓受命，必慎始初，改正朔，易服色，推本天元，顺承
> 厥意。[1]

新王朝的建立首先要"改正朔"，即改用新历法，历法的起点为
"天元"，又称"历元""上元"，是指各种天象周期的共同起点，值子时、
朔日、冬至、甲子，此时天象呈现为日月合璧，五星连珠，然后日月五
星各自运行，经过一个周期后，再一次交汇在这样的时间点，计算历
法就是细化这个过程，得出周期的长度。然而这个时间点本身只是
儒家理想政治的一种象征，并不具有可证实性，因此在这样的框架
中，实际的天文观测数据与历法算得的天象变化始终存在着紧张关
系，也成为执政者不断启用新历的原因。

当历法所依赖的观念变化远远落后于测量技术的发展速度时，
后者依据不断积累的经验，必然对前者提出质疑和挑战。

> 后魏末，清河张子信，学艺博通，尤精历数。因避葛荣乱，隐
> 于海岛中，积三十许年，专以浑仪测候日月五星差变之数，以算
> 步之，始悟日月交道，有表里迟速，五星见伏，有感召向背。[2]

---

① 《史记》卷二十六，第 1256 页。
② 《隋书》卷二〇，第 561 页。

南北朝时北魏人张子信通过三十年的观测发现日月五星运行的速度是不均匀的,从而解释了日食和月蚀的发生与历法推算有出入的原因。此前已知五星的运行有顺行逆行,但仍然没有在预报的时间点出现在相应的位置,原因在于此时人们认为天体的运行都是匀速的,"迟速"和"见伏"是相对于原来的观测经验而言,日月五星的"匀速"运动是天道启示"常"和"信"的重要表征,也使天象异常是天对人事失度的感应之说得以成立。所以当天文观测显示"不均匀"是一种"常态"时,就会产生重新解释"天道"的需要。为此,张子信在这里仍然诉诸于"有感召向背"的天人感应理论,说明当时还没有更好的理论可以解释这种现象,而他的实测成果也要到隋代刘焯修《皇极历》时才被采用。但是,《皇极历》最终也未颁行于世。又如,唐初东都道士傅仁均放弃推算"上元",改据月亮的实际运动速度替代平均运动速度制定出《戊寅元历》,最终因为预推贞观十八年(644)将有四个连续大月出现,与原来按照月亮平均运行速度制定的一大月一小月的历法差异过大而被废止,其原因并非测量本身的问题,而是结果过于"离经叛道",一旦施用,唯恐引起混乱。可见,即使有历算作为证据,人们也很难接受天象变化游离于"天道"观念之外,于是把历算与观念的偏差归咎于儒者不通"历",历家不懂"道",也就是要求两者最终应该统一在天人一致的理想中。

然而,随着观测数据的积累和精度的提高,追求更精确的历法仍在继续,一些历算的成法被推翻,人们渐渐明白日月运行有其自身的节律,这种节律并非完全符合历法的推算。与此同时,历法的诠释问题也已经不是"星翁历生之责",而应由儒生来担当,他们掌握的天人之学应该具备认识"古今所同""纲目一"①的能力，消化不断出现的新天文现象。

历理与历算的分置可以看作天道与天象的分离，天象变化无法完全测准的事实逐渐被人接受，天人二分的认知结构形成。形而下的天象不再担当"道"的化身，人们不再唯据灾异断人事，但这并不妨碍人们仍然把"天道"视为不变的价值依归。

> 盖圣人不绝天于人，亦不以天参人。绝天于人则天道废，以天参人则人事惑，故常存而不究也。②

"天"仍然是意义的来源。张载说："儒者则因明致诚，因诚致明，故天人合一。"③程颐说："天人本无二，不必言合。"④宋人所说的"天"其实是"道"，借"天"之名"律人事"。在这个意义上不存在与人道分离的天道。

> 变化，天道也；云为人事也。圣人以天道人事本无二理，故其兴《易》也，即人事以明天道，非舍人事别有所谓天道也……夫天下之吉凶与天下之亹亹者即人事也，而圣人定之成之，则以天

① 《宋史》卷六十八，第 1492、1498 页。
② 《新五代史》卷五十九，第 397 页。又，王安石说："今或以为天有是变，必由我有是罪以致之，或以为灾异，自天事耳，何豫于我？我知修人事而已。"（《临川先生文集》卷六十五《洪范传》，《王安石全集》第 6 册，第 1190 页）司马光说："夫天道窅冥恍惚，若有若亡，虽有端兆示人，而不尽可知。是以圣人之教，治人而不治天，知人而不知天。"（《原命》，《司马光全集》卷六十八，第 1402 页）
③ 张载：《正蒙·乾称》，《张载集》，第 65 页。
④ 《河南程氏遗书》卷六，《二程集》，第 81 页。

道律人事也。人有言而云，有动而为，无往而非天道，则得圣人所以兴《易》之意矣。且夫人之事有得，夫《易》之吉事欤？则必有上天所降之祥。人之事有得，夫《易》之象事欤？则必知圣人所制之器。人之事有得，夫《易》之占事欤？则又知远近幽深之来物。凡此皆天道也，孰谓天道人事之为二乎？夫惟天道人事之无有二也，故天地设位于上下，而圣人成能于两间，此乾坤之德所以全尽于圣人也。[1]

这里对于"天人"关系的理解已经非常透彻，没有高高在上的"代天发言"的经典，只有为人所用的"天"。在这样的认知结构下，人们对经典的理解必然发生变化，如果经典坚持原义，拒绝更新，就会在时间中终结，沦为"史料"，不再是"经"。反之，新的诠释带着经典的回响使其言说先天地具有说服力，人们愿意使用一个"陈辞"来描述一种新的领会，而其中暗含着源自历史的支撑，表面上是经学诠释的嬗变，其实反映的是对世界的新认识。

三、天人分途与"一贯"的转义

虽然天象物候与人事不再产生直接的意义联结，但人身处世界之中，仍然需要在观念中整理安顿它们。周敦颐作《太极图》，以"太极""阴阳""五行""男女""万物"勾勒整个自然的演化。邵雍则借用《周易》八卦创作《先天图》来说明自然的起源。这两项在北宋完成的

---

[1] 王宗传：《童溪易传》卷三〇《系辞下》，上海古籍出版社，2017 年版，第 554—555 页。

工作，前者被指为盗用道教丹图，后者则歧出经典，自造易图。① 而如果放到自然与人文分立的背景下看，他们只是运用已有的思想资源，回答了前所未有的问题，因此他们的著作并不能被传统经学所消化。② 朱熹通过提出"理"来完成自然和人文的整合，其中既包含了"物物各具其理"的旧训，将自然万物囊括其中，也包括人的道德伦理。天象观测的新进展被归为"一理"，不会影响人事。

> 历象之学，自是一家；若欲穷理，亦不可不讲。然亦须大者先立，然后及之，则亦不至难晓而无不通。③

因此，人可以继续追求"天理"，从而自然和人事又被绾合在同一个体系中。④ 朱熹正是看到了这一点，才对周、邵之作推崇备至。在这样的认知结构中，《论语》"一贯"的解释也发生了变化。邢昺疏云："唯以忠恕一理，以统天下万事之理，更无他法。"⑤朱熹将"一"解释为"一理"，"贯之"的范围也由德行转换为"天地万物"。

---

① 黄宗羲评价："康节之为此书，其意总括古今之历学，尽归之易，奈易之于历，本不相通，硬相牵合，所以其说愈烦，其法愈巧，终成一部鹘突历书而不可用也。"《宋元学案》卷十《百源学案下》，第 458 页。

② "汉学家所说之一贯，虽不尽然，而语不离宗。至宋儒乃各以所树立之主义为一贯，而论始岐。"（程树德：《论语集释》卷三十一，中华书局，1990 年版，第 1057 页）

③ 朱熹：《答曾无疑》，《晦庵先生朱文公文集》卷六十，《朱子全书》第 23 册，第 2892 页。

④ 朱熹提出"易本是卜筮书"，意在天人二分的背景下建立由卦画推导天地起源和事物多样性的认知逻辑。参见拙作《天人不期合：再议朱熹"〈易〉本是卜筮书"》，《哲学与文化》2021 年第 6 期。

⑤《论语注疏》，第 56 页。

忠恕之所以一贯，正以其出于自然之理而相为表里也……以二者皆为待物之事，则其不察于此亦甚矣。夫圣门之学外高自下，陟遐自迩，先博以文，而后约之以礼，始于繁悉，而终于简易。①

当时人对《论语》中"忠恕"的理解就是"待物之道"，但是朱熹认为在其背后有一个更大的驱动力，即"自然之理"，而"忠恕"是这个"自然之理"的表征，圣门之学是追求"自然之理"的学问，因而囊括了天下所有事物。"一贯"交代了自然之理与万事万物的关系。② 可见朱熹认为孔子所言之道就是"理"。

贯，通也。唯者，应之速而无疑者也。圣人之心，浑然一理，而泛应曲当，用各不同。③

盖曾子知万事各有一理，而未知万理本乎一理，故圣人指以语之。④

如果说借"一贯"证"理"尚可置疑，那么释"贯"为"统""通"就不能说是自造新意了。"一贯"更多地被用来系联概念，表示统一和贯

---

① 朱熹：《论语或问》，《朱子全书》第 6 册，第 641 页。
② 这里必然关涉"理一分殊"概念，是理学研究的重要议题，本书不作展开。
③ 朱熹：《四书章句集注》，《朱子全书》第 6 册，第 96 页。
④ 黎靖德编：《朱子语类》卷二十七，《朱子全书》第 15 册，第 974 页。

通①,这种系联既体现于自然万象,也体现于人的酬酢万变中。对于《论语》中"一以贯之"章,朱熹释曰"曾子是以行言,子贡是以知言"②,打开了"一贯"向知识维度延展的可能性。这样的含义无疑已经超越了先秦儒家,由人的德性拓展到天地人。因此,陈淳总结字义"一贯"为"理"向人、事、物的流动,没有述及《论语》中的表述。

> "一"只是个道理全体浑沦一大本处,"贯"是这一理流出去贯串乎万事万物之间,圣人之心全体浑沦只是一理,这是一个大本处从这大本中流出见于用。③

他把万事万物作为一类,把圣人之心作为一类,隐含了宋代对自然和人文分而观之的认知结构,而两个分域通过理的流行系联,理以一贯万事万物。

至明代则用"在器之天"与"在天之天"来区分,点明人事之"天"在人而不在天。

> 玑衡者,在器之天也,七政者,在天之天也。在天之天,不可得而见,在器之天所可得而察,何莫非圣人心术渊源之所寓,精

---

① 如"本末一贯",陈文蔚:"周子一图统体论之,则精粗本末一贯而已。"(《陈克斋集》卷二《答李守约书》,中华书局,1985 年版,第 19 页。)鲍云龙:"《易》曰:'终始万物,莫盛乎艮。'艮止是生息之意,造物自然如此,岂待人安排哉? 皆本末一贯之理。"(《天原发微》卷二,四部丛刊本)
② 黎靖德编:《朱子语类》卷二七,《朱子全书》第 15 册,第 980 页。
③ 陈淳:《北溪字义》卷上,中华书局,1983 年版,第 31 页。

神流通之所及,岂可以浅窥哉?①

　　因在器之天而观在天之天,因在天之天而循在人之天,则天
人合一,七政不在天而在人矣。②

"七政"出自《尚书·舜典》,有"日月五星"和"北斗七星"等多种
说法。汉人主天人感应,十分重视天象之动,以为人事变化之肇因。
明人再解"七政",了然于"七政不在天而在人",体现出对人文世界独
立性的意识。

清人胡煦对"一贯"所指向的论域变化看得非常清楚,他指出薛
瑄以太极释"一",物物各具一太极为"贯",较之于曹端以仁之体用理
解"一贯"更加深刻。

　　曹月川曰一是仁之体,贯是仁之用。薛敬轩曰夫子所谓一,
即统体之太极也。所谓贯,即各具之太极也。煦按:此解便与以
仁分体用者迥别,天下何尝无解人,可知敬轩造道之深。③

新的认知结构孕育了"一贯"的新义,明人来知德更进一步,认为
朱熹以"一理"来解"一以贯之"之"一","理"字显得多余,不如只留一
个"一"字更为妥当。

① 胡广:《书经大全》卷一引陈雅言语,四库全书本。
② 邱浚:《大学衍义补》卷九十二,上海书店出版社,2012 年版,第 83 页。
③ 胡煦:《周易函书》第 3 册,中华书局,2008 年版,第 996 页。

　　但朱子虽解得是，还略差些，微不如解一即惟精惟一之一，纯一不已之一，一以贯之譬天地之有太极而万物从此出也。①

　　去"理"存"一"的思路显示出一种方法论而不是形而上学的思考，"一"不是一本，而是流行，在这个层面上，天道和人道贯通为一，生生之太极也就与德行之一贯打通。如此，"一贯"与《周易》产生了联系。吕柟的两位学生问："一贯是易简？""一贯是太极否？"吕答：

　　也皆是，汝们且譬如行事上看……易简是心之明诚处，对一人如此，对千万人如此，皆能知得我心，便是一贯；太极是至极之理，在近看如此，在远看如此，皆能得通此理，如此便是一贯。②

　　"易简"和"太极"来源于《易传》，学生向老师请教两者可否与"一贯"作比，吕柟同意合而观之，指出人心和物理在认知的方法上都可作"一贯"来看。

　　天地谓之太极，在圣谓之一贯，有此太极故万物从此出，有此一贯故万应从此出，故圣同天。③

---

① 来知德：《来瞿唐先生日录》卷四《入圣功夫字义》，明万历刻本。
② 吕柟：《四书因问》卷三，四库全书本。
③ 来知德：《来瞿唐先生日录》卷四《入圣功夫字义》，明万历刻本。

天地人物呈现出纷繁万千的可见之象，虽然它们各按其理，但对人来说它们彼此照应，息息相关。因此"一贯"比体用、内外、先后等二分更加圆融①，在最根本的层次上说明了万物的一体性。

综上，"一以贯之"作为《论语》的重要命题在天人二分的认知结构中，不仅指人的德行②，还被用来理解世界整体，"一贯"为认识自然与人文分立的世界提供了方法。宋儒重新拈出"一贯之道"，视之为孔门不传之秘③，此"秘"其实是宋人对世界有异于前代的认知，自然与人伦的统合经由重新激活"一贯"来完成。

四、《一贯图》中的世界整体认知

"一贯"不仅作为自然和人伦统一的文字表述，用图像勾勒完整知识系统的《一贯图》也应运而生。

元儒郝经出身儒学世家，其祖郝天挺是金代大儒元好问之师。郝经撰有《一贯图》（见图 1）④，此图见于《陵川集》十六卷"图说"，为本卷第三幅图，前两幅分别是周敦颐《太极图》和据邵雍《皇极经世》所

---

① 郝敬指出八卦之象既示八"体"，亦寓八"用"，"通融一贯，何尝有体用先后"。（《周易正解》卷二十，明万历刻本）

② 如谢良佐云："夫大圣人之道，无显微无内外，由洒扫应对进退而上达天道，本末一以贯之，一部论语恁地看。"《伊洛渊源录》卷九《上蔡语录后跋》，四库全书本。

③ 清人洪颐煊云："宋儒谓一贯为孔门不传之秘，惟曾氏得其真诠，端木氏次之，其余不可得闻，此其说非也。"《筠轩文钞》卷五《曾氏一贯论》，《洪颐煊集》第 6 册，上海古籍出版社，2017 年版，第 2652 页。

④ 郝经：《郝文忠公陵川文集》卷十六《一贯图说》，书目文献出版社，1991 年版，第 625 页。

作《先天图》。就图而言，郝经对两者画天地而不见人道的做法颇有不满，他说：

> 由宋以来，邵康节图先天以尽卦之理，周茂叔图太极以尽易之道，张子厚为《西铭》合先天、太极之旨，总为人道，探于宓羲氏之先，继于仲尼之后，再造一极，而天人之事益备。[①]

他指出《太极图》中"男女"只是万物之一种，而《先天图》则完全因数推衍，不及人道，虽然周、邵揭示了大道之根本，但却忽略先天、太极最终由人道成全，是圣人的"再造一极"，忽略人道是不完备的，张载作《西铭》阐明此理却无图。因此，他首创"一贯图"来填补此空阙。该图以"道"贯通太极—天—地—人，观太极之变，观天之象，观地之物，观人之德，所谓"贯极而为一理，贯天而为一气，贯地而为一形，贯人而为一德"，"于是道贯天、地、人，理贯气、形、德，人贯地、天、道，德贯形、气、理，而上下一道"，天地是人与道的中介，最终实现道与人互贯，使人"下学上达，乘化入圣"。[②] 可见，《一贯图》较之《太极图》和《先天图》给出了一个更完整的世界图景，既包括了自然的维度，也包括了人伦的维度，天地与人亦分亦合，通过"一贯"将人之所知合为一体。

《一贯图》非独有偶，见于史载的还有：宋元间桂本作《三极一贯

---

① 郝经：《郝文忠公陵川文集》卷一六《太极图说》，第614页。
② 郝经：《郝文忠公陵川文集》卷一六《一贯图说》，第625页。

图》①，明人郑锜作《三才一贯图》、林迈佳作《环中一贯图》②，清人孔衍章作《大易中庸一贯图》③、冯道立作《君子有终合天地人三极为一贯图》、成言作《一贯图》④、杨大章作《三才一贯图》⑤等，还有明人李惟一《太极一贯解》⑥，清人汪如汉撰《一贯图说》⑦、完颜伟《一贯图说》⑧等解说《一贯图》的文章。这些图都以"一贯"命名，有"图"，也有"图说"，从中可以看到，"一贯"一般指天地人的贯通：

> 以太极之理根乎心，谓之内，谓之本，散见于天文、地理、人事，流行于修己、治人、赞化，谓之外，谓之末，内外以相承，本末以相因。⑨

"太极"是天地造化之本，外化为天文、地理、人事的各种面向，"太极"的流行使贯通成为可能，世间万事万物的变化承太极展开，所

---

① 桂本，生卒年无考，字林伯，鹰潭桂家人。学识渊博，精通经义，入元隐居不仕，延祐间（1314—1320）建灵谷书院讲学，著有《四书通义》《五经会统》《三极一贯图》等书。事见王祎：《灵谷书院记》，《王忠文公集》卷八，四库全书本。

② 林万进（1584—1665），字子笃，儒名迈佳，别号遂一，又自称龙山野人。明万历四十四年（1616）与黄道周同入闽闱，落归后不再应试。著《环中一贯图》，隆武间（1645—1646）得荐乡贤，坚辞不就，筑"龙山蓍室"讲论易学，时名流俱至，声名远播。沈祖典：《乡贤林迈佳先生传》，《环中一贯图》，2015 年自印本，第 196 页。

③ 孔衍章，孔子六十五代孙，康熙五十九年（1720）举人，《续修县志》《著述记》俱载，今未见传本。

④ 《富平县志》，三秦出版社，1994 年版，第 741 页。

⑤ 《（光绪）零陵县志》卷九，民国补刊清光绪本。

⑥ 《续修四库全书总目提要（稿本）》第 16 册，齐鲁书社，1996 年版，第 374 页。

⑦ 《民国涪陵县续修涪州志》卷十九《艺文志一》，民国十七年（1928）铅印本。

⑧ 国家图书馆藏光绪二年（1876）刻本，原书未见。

⑨ "听庵先生姓郑氏，名锜初，字湘之，改威甫，而以威甫行……又作《三才一贯图》。"唐龙：《渔石集》卷三《听庵先生传》，中华书局，1985 年版，第 101 页。

谓"一贯之妙于太极图见之"①。清人冯道立将"一以贯之"标于《君子有终合天地人三极为一贯图》的正上方（图2），分别截出代表天地的乾坤两卦中"君子"和"有终"的爻辞，统归于谦卦九三爻辞"君子有终"，证明《周易》揭示了天地人"三极一贯"的道理。

图 1　　　　　　　　图 2

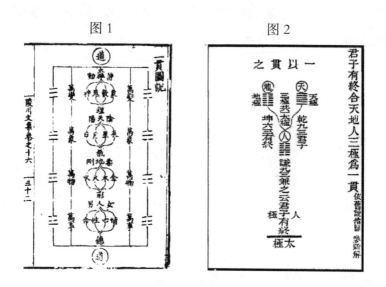

以君子合乾、坤之撰，即以人参天地之奇，而其大要，总不外一贯"时""中"之义。一即是▬，▬即是伏羲所传之太极，太极统天地人言，又是三极贯成一极。然则，孔子易有太极之言，与一贯之道，皆于▬中见之矣。②

---

① 薛瑄：《读书续录》卷一，四库全书本。又，"一本万殊，万殊一本于太极图见之""一贯即中和之义"。（同卷）
② 冯道立著，谭德贵等点校：《周易三极图贯》，九州出版社，2008 年版，第396 页。

　　君子之德与自然变化在本质上相通的观点使《易传》的"易有太极"和《论语》的"一贯之道"之间互相关照，互为解释，从而使描摹宇宙生成的图像具有了道德属性，拟画自然的《周易》将天地之象落实为人伦道德的规谏，从而使人伦观念也取得了天地之应和，人的行为由此拥有了"天道"根据，极大地拓展了经典的解释空间。

　　　　伏羲作易画卦以穷三才之变，始画奇即一也，究竟六十四卦三百八十四爻，皆不离一。而范围天地，曲成万物，还归于一，全部周易即是一贯图说。[1]

　　　　虽然乾坤之易简，久大之德业即于此乎在，而虞廷执中，孔门一贯，此外无余蕴也。[2]

　　　　孔子所谓"一贯"，即《易》之"太极"也。[3]

　　人处圜宇，万事万物自行其道，人事也自有主宰，两者互不相涉。在认知层面立"一贯"以通天地人，由《一贯图》阐明这种勾连儒学重要概念的方法，用图像建立核心观念的结构。二维的图像相对于一维的语言具有一目了然、提领振裘的功效，原先平埋在文本中的关节点在图中被置于显著位置或被放大，概念之间的区别和联系被凸显出来，"一贯"则作为诸概念的纽带成为统御的中枢。《一贯图》作为

---

[1]　郝敬：《论语详解》卷四，明万历刻九部经解本。
[2]　章潢：《图书编》卷一《古太极图说一》，影印明万历刻本，广陵古籍刻社，1988年版。
[3]　林迈佳：《环中图说》自序，《环中一贯图》，第8页。

一种理图反映了人的知识全景，其背后正是不断扩容的知识量。因此，在晚明欧洲文明进入中国时，这种模型就被用来对接西方的知识系统。清人吕抚《三才一贯图》整合《天地全图》《南北二极星图》《伏羲八卦方位图》《文王八卦方位图》《大学衍义》《中庸》《尚书·洪范》等东西方、天地人的所有知识，以中国传统知识结构融摄西方最新的天文星图、地球内部和表面构造等内容。他在《图序》中写道："今大域中有四大：曰道、曰天、曰地、曰王。'道不可见'而'子在川上'一节，略足见道之体。《大学》一书，实足尽道之用。兹特合为一图，以见三才一贯之妙。"①可谓用"一贯"道尽古今中西。

知识增长的结果是自然的祛魅，"天道"从原来昭示吉凶、赏罚恩威的裁判者转变为与人道并行、各行其道的自然维度，天象与天道分离，自然不再作为意义价值的依据，由此不仅导致自然与人事的关系需要说明，意义价值的根源也需要重新诠释。

孔子提出的"一以贯之"是天人一体认知结构下对人如何得道的经典表达。通过《论语》的传承，"一贯"的"行事"义无疑享有经典的地位，而"一贯"的"统"义只保留在同期其他本文中。然而，当天人分途的认知结构确立后，学人再读《论语》"一贯"章，选择"统"义释"贯"，认为孔子、曾子作为儒家圣人能于天地万化之中见"一"，圣人所言必要统贯天地人三才，而不只是囿于道德行动。"贯"字提示的是异质体之间的通与合，同质者无须言"贯"，表明天人得以统合在同

---

① 参见欧阳楠：《中西文化调适中的前近代知识系统——美国国会图书馆藏〈三才一贯图〉研究》，《中国历史地理论丛》2012 年第 3 期。

一体系中。可见，"一贯"的转义缘于"统"义比"行事"义更能契合天人二分认知下对经典的诉求。

由此可见，一方面，"一贯"在经学研究中只有通过分析具体的语境才能厘定含义①，因此追求经典原义为的是清人在注疏中仍赞成以人伦道德为解；另一方面，"一贯"超出经典诠释范围，成为表达世界本原与万象万事关系的哲学方法，人们仍然可以在"一"之下安放天人关系，为经典赋予时代的新义。因此，近代学人或循清人之方勾连"忠恕"与"仁"②，继续探索经典之义；或以朱子"一理贯万物"为中国古代哲学思想的形上表达，论证儒学很早已经开始思考世界万物的存在与秩序。③ 经学诠释与哲学思辨交织在一起，但其揭示的认知结构的变化却是清晰的。

第四节　礼经的现代式：元代家礼

与朱熹的理学一起北传的包括他的"小学"，即教人日常洒扫应

---

① 清人戴震批评朱熹将"一以贯之"误读为"以一贯之"，通过文本语言分析指出宋儒之谬，要求重新回到经典本身（《孟子字义疏证》卷下）。参见吴根友《试论戴震的语言哲学思想》，《中国哲学史》2019 年第 1 期。

② 如钟泰认为"仁之全体难见，而其所从入之路，则惟忠与恕"（《中国哲学史》，东方出版社，2008 年版，第 24 页）。张岱年认为"曾子以孔子一贯之道为忠恕，忠恕即仁"（《中国哲学大纲》，商务印书馆 2015 年版，第 399 页）。

③ 如章太炎认为"仲尼以一贯为道为学，贯之者何？ 祇忠恕耳……今世学者亦有演绎、归纳二涂，前者据理以量事，后者验事以成理。其术至今用之，而不悟孔子所言，何哉！"（《菿汉微言》，上海人民出版社，2015 年版，第 31 页）胡适认为"孔子认定宇宙间天地万物，虽然头绪纷繁，却有系统条理可寻……可见真知识，在于能寻出事物的条理系统，即在于能'一以贯之'"（《中国哲学史大纲》，上海书店出版社，1989 年版，第 105 页）。

对的行为规范，为此他还编写了以"崇化导民"[1]为目的的《家礼》，与他的经学注疏《仪礼经传通解》相比，前者在元代成为汉人行礼的最重要的依据。之后，《家礼》对中国社会产生持续的影响，其对东亚其他国家的影响已被反复提及。[2] 相比于《家礼》在宋代和明代的清晰轨迹，元代的《家礼》传播和影响并不为学者重视，这似乎也无碍于其由南宋的一家之言擢升为明初颁行全国的《性理大全》中的重要文本。但细究起来，如果没有经过元代特殊社会环境的发酵，《家礼》无法由私家之礼演变为国家之礼，而以"礼下庶人"的大势所趋来理解这一段历史似乎并不充分。在蒙古人统治的元代，未借助国家强制力推行的《家礼》能够得到广泛的传播，并获得众多汉人士庶的服膺，是元代社会中汉文化发展的一个显著侧面。

一、元代《家礼》的北传

南宋大儒朱熹于乾道六年（1170）居母丧期间，参酌古今仪制，撰成《家礼》。现存《家礼》最早的宋刻本是淳祐五年（1245）的杨复注附录本，并附诸图。杨复是朱熹的再传弟子，师从朱熹弟子、女婿黄榦，黄榦在《家礼》跋文中指出，《家礼》所述"无非天理之自然，人事之当然，而不可一日缺也。见之明，信之笃，守之固，礼教之行，庶乎有望

---

[1] 朱熹：《家礼序》，《朱子全书》第 7 册，第 873 页。

[2] 相关主要研究有，杨志刚：《论"朱子家礼"及其影响》，《朱子学刊》1994 年第 1 辑；汤勤福：《朱熹〈家礼〉的真伪及对社会的影响》，《宋史研究论丛》第 11 辑，河北大学出版社，2010 年版；王美华：《承古、远古与变古适今：唐宋时期的家礼演变》，《辽宁大学学报》2013 年第 7 期；〔日〕吾妻重二：《朱熹〈家礼〉实证研究》，华东师范大学出版社，2012 年版；〔韩〕卢仁淑：《朱子家礼与韩国之礼学》，人民文学出版社，2000 年版等。

矣"①。《家礼》共五卷,第一卷通礼,包括祠堂、深衣制度、司马氏居家
杂仪;第二至第五卷,分别为冠、昏、丧、祭礼。杨复《家礼序》云:"故
冠礼则多取司马氏;昏礼则参诸司马氏、程氏;丧礼本之司马氏,又以
高氏为最善②;及论祔、迁,则取横渠遗命;治丧,则以《书仪》疏略而用
《仪礼》;祭礼兼用司马氏、程氏,而先后所见又有不同。节祠则以韩
魏公所行者为法。"③

继杨复之后,又有刘垓孙增注,刘璋补注,元代将三人注合为《文
公家礼集注》一并刊行,增加附图,多次翻刻。而元代流传的《家礼》
中影响更大的或是黄瑞节《朱子成书》中的一种。《朱子成书》共十
卷,汇集了不包括"四书"在内的朱熹和蔡元定对历代典籍的注本,共
十种。其中的《家礼》刊刻于至正元年(1341),全称《纂图集注文公家
礼》,不分卷,前有庐陵刘将孙作于大德乙巳年(1305)的序文,书中大
字为朱熹本文,所附小字为黄瑞节解说。书首列由黄瑞节编定的礼
图 19 幅,内容为家庙、祠堂、深衣、冠礼、昏礼亲迎、丧礼、丧服、丧仪、
祭祀、大小宗等。明代的《性理大全》是直接采此为蓝本。

《家礼》由宋入元,就目前已知最早的《家礼》刊刻时间到该书被
明代官方收入《性理大全》的百多年间④,主要时间是中原被蒙古人统

---

① 黄榦:《书晦庵先生家礼后》,《朱子全书》第 7 册,第 950 页。
② "高闶……集《厚终礼》一编行于世,朱文公《家礼》多用之。"袁桷:《延祐四明志》卷
　四《人物考》,成文出版社,1983 年版,第 320 页。《宋史》卷二〇四《艺文志三》作"高
　闶,《送终礼》一卷",第 5134 页。
③ 胡广等:《性理大全》,山东友谊出版社,1989 年版,第 1301 页。
④ "赵君师恕之宰余杭也,乃取是书锓诸木,以广其传。"(黄榦:《书晦庵先生〈家礼〉
　后》,《朱子全书》第 7 册,第 949—950 页)是年为南宋嘉定九年(1216)。

治的元代。如果说南宋的士大夫们已经从实践层面为士庶礼仪准备好了行动指南的话，那么真正的推广和流行，尤其是在北方的普及，可以说是在元代完成的，而这一段历史常常在"宋明"这一框架下被悬置，有待进一步挖掘。

宋金对峙时期，金代的汉人在长期的异族统治之下，风俗胡化显著，南宋人甚至视之非我族类，南宋人叶颙曾感叹"国仇未复，陵寝未还，中原士民，日夜企鸾舆之返。顾乃尚胡服，习夷乐，非孟子用夏变夷之意"①。然而，南方汉人的习俗却不胫而走，影响北方。金世宗于大定二十七年（1187）正式颁令，"禁女真人不得改称汉姓、学南人衣装，犯者抵罪"②。又如，宋辽金时代，无论是北方民族统辖的辽、金，还是汉人的宋，火葬的习俗都非常普遍。③ 火葬的习俗最早见于中原以外的偏远地区和北方游牧民族，《墨子》中就有"秦之西有仪渠之国者，其亲戚四，聚柴薪而焚之"④。《周书》载，突厥人死后，"取亡者所乘马及经用之物，并尸俱焚之，收其余灰，待时而葬"⑤。《北史》载，契丹人死后，"但以其尸置于山树之上，经三年之后，及收其骨而焚之"⑥。这与游牧民族生活环境与风俗习惯有关，而到了北宋时，"河东人众而地狭，民家有丧事，虽至亲，悉燔燓取骨烬，寄僧舍，以至积

---

① 杨万里：《宋故尚书左仆射赠少保叶公行状》，《诚斋集》卷一百十九，四部丛刊本。
② 《金史》卷八《世宗下》，中华书局，1975 年版，第 199 页。
③ 参见马强才、姚永辉：《近六十年宋辽西夏金火葬研究综述与反思》，《中国史研究动态》2012 年第 1 期。
④ 吴毓江撰，孙启治点校：《墨子校注》卷六《节葬下》，中华书局，1993 年版，第 268 页。
⑤ 《周书》卷五〇《异域列传》，中华书局，1971 年版，第 910 页。
⑥ 《北史》卷八二《契丹传》，中华书局，1974 年版，第 3128 页。

久弃捐乃已，习以为俗"①。南宋时，"火葬之惨日炽，事关风化，理宜禁止。望申严法禁，仍饬守臣措置荒闲之地，使贫民得以收葬"②。为此宋廷下令严禁火葬，并载入刑典，但从实际情况来说，人们选择火葬的习惯似乎并没有改观。直到元代，仍有士大夫指出："切惟送终，人子之大事，今见中都风俗薄恶，于丧祭之礼有亟当纠正者，如父母之丧，例皆焚烧，以为当然，习既成风，恬不知痛，败俗伤化，无重于此，契勘系契丹遗俗，其在汉民，断不可训，理合禁止，以厚薄俗。"③至元十五年（1278）朝廷还明令"禁约焚尸"。④ 以上情况说明，在士庶的层面，人们不自觉地从众好尚，风俗的浸染不受夷夏或敌国的影响，而这正是礼仪规范缺位的表现。俗因自然而成，而礼则伴随着教化，寓观念于中，以仪践履。

蒙古人南下，姚枢在随皇太子阔出南征时救出被誉为理学北传始祖的南宋大儒赵复，"尽出程、朱二子性理之书付公"⑤。其实，金人并非完全不知程朱之学，金进士王遵古"潜心伊洛之学"⑥，王若虚遍读宋儒著述，撰《论语辩惑》中对朱熹的《四书章句集注》进行逐条辩驳。只能说在赵复之前，程朱之学没有在北方遇到知音而已。而姚枢不仅深为其学说倾倒，更致力于普及其中的"日常工夫"。他因不

---

① 江少虞：《禁焚尸》，《宋朝事实类苑》卷三十二，上海古籍出版社，1981 年版，第 413 页。
② 李心传：《建炎以来系年要录》卷一百七十七，中华书局，1956 年版，第 2933 页。
③ 王恽：《论中都丧祭礼薄葬事状》，《秋涧先生大全文集》卷八十四《乌台笔补》，《四库丛刊》影印本，商务印书馆，1920 年版，第 401 页。
④ 陈高华等点校：《元典章》，第 1062 页。
⑤ 苏天爵：《元朝名臣事略》卷八《左丞姚文献公》，中华书局，1996 年版第 156 页。
⑥ 元好问：《王黄华墓碑》，《遗山先生文集》卷十六，四部丛刊本。

满于燕京行台花剌子牙鲁瓦赤唯事货赂，一度辞去燕京行台郎中之职，携家眷归隐辉州苏门（今河南辉县），自板小学、《书》《语》《孟》《或问》《家礼》，还于"城中置私庙，奉祠四世"①，并作别室奉孔子及周敦颐等人之像②，身体力行《家礼》仪范，在当时北方的汉族知识分子中产生了不小的影响。像他这样自觉以《家礼》行事的元代汉人士大夫并不少。

杨恭懿（1224—1294），陕西高陵人，"书无不读，尤深于《易》《礼》《春秋》，后得朱熹集注《四书》，叹曰：'人伦日用之常，天道性命之妙，皆萃此书矣。'父没，水浆不入口者五日，居丧尽礼。"③受到他的影响，关中地区的丧葬大多符合礼仪。④ 这里的"礼仪"应该就是朱熹《家礼》中的丧礼仪制。又如，忽必烈朝曾受诏作为"前代知礼仪者肄习朝仪"⑤，并担任过"礼部侍郎兼侍仪司事"的重臣赵秉温（1222—1293），其后人多在朝中为官，赵氏家族十分兴盛，至其孙赵时勉经纪家族的时候，"岁时伏腊，昏丧君承之皆有法"，但仍然感叹"近世之士贵为公卿而享祀其祖礼同庶人"，于是"乃稽司马氏、朱氏祭仪家礼，为祠堂于正寝之侧，凡丧祭昏冠议而行之乡郡，闻家或从而化"。⑥ 赵

---

① 《元朝名臣事略》卷八《左丞姚文献公》，第 156—157 页。
② 《元史》卷一百五十八《姚枢传》，第 3711 页。
③ 《元史》卷一百六十四《杨恭懿传》，第 3841 页。
④ "盖关中土厚俗敦，太史杨文康公恭懿家世为儒，冠昏丧祭，一遵礼书……公（吕端善曾孙）之治丧，稽司马氏《书仪》，朱子《家礼》，及杨文康公已行故实，使古人送终之正复见于世。故关中丧葬多合乎礼者，由公等一二儒家为之倡也。"（苏天爵：《元故翰林侍读学士赠陕西行省参政知事吕文穆公神道碑铭》，《滋溪文稿》卷七，中华书局，1997 年版，第 95—96 页）
⑤ 《元史》卷六十七《礼乐志一》，第 1665 页。
⑥ 苏天爵：《故曹州定陶县尹赵君墓碣铭》，《滋溪文稿》卷十八，第 290 页。

秉温之后人如此行为,不能不说受到赵秉温的影响。以上三位元朝汉臣在接触程朱理学后即遵行《家礼》,认可宋人损益过的礼仪规范,并导化乡人,可见蒙古人统治下的北方汉人社会需要符合儒家思想的礼仪规范。

当然,朱熹《家礼》在元代并非独树一帜,坊间还可以找到多种家礼,如元代实用类书《居家必用事类全集》中说到墓祭时称:"季氏《居家必用》初卷,略载文公《家礼》,其意甚善。又按,秦氏本不载,别载孙氏《荐飨仪范》,今观文公《家礼》,非可妄损益,近世士大夫家能行之者,详见本书全帙,于祭礼一条,孙氏《家仪》亦可参择用之,故并存于后。"①仅就这一段话中,当时可以见到的家礼类书籍,除了朱熹《家礼》外,至少还有季氏《居家必用》、秦氏《家仪》、孙氏《荐飨仪范》等。②

因此,也有士大夫对《家礼》的仪制提出疑义,金末元初名士杨奂(1186—1255)在写给姚枢的信中说:"朱文公,后宋人也,建炎南渡,庙社之礼一荡,就有故老或郁郁下僚无所见于世,此说在《中庸或问》中略见之,所可信者止是昭穆位次,于神主于石室皆不及也。《家礼》所载神主样式亦非。奂三十时入汴梁,得宫室庙社法度于一故老处……夫礼者,制度名数之所寓也,不有所据必有所见,文公所述未见其所据,当以奂之所目觌者为庙之定制。"③显然,杨奂评价仪制的

---

① 《居家必用事类全集》乙集《祭礼略》,《北京图书馆古籍珍本丛刊》第61册,书目文献出版社,1988年版,第77页。
② 元代与朱熹《家礼》有相似内容者,常见于族规、家训、家范、家谱等著作中。有些家谱中也有相关内容。
③ 杨奂:《与姚公茂书》,《元文类》卷三十七,中华书局,1958年版,第490—491页。

标准是亲眼所见的前朝故遗，不同意朱熹存礼义用时宜的观念，代表了相当一部分对古礼旧制有所研究的知识分子的想法，其实是对朱熹所代表的南宋之学的革新风格存有质疑。

综上所述，《家礼》作为程朱理学的一部分，其影响已经逸出了学术研究的范围，元初的汉人士大夫阶层从了解、质疑、信服、遵行，逐渐开始思考和实践《家礼》中各项礼仪。

二、元中期《家礼》的"上升"

元中期之后，随着程朱理学地位的上升，自然朱熹所著各种著述也广受重视，《家礼》当然也被看重，更为流行。大致说来，元仁宗皇庆二年(1313 年)，元朝中书省奏准科举"专立德行、明经科。明经内四书、五经以程子、朱晦庵注解为主"[1]；至延祐二年(1315 年)正式开科取士，基本确立了程朱理学为官学的地位。《家礼》的流行还被认为是始于宋代的"礼下庶人"的重要表征。有学者指出："将社会成员区分为皇帝和宗室、品官、庶人三大等级。这一等级结构至少在(宋)仁宗朝即已显露……由宋代下迄近代，'庶人''庶民''士庶''民庶'这几个概念大抵相通，表示不居官位的平民百姓。"[2]官方颁布《政和五礼新仪》，"许士庶就问新仪"，设有庶人婚、冠、丧，首次针对士庶阶层而制礼，为明朝继承，《明集礼》有"士庶冠礼""庶人婚礼""庶人丧礼"。

---

① 黄时鉴点校：《通制条格》卷五《科举》"皇庆二年十月"，浙江古籍出版社，1986 年版，第 69 页。
② 杨志刚：《"礼下庶人"的历史考察》，《社会科学战线》1994 年第 6 期。

另一方面，自唐代孔颖达编撰《五经正义》，《礼记》取代《仪礼》成为"五经"中"礼"的元典，北宋科举虽经过多次改革，但《仪礼》式微，习者寥寥，专治《仪礼》者更少。宋元期间，《仪礼》研究撰著极少，屈指可数的只有李如圭《仪礼集释》、朱熹《仪礼经传通解》、吴澄《仪礼考证》、敖继公《仪礼集说》、汪克宽《经礼补逸》等。《仪礼》所载士礼多已佶聱难懂，而《礼记》所论"礼义"却令人心向往之，《家礼》的问世恰在此时填补了这一空白。在科举道断、仕宦路绝的元代，绝大多数汉人已几无到达较高品官阶层的可能，能做的也大多只是地方儒学的教员之类的小官，于是他们转而研讨礼经，服膺《家礼》更是为了上绍圣贤，取得汉文化的身份认同。其实，"礼为有知制"[1]，《家礼》的受众不是"庶人"，而是包括了朝廷重臣在内的汉族读书人，他们并未过分强调礼所讲究的等差，也不在意礼在官民施行中的差异，而是将礼的核心问题从"辨上下"，变成"别夷夏"。就这个意义上说，《家礼》受众的知识水平是上升的，许多元代著名儒士遵行《家礼》仪制，并积极向民间推广。如吴澄（1249—1333）为避兵乱，奉亲隐居布水谷，父亲去世后，"居丧治葬率循古制，参以《书仪》《家礼》之行，乡党姻戚亦多依效，不用浮屠，里俗或讥之，则以为解"[2]。湖州路学正潘著（1308—1358），才华名闻京师，因秉性耿直不愿被罗致大臣馆下，考铜陵教谕，教子弟数年因丁忧去职，"居丧悉遵朱子《家礼》，屏浮屠不用，郡

① 《白虎通》卷四《五刑》，中华书局，1985 年版，第 245 页。
② 危素：《临川吴文正公年谱》"至元二十一年甲申"条，《元人文集珍本丛刊》第 3 册，第 20 页。

人贤之"①。于此可见元代学者的治礼风格。

当然，丧葬礼中使用佛道教仪在当时非常普遍，《家礼》还担当着辟二氏的角色。时人指出"近世焚楮帛及下里伪物，唐以前无之，盖出于元（玄）宗时王屿辈，牵合寓马之义。数百年间，俚俗相师习以为常。至于祀上帝亦有用之者，皆浮屠、老子之徒，欺惑愚众。天固不可欺，乃自欺耳。士大夫从而欺其先是，以祖考为无知也……及吾祭祀时，一遵《家礼》，凡冥钱寓马皆斥去"②。元末参与负责宋、辽、金三史撰述的危素（1303—1372）为邵阳县丞陈颐孙题写家堂记时，称赞陈家"祭祀用朱文公《家礼》，参之以司马文正公《书仪》……不奉神鬼、浮屠，不用巫觋"③。在遵行《家礼》的记载中，常以丧礼仪制不用佛老来显示《家礼》丧仪的与众不同，表明使用《家礼》仪制在当时是一种比较新的做法，显示出遵礼者试图以礼变俗的用心，希望唤醒"日用而不知"的士庶民众重新回归到儒家伦常的礼仪规范中去。

这里，再从一些宋元交替时期隐居不仕者来看他们对《家礼》的态度。与许衡齐名的西蜀名士王西轩先生（1219—1292），终身不仕，"丁母忧，水浆不入口者七日，柴毁骨立，父有嘻其甚矣之叹，作诗劝之。及丁父忧，年几五十矣，其哀毁有过，自初丧至葬祭，一遵文公《家礼》，虽期功之丧，亦必自尽而不苟，亲党及乡里有丧者，必就正而取法焉"④。南宋宝章阁大学士冷应徵之子冷正叔（1254—1322），元

① 贡师泰：《湖州路儒学正潘君墓志铭》，《玩斋集》卷一〇，明嘉靖刻本。
② 孔齐：《楮帛伪物》，《静斋至正直记》卷二，《续修四库全书》本。
③ 危素：《陈氏尚德堂记》，《危学士全集》卷七，乾隆二十三年（1758）刻本。
④ 蒲道源：《青渠王先生墓志铭》，《闲居丛稿》卷二十四，元至正刻本。

初以服父丧去官隐居，"居丧校杨氏附注《家礼》，可传于世事"①。元代文学家陆文圭（1256—1340）隐居江阴东乡，他为父亲陆垕立传中写道："称事丧祭，一用朱子《家礼》，不诣鬼神，不佞老佛。"②元代的隐士普遍具有较高的学养，在元初宽松的文化气氛中，宋代禅宗和金元道教迭兴，汉族知识分子隐逸山林，却表现出异常敏感的文化收缩趋向，对他们来说已无"国"可言，只有"家"仍存在，以"治家"曲折表达"平天下"的政治意愿成为这个时代的普遍心态。元人欧阳玄说："惟大姓其祖必有德，非德无以蕃，无以著，无以久，久则我后人念之，宜也，念之念之，奉其烝尝云乎哉，行其揖让云乎哉。思其人必绳其武，食其德必笃其庆，父诏其子，兄诏其弟，以诗书礼乐为教，以孝弟忠信为行，达则泽其民，穷则善其身，使国人称愿之曰，幸哉。"③儒家《大学》的"三纲八目"和朱熹《家礼》的日常礼仪恰好配成了本末俱足的教义和戒律，俨然成为可与释道鼎足的汉地"教门"，将异族统治下的汉族知识分子摄归其中，而他们的做法与元廷为巩固政权而推行的尊儒的大政相一致，在客观上促进了《家礼》的深入民心。

　　与知识分子强烈的自觉意识形成对比的是真正的庶民，他们随俗而生，没有与异族区隔的诉求，经济上也有所拮据，所以相当一部分人也就不会严格执行《家礼》的礼制，为此吴澄感叹："古之卿大夫、士，祭不设主。庶士之庙一，適士之庙二，卿大夫亦止一昭一穆，与太祖而三。今也下达于庶人，通享四代，又有神主。斯二者与古诸侯无

① 刘岳申：《有元隐君子冷正叔桐乡阡碣》，《申斋集》卷九，四库全书本。
② 陆文圭：《陆庄简公家传》，《墙东类稿》卷十四，《元人文集珍本丛刊》第 4 册，第 609 页。
③ 欧阳玄：《秀川罗氏祠堂记》，《圭斋文集》卷五，四部丛刊本。

异,其礼不为不隆,既简且便,而流俗犹莫之行也。"①可见,《家礼》在元中期真正赢得了知识分子阶层的认可,就这个意义而言,《家礼》的影响力或说地位是大为"上升"的。

三、元季:国制家礼的呼之欲出

朱熹《家礼》在元初仅被作为"汉儿人旧来体例"来看待,并没有得到官方的承认。如早在至元初年,婚礼礼制基本确定,《通制条格》载:"至元八年(1271)九月,尚书省礼部呈:契勘人伦之道,婚姻为大。即今聘财筵会,已有定例外,据拜门一节,系女真风俗,遍行合属革去外,据汉儿人旧来体例,照得朱文公《家礼》内婚礼,酌古准今,拟到各项事理,都省议得:登车乘马设次之礼,贫家不能办者,从其所欲外,据其余事理,依准所拟。"②到了元代后期,受惠于程朱理学的官学地位,《家礼》在民间迅速普及开来。清人曾指出"今世宗祠,合族数十百主咸在,似起于元之季世。"③这里所说"宗祠"之制,正是朱熹絜矩众礼家之长首创的祠堂,置于《家礼》卷首。④ 祠堂之制并非要恢复周礼,所以名称不著"庙"字。朱熹在《家礼》自注中明确表示:"古之庙

---

① 吴澄:《豫章甘氏祠堂后记》,《吴文正集》卷二十五。
② 《通制条格》,第 36 页。
③ 张履:《答陈仲虎杂论祭礼书》,葛士浚辑《皇朝经世文续编》卷六十,文海出版社,1966 年版,第 1536 页。
④ 按照《周礼·王制》,"天子七庙,诸侯五庙,大夫三庙,士一庙",随着世族门阀社会结构的瓦解,家庙之制到五代时已荡然无存,北宋司马光《书仪》的影堂即为恢复家庙而设计的,朱熹在影堂的基础上创制祠堂,不仅行使祭祀祖先的职能,还使之成为整个家族活动的中心,冠婚丧祭中的"告庙"环节要在祠堂里进行,主人和主妇出入必告、正朔参拜、俗节献食物,并置祭田以给祭用。

制不见于经，且今士庶人之贱亦有所不得为者，故特以祠堂名之，而其制度亦多用俗礼云。"①士庶虽贱，但只要略懂得儒家伦常，在精神上都需要安放自己与先人的关系，这是古代非常重要的人伦之一，在民间流行的释道教仪无法取得他们认同的时候，祠堂之制既不泥古，所采用的也都是时宜之礼，又能体现"报本反始之心，尊祖敬宗之意"②，真正地体现了得"义"起"仪"的制礼精髓，因而成为广大知识分子事亲祭祖的依据。传刘因之学的离石人（今山西吕梁）安熙（1268—1311）出自河北真定安氏大族，于"至大三年（1310），考《家礼》为祠堂，以奉四世，邑人化之"③。诗人戴良（1317—1383）出自世居浙江鄞县的戴氏大族，"乃营祠堂正之东……中设四龛，以奉宗子之四世……四时祭飨，略如朱文公著仪式，而参诸世守之旧"④。南宋大儒谢上蔡后人谢理，元顺帝时官至枢密院都事，总制余姚，其兄弟共五人，合家人百余口共居，"凡冠昏丧祭悉遵紫阳《家礼》"⑤。

面对这样的形势，当政者越来越清楚礼制的重要性，朝廷已经意识到颁定系统的、符合汉人礼俗的礼规是十分必要的，有利于维护元朝统治的不断深入。元代后期首次以法令形式规定五服令⑥，并刊布

---

① 《家礼》卷一《通礼》，《朱子全书》第 7 册，第 875 页。
② 《家礼》卷一《通礼》，《朱子全书》第 7 册，第 875 页。
③ 袁桷：《安先生墓表》，《元文类》卷五十六，第 817 页。
④ 戴良：《戴氏祠堂记》，《九灵山房集》卷十二，中华书局，1985 年版，第 179 页。
⑤ 贡师泰：《谢氏家训序》，《玩斋集》卷六，明嘉靖刻本。
⑥ "五服著令，见于《通制》《国朝典章》《至元新格》。"（吴澂：《丹墀独对策科大成》卷一五《刑书》，转引自《〈元典章・礼部〉校定和译注（三）》，《东方学报》第 83 册，京都 2008 年，第 239 页）"至治以来，《通制》成书，乃着五服于令。"（《经世大典・宪典・名例》"五服"条，《元文类》卷四十二，第 606 页）

五服图①，以图表明示丧礼中的五服关系，五服图始创于《家礼注》的作者杨复②，与朱熹的礼学传承明显有着直接的关系。撰成于至顺元年（1330）的《经世大典》云："昔者先王因亲立教，以道民厚，由是服制兴焉。法家者用之以定轻重，其来尚矣。然有以服论而从重者，诸杀伤奸私是也。有以服论而从轻者，诸盗同属财是也。大要不越于礼与情而已。服重则礼严，故悖礼之至，从重典。服近则情亲，故原情之至，从恕法。知斯二者，则知以服制刑之意矣。"③五服不仅是丧葬礼仪的依据，更是经国序民的根本原则，维护服制对治国来说无疑可以起到持领振裘的效果。于是有民间人士顺势而为，希望通过元廷的认定来进一步推广儒家礼仪。嘉兴学者龚端礼继承家学，撰成《五服图解》一卷后自费付梓，至治三年（1323）嘉兴路儒学耆宿叶知本为之作序，嘉其民彝世教之功，次年泰定元年（1324）由嘉兴路呈浙江省移咨中书省，称"庶使人民慎于孝礼，尽其诚厚之道，实非小补"。为此，龚氏对该书进行润色修改并重印，希望得到朝廷重视。龚氏在《图原》一节中说："愚思此集乃当今官民必用之文，复虑世人不克周晓，故尽心穷礼，按古增划《易晓之图》，重别印造成集，具解江浙等处儒学提举司进呈朝廷裁择。"④正如龚氏增制礼图的命名，他认为"易

---

① 《元典章》卷三十《丧礼》载《本宗五服之图》等六幅丧服图（第1052—1058页）。其中前四幅与朱熹《家礼》所附家礼图一致，后两幅也是《家礼》相关内容的表格化。

② 《四库提要》称杨复《仪礼图》："尚皆依《经》绘象，约举大端，可粗见古礼之梗概，于学者不为无裨。一二舛漏，谅其创始之难工也。"（《钦定四库全书总目》卷二十，第160页）

③ 《经世大典·宪典·名例》"五服"条，《元文类》卷四十一，第606页。

④ 龚端礼：《五服图解》，《中华再造善本总目提要（金元编）》，国家图书馆出版社，2013年版，第877—878页。

晓"是决定五服之礼能否取得官方认可的关键所在。

而朝廷对朱熹《家礼》又有另一番考量。至正年间执掌国子学的吴师道（1283—1344），在《国学策问》说："近世司马公《书仪》，朱子《家礼》，号为适古今之宜，好礼之家或所遵用，然不免于讪笑。非出朝廷著令，使通习之，殆于不可然。《家礼》后出，颇采《书仪》，《书仪》所有或《家礼》所无，又窃闻《家礼》乃未定之本，为人所窃去，未及修补，今所行者是也。然则二书当考而损益之欤，或止用其一欤，《家礼》之外尚有可议者欤。谓宜定为式程，颁之天下，使民习于耳目而不异，则教化行而风俗美，其不在兹欤。"①民间士庶自发遵用朱熹《家礼》等儒家日常礼规在官方看来"不免于讪笑"，原因在于此礼"非出朝廷著令"，官方并不打算承认任何来自南宋学者所制定的民间礼仪，质疑是否出自朱熹亲定可以看作是一个借口。又如，顺帝时拜集贤侍读学士的同恕指出："详考晦庵《家礼》，亦只以温公《书仪》为据。小祥条内注云：'礼既虞卒哭，则有受服。'今人无受服及练服，故《家礼》亦不言练服制度。今士大夫家，一遵《家礼》，小祥但以稍细熟布改为一冠、去首绖，衰服则去负版、辟领衰，如此而已。首绖一除无服再用，盖去古已远，岂能一一尽如礼经。"②作为朝廷经筵侍读官，同样对朱熹《家礼》有所保留。可见，像吴师道、同恕这样身居高位的汉臣提出应该由官方来担当择从众家之说的角色，而不是简单地独尊一家。

---

① 吴师道：《国学策问十四首》之三十五，《礼部集》卷十九，《吴师道集》，吉林文史出版社，2008年版，第401页。
② 同恕：《答王茂先经历论丧服书》，《榘庵集》卷四，四库全书本。

正如有学者指出："朱熹的《家礼》经历了许多的变化。几乎在它刚问世的时候，那些将《家礼》作为自我修养指南的学者就认为补充是非常必要的。他们写下评语解释礼仪实践的初衷和朱熹损益的原因。相较而言，朱熹编撰《家礼》的意图更应该被看作为鼓励庶人行礼提供实用指导，而不仅仅是对古礼的简化和删削。"①以《家礼》为蓝本各种家规、家范、家仪等被元代的众多士庶家族演习和传承，如元武宗旌表居于浙江浦江感德乡郑氏家族为"义门"，从南宋初年同族人开始共爨。元顺帝时，六世孙郑文嗣从弟郑文融继主家事，"冠婚丧葬，必稽朱熹《家礼》而行执"②，定立族规五十八条，是为郑氏《家范》，后增补为一百六十八条，在明代刊行于世。③ 可见，尽管朱熹《家礼》在元代并未获得政府认同而成为"国礼"，它传播的意义也并不在于士庶家族能严遵谨循其中的每一项礼仪，而是人们普遍地意识到议定详细的家规礼范是凝聚族人和彰显家风的重要手段，并且因时因地以制宜的做法也是被肯定的，显然，《家礼》可以说是没有获得元政府颁布定的但广泛流传于民间而为人们普遍遵从的"国礼"。其实，由官方来颁定一部士庶礼规呼之欲出，只是时间问题，这一过程到明朝初年便水到渠成了。

---

① Patricia Buckley Ebrey, *Chu Hsi's Family Rituals: A Twelfth-Century Chinese Manual for the Performance of Cappings, Weddings, Funerals, and Ancestral Rites*, Princeton: Princeton University, 1991, pp. xiii.

② 《元史》卷一九七《郑文嗣传》，第 4452 页。

③ 《明史》卷二九六《郑濂传》，中华书局，1974 年版，第 7585 页。《义门郑氏家仪》为元末明初郑氏八世孙郑泳等根据《周礼》、朱熹《家礼》和郑氏传统家仪，顺应浦江地方风俗编制而成。从体例上看，与《家礼》一样分为五部分。

　　总而言之，南宋朱熹《家礼》在元代经历了北传，为众多汉族知识分子接受和服膺的过程，最终推动明廷于"永乐中，颁《文公家礼》于天下"[1]，说明《家礼》在元代的普及已经逸出了传统经学的范畴，无论是基于《仪礼》还是朱熹《仪礼经传通释》的对《家礼》的批评，还是对其是否出自朱熹所作的质疑都不足以揭示《家礼》的意义所在。在元代多民族和多元文化的社会背景下，它充当了儒学的"戒律"，一定程度上成为元代汉族知识分子文化认同的寄托，是外族统治下汉文化自我保护的凭依，这种自觉性在儒学史或中国历史上都是前所未有的。同时，《家礼》虽脱胎于上古礼经，但它最终是经由宋元明三代所有遵礼者共同参酌时宜完成的，元代知识分子在朱熹《家礼》前贵贱同仪，在政治的边缘自觉地维护和创造汉文化的价值。因此《家礼》已经不仅仅是一个文本，而是一段体现着礼以时变的历史。

---

[1]《明史》卷四七《礼一》，第 1224 页。

图书在版编目(CIP)数据

宋明之间:知识、经典与思想/刘舫著.—上海:上海三联书店,2023.9
ISBN 978-7-5426-8189-8

Ⅰ.①宋… Ⅱ.①刘… Ⅲ.①思想史-研究-中国-宋代②思想史-研究-中国-明代 Ⅳ.①B21

中国国家版本馆 CIP 数据核字(2023)第 146383 号

宋明之间:知识、经典与思想

著　者 / 刘　舫
责任编辑 / 王　赟
装帧设计 / 徐　徐
监　制 / 姚　军
责任校对 / 赵平萍

出版发行 / 上海三联书店
　　　　　(200030)中国上海市漕溪北路 331 号 A 座 6 楼
邮　箱 / sdxsanlian@sina.com
邮购电话 / 021-22895540
印　刷 / 上海颛辉印刷厂有限公司

版　次 / 2023 年 9 月第 1 版
印　次 / 2023 年 9 月第 1 次印刷
开　本 / 640 mm×960 mm　1/16
字　数 / 181 千字
印　张 / 18
书　号 / ISBN 978-7-5426-8189-8/B·859
定　价 / 75.00 元

敬启读者,如发现本书有印装质量问题,请与印刷厂联系 021-56152633